PC
POUR
LES NULS
5e ÉDITION

PC POUR LES NULS
5e ÉDITION

Dan Gookin

PC pour les Nuls

Titre de l'édition originale : PC For Dummies
Publié par Wiley Publishing, Inc.
111 River Street
Hoboken, NJ 07030-5774
USA

Copyright © 2004 Wiley Publishing, Inc.

Pour les Nuls est une marque déposée de Wiley Publishing, Inc.
For Dummies est une marque déposée de Wiley Publishing, Inc.

Edition française publiée en accord avec Wiley Publishing, Inc.
© 2005 Éditions First Interactive
27, rue Cassette
75006 Paris - France
Tél. 01 45 49 60 00
Fax 01 45 49 60 01
E-mail : firstinfo@efirst.com
Web : www.efirst.com
ISBN : 2-84427-723-3
Dépôt légal : 1ᵉ trimestre 2005

Collection dirigée par Jean-Pierre Cano
Edition : Pierre Chauvot
Maquette et mise en page : Edouard Chauvot
Traduction et adaptation version poche : Véronique Congourdeau

Imprimé en France

Sommaire

Cinquième partie : Les dix commandements *267*

Chapitre 23 : Dix erreurs de débutant **269**

Chapitre 24 : Dix idées cadeaux pour votre PC **275**

Chapitre 25 : Dix conseils de gourou **279**

Introduction

● ●

*B*ienvenue dans le monde du "PC démystifié" ou *PC pour les Nuls !*
Ce livre répond à la question : "Comment un ordinateur peut-il
faire passer un être intelligent et sensé tel que vous pour un nul ?"

Tout le monde s'accorde pour dire que les ordinateurs sont utiles, et si
beaucoup s'y attachent immodérément, d'autres, comme vous et moi,
se sentent complètement nuls devant cet objet froid et repoussant.
Non que l'utilisation d'un ordinateur soit hors de portée de notre Q.I.,
mais tout simplement parce que personne n'a jamais pris ni le temps
ni la peine de nous en expliquer le maniement dans un langage
compréhensible.

Cet ouvrage décrit l'utilisation d'un ordinateur en termes simples et
souvent irrévérencieux. L'électronique peut être vénérée par d'autres.
Ce livre se concentre sur *vous* et *vos besoins*. Vous y découvrirez tout
ce que vous aimeriez savoir sur votre ordinateur, mais sans le jargon
indigeste qui accompagne souvent ce genre de littérature, et sans
avoir besoin d'appartenir à la lignée des grands gourous docteurs ès
informatique.

Où commencer ?

Ce livre est destiné à être utilisé comme un outil de référence : vous
pouvez l'ouvrir à n'importe quelle page et commencer à lire. Il contient
25 chapitres et un glossaire. Ces chapitres sont tous autonomes,
chacun s'attachant à un aspect particulier de votre ordinateur : mise
en route, utilisation d'une imprimante, lancement de logiciels, etc.
Chaque chapitre est divisé en entités indépendantes, centrées autour
d'un thème principal. Voici quelques exemples de sections :

   ✔ Le matériel dont vous avez besoin.

   ✔ Qu'est-ce que la mémoire virtuelle ?

   ✔ Régler l'affichage du moniteur.

> ✔ Utiliser une imprimante réseau.
>
> ✔ Vider la liste des historiques.
>
> ✔ Regardez Maman ! C'est une pièce jointe !

Vous n'avez pas besoin de mémoriser quoi que ce soit dans ce livre. Laissons donc cette tâche à la mémoire de l'ordinateur. Chaque chapitre contient des informations qui peuvent être lues et digérées rapidement, de sorte que vous puissiez reposer le livre et continuer à utiliser l'ordinateur. Lorsque survient un événement technique, vous en êtes prévenu à temps, afin de pouvoir l'éviter soigneusement.

Les conventions de cet ouvrage

Ce livre s'utilise comme une encyclopédie : commencez par le sujet qui vous intéresse le plus et reportez-vous à l'index ou au sommaire pour y trouver les numéros des pages qui sauront répondre à votre demande. Le sommaire contient les titres des chapitres et sous-chapitres avec leurs numéros de pages ; l'index contient toutes les occurrences des termes clés de l'ouvrage. Lisez les pages qui vous intéressent (inutile d'en lire plus qu'il n'en faut), puis fermez le livre et mettez-vous au travail. Bien entendu, si vous souhaitez un complément d'information, il vous est toujours loisible de continuer la lecture et de profiter des nombreuses références croisées mises à votre disposition.

Lorsqu'un message apparaît à l'écran, il est reproduit dans ce livre de la manière suivante :

```
Ceci est un message à l'écran
```

Si vous devez saisir quelque chose, cela ressemblera à :

Saisissez ceci

Vous pourrez saisir le texte **Saisissez ceci** comme indiqué, et appuyer sur la touche Entrée d'après les instructions qui vous seront données.

Les commandes Windows apparaissent de la façon suivante :

Choisissez Fichier/Quitter.

Vous devez sélectionner le menu Fichier, puis choisir la commande Quitter. Vous pouvez utiliser la souris pour cela ou appuyer sur la touche Alt et la lettre soulignée de la commande, F, puis Q dans cet exemple.

Les combinaisons de touches apparaissent de la façon suivante :

Ctrl+S

Vous devez presser la touche Ctrl, la maintenir enfoncée, appuyer sur la touche S et enfin relâcher les deux touches en même temps.

Ce que vous pouvez éviter de lire

L'utilisation d'un ordinateur entraîne la consultation de nombreuses informations techniques. Pour mieux vous en prémunir, nous les avons isolées dans des rectangles clairement identifiés. Inutile de les lire si vous n'y tenez pas vraiment. Le plus souvent, il s'agit d'explications plus détaillées sur un sujet déjà traité dans le chapitre, qui ne sont pas *indispensables* à sa compréhension.

A qui s'adresse ce livre

Ce livre suppose que vous possédez un ordinateur et êtes une personne *normale*. En d'autres termes, vous n'êtes pas un accro de la micro et, franchement, vous n'avez nulle envie de subir le jargon technique qui jalonne souvent les ouvrages d'informatique.

Ce livre est consacré en priorité à Windows XP version Pro ou familiale. En effet, la grande évolution est de ne plus faire référence aux anciennes versions de Windows. Pour en prendre connaissance, il suffit de lire les précédentes éditions du *PC pour les nuls* ou des ouvrages de cette collection entièrement dédiés aux systèmes d'exploitation Windows 95, 98, Me et 2000.

Les icônes utilisées dans ce livre

 Cette icône annonce des raccourcis et astuces utiles qui vous aideront à utiliser au mieux votre PC. Par exemple, lorsque vous renversez de l'acide sur votre ordinateur, pensez à porter des gants et des lunettes de protection.

 Euh ! Que signifie cette icône déjà ?

Cette icône vous prévient d'un danger et vous indique généralement ce qu'il ne faut *pas* faire.

A vous de jouer !

Avec ce livre en main, vous êtes prêt à conquérir le monde du PC. Vous pouvez commencer par consulter le sommaire ou l'index. Choisissez un sujet, allez à la page indiquée, et lancez-vous. N'hésitez pas à prendre des notes sur le livre, à remplir les blancs, à corner les pages et à faire tout ce qui ferait blêmir de rage un bibliothécaire. Surtout, installez-vous bien confortablement et préparez-vous à passer un bon moment en découvrant que l'informatique n'est pas aussi soporifique et inaccessible que cela. Bonne lecture...

Avertissement aux lecteurs

Les Éditions First Interactive attirent l'attention de leurs lecteurs sur les risques encourus par le téléchargement illégal, sur Internet, ou la gravure de fichiers protégés par des droits d'auteur.

Les Éditions First Interactive rappellent que la copie partielle ou totale, et, par voie de conséquence, le téléchargement d'œuvres littéraires, cinématographiques ou musicales sont strictement interdits sans autorisation expresse des ayants droit. En l'absence d'une telle autorisation, les utilisateurs d'Internet téléchargeant des œuvres protégées s'exposent aux peines prévues à l'article L. 335-4 du Code de la Propriété intellectuelle.

Quel que soit leur pays, les lecteurs sont invités à prendre connaissance des lois locales portant sur la protection des œuvres intellectuelles.

Première partie

Ce qu'il faut vraiment connaître

Dans cette partie...

Cette partie du livre vous donne quelques notions de base concernant les ordinateurs personnels. Que vous ayez l'intention d'en acheter un ou que vous commenciez à découvrir votre PC tout neuf, cette partie du livre est écrite à votre intention.

Chapitre 1

Découverte de la bête

. . . .

Dans ce chapitre :

▶ Ceci est un ordinateur.

▶ Ceci n'est pas un ordinateur.

▶ Ce que l'on entend par "PC".

▶ Votre environnement matériel type.

▶ Identifier les éléments de la console.

▶ Votre environnement logiciel type.

▶ Quelques conseils.

. . . .

*L*es risques de déflagration de votre ordinateur sont nuls. Pas d'étincelles, pas d'éclairs, pas d'explosions. Dans les vieux films de science-fiction, les ordinateurs finissaient toujours par exploser dans un tourbillon d'étincelles. Ceux d'aujourd'hui sont bien moins ludiques.

Ce chapitre vous fournit une sorte d'alphabet qui vous permettra de décoder le reste du livre. En fait, la plupart des concepts de base qui y sont décrits sont détaillés plus amplement dans les chapitres suivants.

Qu'est-ce au juste qu'un ordinateur ?

Un PC (*personal computer*) ou micro-ordinateur est un ordinateur personnel. Il porte le nom de son ancêtre, le PC IBM, conçu par la firme IBM (International Business Machines), créatrice jusqu'alors de calculateurs de taille bien plus imposante.

Aujourd'hui, tous les PC sont des clones de ce PC originel, quelle qu'en soit la marque. Le Macintosh est-il un PC ? Oui, parce que c'est un ordinateur personnel ; non, parce que le terme PC désigne historiquement l'ordinateur de type IBM.

✓ Techniquement, un PC est une grosse calculatrice dotée d'un affichage plus performant et de boutons supplémentaires.

✓ Les ordinateurs portables sont des versions nomades du PC de bureau. Ils vous permettent de jouer à vos jeux préférés dans le train ou l'avion. Nous aborderons quelques particularités propres aux portables.

✓ Les PC n'ont rien de diabolique et ne cachent aucune intelligence maléfique. En fait, vous vous apercevrez très vite qu'ils sont même plutôt bêtes.

Un ordinateur a des limites

Un PC est un agréable compagnon de jeu et un précieux collaborateur. Cependant, si vous cherchez un conjoint, il ne fera probablement pas l'affaire.

Un PC est heureux de faire fonctionner Windows, mais il ne fera jamais la vaisselle.

Le PC vous fait peur ? Un PC travaille, calcule, gère des banques de données, il a une intelligence phénoménale, mais il est inoffensif.

Et surtout, rappelez-vous cette règle élémentaire : vous n'êtes pas nul, c'est l'ordinateur qui est bête, très bête, très très bête.

Logiciel et matériel

Chaque ordinateur est composé de deux parties, fondamentalement différentes et complémentaires, aussi inséparables que Roméo et Juliette ou Laurel et Hardy : *hardware* et *software* ou matériel et logiciel.

Le matériel est l'aspect physique d'un ordinateur – tout ce que vous pouvez toucher. Seul, le matériel n'est d'aucune utilité ; il a besoin d'un logiciel pour lui dire ce qu'il doit faire. D'une certaine façon, on peut comparer le matériel à une voiture sans conducteur ou à un orchestre symphonique sans musique.

Le logiciel constitue le cerveau de l'ordinateur. Il indique au matériel ce qu'il doit faire et comment il doit le faire. Sans logiciel pour diriger les tâches, le matériel ne serait rien de plus qu'une boîte métallique encombrante. Pour animer votre ordinateur, celui-ci doit donc contenir un logiciel. En fait, le logiciel est ce qui détermine la personnalité de votre ordinateur.

Votre environnement matériel type

Regardez bien la Figure 1.1 : elle représente une configuration classique de micro-ordinateur, un PC type. Familiarisez-vous avec les différentes parties qui le composent et les termes affreux qui les désignent. Ce sont là des connaissances de base qu'il vous faut, hélas ! assimiler. La suite du livre vous en dit plus.

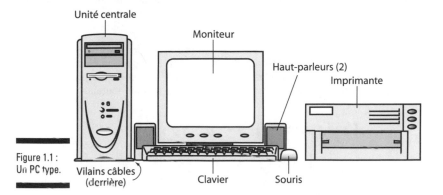

Unité centrale

Moniteur

Haut-parleurs (2)

Imprimante

Figure 1.1 :
Un PC type.

Vilains câbles
(derrière)

Clavier

Souris

Voici un descriptif de chacun de ses composants :

Unité centrale : Espèce de boîte qui constitue l'élément principal de l'ordinateur, l'unité centrale en abrite les composants internes, plus les emplacements où vous brancherez ses autres éléments.

Moniteur : Bidule qui ressemble à un téléviseur et qui est souvent situé au-dessus de l'unité centrale. On y fait référence par un certain nombre de termes intéressants que seul un utilisateur patenté serait capable d'apprécier : *écran CRT* (*Cathode Ray Tube*, pour tube à rayons cathodiques), *VDT* (*Video Display Terminal*, pour terminal à écran de visualisation* – ne pas confondre avec *VTT*, *vélo tout terrain*) et enfin *écran* (bien que ce terme concerne uniquement la face visible du moniteur).

Clavier : Composite de machine à écrire et de calculatrice que vous utilisez pour dire à l'ordinateur ce qu'il doit faire.

Souris : Ah, la souris ! Un petit appareil d'une grande utilité, qui vous permet d'agir directement sur les objets représentés à l'écran.

Haut-parleurs : La plupart des PC se font entendre via une paire de haut-parleurs stéréo, soit externes comme dans la Figure 1.1, soit intégrés à la console ou au moniteur. Vous pouvez aussi y ajouter un caisson de basses. Vos voisins vous diront le contraire.

Imprimante : Objet généralement situé à côté de votre ordinateur qui imprime des informations sur papier.

Cette liste n'est pas exhaustive. De nombreux autres matériels, ce que l'on appelle des *périphériques*, peuvent prendre place autour d'une unité centrale, comme un scanneur, un appareil photo numérique, une manette de jeu, un disque dur externe, un modem haut débit (ADSL), j'en passe et des meilleurs !

Ce que l'on ne voit pas sur la Figure 1.1, ce sont les câbles, plein partout, qui finissent par vous rendre fou, et que l'on ne sait pas où connecter. Les câbles sont faits pour connecter les périphériques à l'unité centrale et parfois à une prise de courant murale.

Variations sur le thème PC

Tous les ordinateurs ne ressemblent pas à celui de la Figure 1.1, laquelle illustre le type d'ordinateur le plus répandu actuellement, appelé *mini-tour*, d'après la taille du boîtier. Vous pouvez l'installer sur votre bureau ou à côté.

Il existe d'autres modèles que le mini-tour. Le modèle le plus prisé fut longtemps celui dont le moniteur reposait sur le boîtier placé sur le bureau. On trouve aussi des *micro-tours*, des *moyen-tours* et des *maxi-tours*, répondant aux goûts et besoins de tous les utilisateurs.

Mini-tour : La configuration la plus répandue. Le PC repose sur ou sous le bureau, ou encore à côté (comme sur la Figure 1.1).

Portable ou portatif : Ordinateur idéalement léger, peu encombrant, et si possible aussi performant que son grand frère PC. Indispensable à l'utilisateur qui bouge. Les particularités propres aux portables seront décrites dans les chapitres suivants.

Tour : Il s'agit pour l'essentiel d'une unité centrale positionnée verticalement (d'où son nom) et généralement placée *sous* le bureau, laissant uniquement *sur* le bureau l'écran et le clavier. Ces PC proposent davantage d'espace intérieur permettant plus d'extensions.

Composants de l'unité centrale (face avant)

L'unité centrale est le cœur de l'ordinateur. C'est la partie matérielle avec laquelle vous travaillez la plupart du temps. Tous les éléments de votre ordinateur vivent soit à l'intérieur de cette unité centrale, soit à l'extérieur, reliés par des câbles. La Figure 1.2 illustre la face avant d'une unité centrale type.

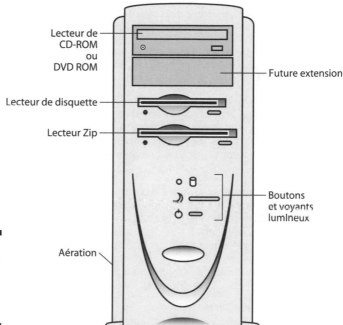

Lecteur de CD-ROM ou DVD ROM

Future extension

Lecteur de disquette

Lecteur Zip

Boutons et voyants lumineux

Figure 1.2 : Les éléments importants d'une unité centrale (face avant).

Aération

Lecteur de CD-ROM ou de DVD-ROM : Il s'agit d'un lecteur de disques de capacité élevée. Ces disques sont identiques à vos CD audio, si ce n'est qu'ils contiennent des données informatiques. Les Chapitres 4, 7 et 10 vous entretiendront plus longuement sur les unités de lecture (disquettes, CD-ROM, DVD-ROM et disques durs) et leur utilisation.

Extérieurement, les lecteurs DVD se distinguent uniquement par ces trois lettres inscrites en façade. Si elles n'y sont pas, c'est un simple lecteur de CD-ROM. Pas de problème pour le moment, les logiciels sur disques DVD sont encore peu nombreux.

Future extension : Emplacement vide caché par une petite porte sur la face avant du boîtier. De tels emplacements sont généralement destinés à accueillir des lecteurs Zip, des lecteurs de DVD-ROM, des graveurs de DVD ou de CD et autres petites friandises adorées des PC.

Lecteur de disquettes : Petite ouverture horizontale qui avale des disquettes. Quelques logiciels sont livrés sur disquettes. Les disquettes sont principalement utilisées pour transporter des fichiers d'un PC à un autre.

Lecteur Zip : On trouve quelquefois des PC livrés avec un lecteur Zip qui est un super-lecteur de disquettes. Une disquette Zip peut contenir l'équivalent de 100 disquettes ordinaires.

Ventilateur : OK, cette petite chose souvent bruyante n'est pas très importante. Toutefois, veillez à ce que l'aération se fasse librement, car la machine a constamment besoin de se rafraîchir.

Boutons et voyants : Vous trouverez logiquement la plupart des boutons d'un ordinateur sur son clavier. Toutefois, certains des plus importants sont situés sur la face avant de l'unité centrale, accompagnés, pour les plus sophistiqués des PC, de petites lumières intimidantes. Ces boutons et lumières comprennent généralement les effets suivants :

✔ **Bouton Marche/Arrêt :** Il s'agit du bouton d'alimentation générale du PC, interrupteur principal que vous utilisez pour allumer la bête. Il peut se trouver sur la face avant de l'ordinateur, mais certains modèles le placent encore à l'arrière, sur la droite. Ce bouton est généralement accompagné d'un petit voyant vous indiquant son état. Attention délicate mais inutile, les ordinateurs faisant suffisamment de ramdam pour pouvoir en déduire à l'oreille qu'ils sont allumés.

✔ **Bouton Reset :** Ce bouton vous permet de relancer l'ordinateur sans avoir à l'éteindre et à le rallumer.

✔ **Bouton Suspendre :** On le trouve sur quelques PC récents et sur la plupart des ordinateurs portables. Sert à suspendre toute activité sans avoir à éteindre le PC.

✔ **Voyant lecteur :** Ce voyant s'éclaire lorsque le disque dur, le lecteur de disquettes, le lecteur de CD-ROM ou un lecteur Zip est en cours d'utilisation. Dans la mesure où celui-ci loge à l'intérieur du boîtier, cette petite lumière est votre assurance qu'il est toujours en vie et content de faire son travail.

L'unité centrale abrite quelquefois des choses plus rares comme un disque dur amovible, un dispositif de verrouillage ou encore un bouton turbo.

🖝 Pour plus d'informations sur la mise en marche, la réinitialisation et la mise en veille, consultez le Chapitre 2.

🖝 Certains PC n'ont pas de lecteur de disquettes.

🖝 Veillez à ce que l'aération soit toujours dégagée, faute de quoi votre ordinateur peut s'étouffer. (En réalité, le processeur se met à chauffer.)

Composants de l'unité centrale (face arrière)

Voulant faire des produits de plus en plus beaux, les concepteurs d'ordinateurs ont caché pas mal de connexions importantes et quelques bidules au dos du PC. Votre PC possède la plupart des choses montrées à la Figure 1.3, mais elles peuvent être logées dans des endroits différents.

Prise d'alimentation : C'est de là que part le câble qui va à la prise de courant.

Connecteur de clavier : Le clavier se branche dans ce petit trou. Sur de très vieux PC, le trou est plus gros.

Connecteur de souris : Généralement de même forme et de même taille que celui du clavier, un dessin représentant une souris vous indique que c'est bien là qu'on doit la brancher.

Port USB : Sert aux périphériques externes les plus répandus dans l'informatique d'aujourd'hui. USB est l'acronyme de Universal Serial Bus. Le Chapitre 9 vous en dit bien plus sur ce que vous pouvez brancher là-dedans.

Port série ou port COM : La plupart des PC ont les deux, appelés COM1 et COM2. On y branche un modem externe et quelquefois la souris. Les PC récents ont des ports à 9 broches, les plus anciens plutôt des ports à 25 broches.

Port imprimante : L'imprimante se branche là… quand vous ne lui préférez pas une connexion USB.

Port joystick : Surtout utilisé pour des connexions à usage scientifique. Mais oui.

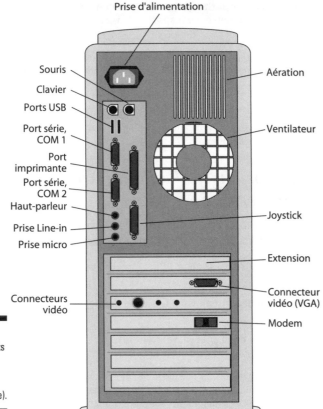

Prise d'alimentation

Souris

Clavier

Ports USB

Port série, COM 1

Port imprimante

Port série, COM 2

Haut-parleur

Prise Line-in

Prise micro

Connecteurs vidéo

Aération

Ventilateur

Joystick

Extension

Connecteur vidéo (VGA)

Modem

Figure 1.3 :
Les éléments
importants
d'une unité
centrale
(face arrière).

Connecteur de moniteur : Souvent cette prise ne porte aucune indication, elle est identique au port série, sauf qu'elle comporte 15 trous au lieu de 9.

 Sortie haut-parleurs : Pour relier le PC à des enceintes ou à un ampli. Le port USB fait également l'affaire.

 Prise Line-in : Peut être connectée à la chaîne hi-fi ou au magnétoscope pour importer des sons dans votre PC.

 Prise micro : Pour brancher... le micro du PC.

Connecteur Ethernet (réseau) : C'est ici que vous connectez une prise pour un réseau local. Ce connecteur peut aussi servir à connecter un modem ADSL, bien que la majorité se branche sur un port USB.

Modem : Un modem comporte deux prises. Une pour relier le modem à la prise de téléphone murale, l'autre pour brancher un téléphone et pouvoir... téléphoner.

Sortie S-Vidéo : Si votre PC dispose d'un lecteur de DVD, il comporte probablement des connecteurs pour les sorties audio et vidéo. Le connecteur S-Vidéo permet de relier votre PC à une télévision.

Derrière le PC se trouvent également les emplacements d'extension (*slot*). Pour y loger toutes les cartes qui lui feront plaisir plus tard.

Bonne nouvelle : tout ce fatras se branche une fois pour toutes. Après quoi vous n'aurez plus à y toucher.

✔ Si votre ordinateur est doté d'un lecteur de DVD, utilisez les prises audio (*jack*) de la carte d'extension du DVD, et pas les jacks audio de votre carte son, sinon aucun son ne sortira de votre PC via le lecteur de DVD.

✔ Les connecteurs de la souris et du clavier sont *différents* ! Ne vous trompez pas, car ces ports PS/2 se ressemblent comme deux gouttes d'eau. Si vous les inversez, aucun de ces périphériques ne fonctionnera.

✔ Pour en savoir plus sur les prises, consultez le Chapitre 9.

✔ Pour plus d'informations sur les modems, consultez le Chapitre 16.

Oh ! Des codes couleurs !

Les ordinateurs récents identifient leurs différents connecteurs à l'aide d'un code couleur. En plus des symboles qui apparaissent sur la partie arrière, vous avez maintenant de la couleur, c'est la bonne nouvelle de la journée !

La mauvaise nouvelle est que les constructeurs de PC n'ont pas réussi à se mettre d'accord sur un code couleur universel, et chacun y va de sa propre interprétation. Le Tableau 1.1 dresse la liste des couleurs les plus fréquemment utilisées par les fabricants de PC, mais attention ! votre ordinateur peut ne pas être conforme aux indications de ce tableau.

Tableau 1.1 : Les codes couleurs des connecteurs PC.

Port/Connecteur	Couleur
Clavier	Violet
Souris	Vert
Ports série	Cyan
Imprimante	Violet
Moniteur	Bleu
Sortie haut-parleurs	Vert tilleul
Micro	Rose
Entrée audio	Gris
Joystick	Jaune

Votre environnement logiciel type

Pour qu'un ordinateur puisse travailler, il lui faut un *logiciel*. Les logiciels sont connus sous d'autres noms comme *programmes*, *applications* ou *progiciels*.

Le système d'exploitation (le big boss)

Le *système d'exploitation* est l'élément logiciel le plus important. C'est le programme vedette de l'ordinateur, la star, le big boss, le grand manitou.

Le système d'exploitation régit tout sous le capot. Il contrôle chacun des petits composants du PC et garantit une bonne entente entre eux. C'est le cerveau dont le matériel est dépourvu et qui lui est indispensable pour savoir ce qu'il doit faire.

Le système d'exploitation gère également les différentes applications installées (voir la section suivante). Chaque application doit s'agenouiller devant lui et faire serment d'allégeance.

Autres types de programmes

Le système d'exploitation est à la base de tout. Soit. Mais seul, il ne peut absolument rien faire pour vous. Pour travailler, vous avez besoin de *programmes d'applications*, aussi appelés *applications*. Ce sont les divers logiciels spécifiques de votre PC qui vous permettent de réaliser votre travail.

Pour du texte, vous utiliserez un programme de traitement de texte ; pour effectuer des calculs, vous aurez besoin d'un tableur ; pour traiter des données, il vous faudra un programme de base de données, etc. Quelle que soit la tâche que vous voulez exécuter sur votre ordinateur, celle-ci est réalisée par une application spécifique.

Il peut également s'agir d'utilitaires, de jeux, de programmes éducatifs ou de logiciels de programmation. Il existe aussi des applications dédiées à l'Internet : navigateurs, gestionnaires de courrier électronique, éditeurs de pages web, et d'autres encore.

Chapitre 2
Le gros bouton rouge

Dans ce chapitre :

- ▶ Alimenter tous vos périphériques.
- ▶ Allumer l'ordinateur.
- ▶ Ouvrir une session Windows.
- ▶ Eteindre l'ordinateur.
- ▶ Mettre l'ordinateur en veille.
- ▶ Mettre l'ordinateur en veille prolongée.
- ▶ Redémarrer l'ordinateur.
- ▶ Laisser l'ordinateur constamment allumé.

*E*n vérité, il n'y a qu'un seul gros bouton rouge qui met en marche et éteint l'ordinateur. Bien sûr, cet interrupteur n'est pas toujours gros, ni rouge, mais laissons là ces petits détails. L'important est de savoir ce que vous devez faire entre ces deux opérations, période durant laquelle vous avez toutes les chances de vous arracher les cheveux par paquets ou de chanter des mantras pendant que vous saisirez fiévreusement votre amulette vaudoue d'une main et appuierez sur l'interrupteur de l'autre.

Mais ne vous inquiétez pas, ce chapitre va vous aider à passer cette étape difficile que constitue l'allumage d'un ordinateur, et tout ce qui se passe juste après, sans négliger toutes ces petites formalités concernant la mise hors tension de la machine. Vous apprendrez également qu'il existe une catégorie d'utilisateurs qui laissent leur machine allumée tout le temps. Scandaleux !

Tant de choses à allumer

Pour allumer un ordinateur, il suffit d'accéder à ce gros bouton rouge et de le faire basculer sur la position "On". Certains ordinateurs ont placé ce gros bouton rouge à l'avant, d'autres sur le côté ou à l'arrière, d'autres encore l'ont peint en gris ou en blanc pour mieux le camoufler. Parfois encore, il ne s'agit pas d'un bouton à bascule, mais d'un de ces boutons-poussoirs encore plus discrets.

Connecter correctement tous les périphériques

La majorité des périphériques qui sont attachés à votre ordinateur ont un bouton Marche/Arrêt. Ces périphériques doivent être raccordés à une prise de courant murale. Le problème est que, bien souvent, vous avez plus de périphériques que de prises disponibles dans votre bureau. Comme les appareils informatiques consomment peu d'électricité (à part le moniteur), vous pouvez sans crainte les raccorder à une multiprise qui sera insérée dans une prise électrique murale, comme le montre la Figure 2.1.

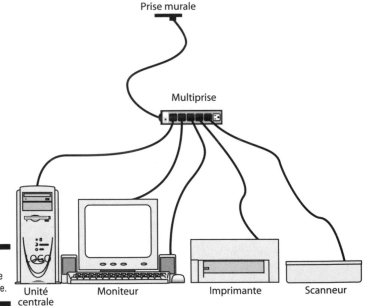

Figure 2.1 : Les joies de la multiprise.

Prise murale

Multiprise

Unité centrale   Moniteur   Imprimante   Scanneur

L'idéal est d'investir dans une multiprise équipée d'un système de protection contre les variations d'intensité électrique et d'un interrupteur : les *parasurtenseurs*. En cas de problème, un disjoncteur coupe l'alimentation des périphériques, ce qui évite de les endommager. Les périphériques à raccorder à ce type d'appareils sont l'unité centrale, le moniteur, le scanneur, l'imprimante et tout autre périphérique sensible.

L'onduleur : la meilleure solution d'alimentation

L'utilisation d'un onduleur constitue la meilleure protection de l'alimentation électrique de votre équipement. Un *onduleur* est une sorte de batterie qui assure l'autonomie du PC en cas de coupure de courant.

Parfois, l'onduleur comporte un nombre de prises suffisant au raccordement simultané de l'ordinateur et de périphériques externes tels que modem et graveur de CD.

Malgré leur réputation, les onduleurs ne sont pas faits pour vous permettre de travailler pendant une panne de secteur, mais il vous assure de la sauvegarde de votre travail, après quoi vous devez éteindre l'ordinateur. Contrairement à ce que prétendent certaines publicités, la plupart des onduleurs vous donnent seulement trois à cinq minutes d'autonomie. La Figure 2.2 montre une configuration informatique classique, articulée autour d'un onduleur. On y raccorde l'unité centrale et le moniteur. Les autres périphériques ne contenant pas de données ultrasensibles s'accommoderont d'un parasurtenseur.

L'onduleur, en fonction du modèle, donc de son prix, alimente le système pendant une coupure de courant. En général, la durée d'alimentation est d'environ cinq minutes, c'est-à-dire le temps d'enregistrer vos travaux en cours et d'éteindre l'ordinateur.

L'heure est venue d'allumer le PC

Maintenant que tous les raccordements sont sécurisés, allumez l'onduleur et/ou le parasurtenseur. Ensuite, allumez les périphériques qui sont raccordés à l'unité centrale, c'est-à-dire à l'ordinateur lui-même, puis ce dernier.

Il y a des indices qui permettent de savoir si la procédure est bien engagée. D'abord, vous entendez les ventilateurs du boîtier, puis l'amorçage des disques durs. Ensuite, la carte graphique donne l'ordre au moniteur d'afficher des informations (que vous ne verrez que si

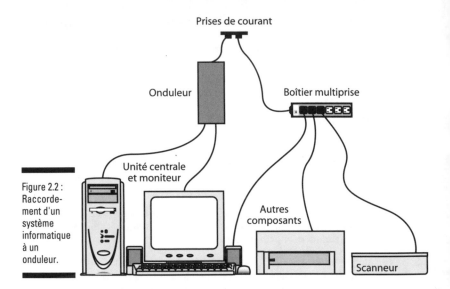

Prises de courant

Onduleur

Boîtier multiprise

Unité centrale
et moniteur

Autres
composants

Scanneur

Figure 2.2 :
Raccorde-
ment d'un
système
informatique
à un
onduleur.

l'écran est allumé). Le scanneur et l'imprimante peuvent émettre des
bruits mécaniques, signe de leur initialisation.

N'allumez pas certains appareils

N'allumez pas systématiquement tous vos appareils. Par exemple, si
vous n'envisagez pas d'utiliser votre scanneur, laissez-le éteint ! De
même, l'imprimante n'a besoin d'être allumée que si vous vous en
servez.

En revanche, certains appareils doivent toujours être allumés. C'est le
cas des modems ADSL ou câble.

Identifier vos programmes de démarrage

Le programme de configuration du PC s'appelle le BIOS. Entrez-y si et
seulement si vous savez ce que vous allez y faire ! Ce programme
permet d'activer certains éléments de votre carte mère. De ce fait, on
risque d'en désactiver qui sont essentiels à la reconnaissance et au
fonctionnement de vos périphériques. Par exemple, si vous désactivez
la fonction USB du PC, tous vos périphériques USB ne fonctionneront
plus.

De plus, le BIOS est en anglais. La majorité des utilisateurs n'y comprendront rien. Par conséquent, passez outre le BIOS en n'appuyant jamais sur les touches qui permettent d'y accéder.

Problème au pays du démarrage

Dans la majorité des cas, Windows démarre correctement et vous pouvez y travailler en toute confiance. Malheureusement, personne n'est à l'abri des quelques désagréments présentés dans les sections suivantes.

Un processus ne se termine pas correctement

Si quelque chose d'anormal se passe pendant l'extinction de Windows, vous en aurez connaissance au redémarrage de la machine. Ne paniquez pas ! Windows identifie le problème et vérifie que le système fonctionne bien.

Invalid system disk (disque système non valide)

Ce message apparaît quand vous oubliez une disquette dans le lecteur. Comme la majorité des BIOS sont configurés pour vérifier la présence d'un système sur la disquette (ce qui est un peu ridicule pour démarrer Windows, mais bien utile pour préparer un ordinateur sans système d'exploitation), l'ordinateur vérifie le contenu du lecteur en premier. Comme il y trouve une disquette avec des fichiers ne permettant aucun démarrage, il vous invite à la retirer puis à appuyer sur n'importe quelle touche.

Disque indésirable

Parfois, l'ordinateur cherche à démarrer à partir du CD laissé dans le lecteur de CD-ROM. La machine se met en pause jusqu'à ce qu'elle identifie un disque à partir duquel elle va pouvoir démarrer. Dans ce cas, retirez le disque du lecteur. En général, cette action suffit pour que le PC lance la procédure d'initialisation du disque dur système. Si rien ne se passe, appuyez sur la touche Espace.

Mode sans échec

Voici le pire de tout ! Ce mode ressemble à Windows, a la couleur de Windows, le goût de Windows, mais ce n'est pas tout à fait Windows. Vous identifiez ce mode car il est écrit aux quatre coins de l'écran.

Le gros problème est qu'il initialise aucun pilote de périphérique. Par conséquent, vous ne pouvez pas utiliser les fonctions d'affichage de votre carte graphique, le scanneur, l'imprimante, etc.

Bienvenu chez Windows !

Après le démarrage de votre ordinateur (matériel), le système d'exploitation (logiciel) prend la main. Rappelez-vous, le logiciel contrôle le matériel, et le cerveau est le système d'exploitation. C'est donc ce système d'exploitation (Windows) qui se met à fonctionner en premier.

Session, l'invité mystère

Avant d'utiliser Windows, vous devez décliner votre identité. Chaque utilisateur d'un ordinateur (ou quand vous entrez dans Windows pour la première fois) a un nom qu'il faut indiquer pour être validé en tant que tel. Jetez un œil à la Figure 2.3.

Pour ouvrir une session Windows, suivez ces étapes :

1. **Cliquez sur l'image qui identifie votre nom de compte.**

   Si vous n'avez pas de nom de compte, vous pouvez utiliser le compte Invité (s'il y en a un).

2. **Saisissez votre mot de passe si un champ de ce type apparaît.**

   Ne vous trompez pas, sinon vous ne pourrez pas entrer dans Windows.

3. **Cliquez sur la flèche verte ou appuyez sur la touche Entrée pour que Windows vérifie la validité du mot de passe.**

Vous pouvez configurer Windows XP pour que son écran d'accueil propose beaucoup moins d'options que celui de la Figure 2.3, voire vous amène directement dans Windows sans saisir le moindre mot de passe.

La première chose que vous voyez en arrivant dans Windows se nomme le *bureau*.

> ✔ Vous identifier auprès de Windows s'appelle *se connecter* ou *ouvrir une session*.

▶ Si vous utilisez Windows XP pour la première fois, le système d'exploitation vous demande de créer un compte avant d'afficher l'écran d'accueil de la Figure 2.3.

Figure 2.3 : Cliquez sur un compte d'utilisateur pour ouvrir une session Windows.

Bienvenue dans le bureau !

Enfin, après un moment au cours duquel vous avez pu vous préparer un café ou vous raser, Windows est prêt à l'usage. Ce qui apparaît à l'écran (Figure 2.4) s'appelle le *bureau*, c'est l'écran principal ou écran d'accueil. Il est maintenant temps de travailler.

Eteindre l'ordinateur

Les ordinateurs sont d'un tempérament sensible. L'usage intempestif du bouton Marche/Arrêt leur semble une impardonnable indélicatesse. Certains pensent que c'est carrément brutal.

Pour éteindre un ordinateur, vous devez procéder de manière logique. Il n'y a qu'une seule méthode pour bien éteindre un PC.

Eteindre l'ordinateur avec Windows XP

Pour envoyer Windows XP faire dodo, cliquez sur le bouton Démarrer, puis cliquez sur Arrêter l'ordinateur. Quatre options se présentent :

Figure 2.4 :
Le bureau de
Windows XP.

✔ **Arrêter :** Permet l'arrêt total du système. Tous les programmes sont fermés et la machine s'éteint.

✔ **Mettre en veille :** Cette option bascule l'ordinateur dans un mode spécifique où seule l'alimentation continue à tourner. L'écran et les disques durs s'éteignent. En revanche, le contenu de la mémoire reste intact. Il suffit de bouger la souris ou d'appuyer sur une touche du clavier pour réveiller le monstre et afficher le contenu du bureau.

✔ **Mettre en veille prolongée :** Permet la mise en veille de l'ordinateur. Même si des applications sont encore ouvertes, vous pouvez éteindre votre PC. Lorsque vous le rallumerez, vous retrouverez tous vos programmes dans l'état dans lequel vous les aviez laissés. De cette manière, la procédure de chargement de Windows est plus rapide.

✔ **Redémarrer :** Permet de redémarrer le système. Tous les programmes sont fermés et la machine redémarre.

Vous pouvez également fermer la session en cours et retourner à l'écran d'accueil de Windows en cliquant sur le bouton Fermer la session.

Pourquoi se déconnecter ?

Si vous êtes le seul utilisateur de l'ordinateur, inutile de vous déconnecter avant de quitter Windows. En revanche, cela est conseillé quand vous êtes plusieurs utilisateurs. Dans ce cas, vous fermez votre session de travail sans éteindre la machine. Tout autre utilisateur pourra ouvrir sa session pour commencer un travail ou reprendre une tâche en cours. Voici comment se déconnecter ou fermer une session :

1. **Cliquez sur le bouton Démarrer.**

2. **Cliquez sur le bouton Fermer la session.**

   S'il existe plusieurs comptes d'utilisateurs, vous accédez à la boîte de dialogue Fermeture de session Windows, représentée Figure 2.5. Sinon, passez directement à l'étape 3.

Figure 2.5 :
La boîte de
dialogue
Fermeture de
session
Windows.

3. **Cliquez sur Fermer la session.**

   Cette action ferme tous vos programmes et vous invite à enregistrer les dernières modifications apportées à vos documents. A partir de cet instant, une autre personne disposant d'un compte d'utilisateur peut ouvrir une session avec son nom de compte et son mot de passe.

Si vous cliquez sur le bouton Changer d'utilisateur, vous affichez un écran semblable à l'écran d'accueil de Windows. Là, tout autre utilisateur peut ouvrir sa session en utilisant son nom de compte et son mot de passe. Cette action ne ferme pas vos programmes en cours d'utilisation. Vous quittez provisoirement votre session Windows pour permettre à un autre utilisateur de commencer ou de poursuivre la sienne.

Mettre votre système en veille

C'est une alternative que je ne conseille plus, parce que j'ai reçu de nombreux témoignages en sa défaveur. Mais d'abord, de quoi s'agit-il ?

Au lieu de laisser votre ordinateur allumé en permanence, vous pouvez le plonger dans le coma. Rien de méchant : vous demandez seulement à votre PC de faire un petit somme. L'ordinateur éteint écran et disque dur, en gardant assez d'énergie pour se réveiller en se souvenant de sa dernière action.

Voici comment mettre votre PC en veille :

1. **Enregistrez votre travail.**

   Cette étape est fondamentale. Vous risquez en effet de perdre vos dernières modifications si, en cours de veille, une panne de secteur intervient ou qu'un mauvais plaisantin éteint physiquement votre PC.

2. **Cliquez sur le bouton Démarrer.**

3. **Cliquez sur Arrêter l'ordinateur.**

   Vous accédez à la boîte de dialogue Arrêter l'ordinateur, illustrée Figure 2.6.

Figure 2.6 :
Les diverses
options pour
éteindre ou
non
l'ordinateur.

4. **Cliquez sur Mettre en veille.**

   L'ordinateur entre dans un sommeil très léger.

Pour le réveiller, il suffit de presser une touche ou de bouger la souris. Le PC est de nouveau sur pied en quelques secondes.

✔ Si votre PC a un bouton de mise en veille sur son boîtier, utilisez-le pour le réveiller instantanément.

🖚 Vous pouvez également modifier la fonction du bouton Marche/
Arrêt, comme cela est expliqué un peu plus loin dans ce
chapitre.

🖚 Le mode veille est un héritage des ordinateurs portables. Ce
mode évite de vider prématurément les batteries de la machine.
Les portables ont généralement un bouton qui sert à les sortir
du mode veille.

🖚 Si le mode veille ne fonctionne pas, adressez-vous à votre
revendeur pour obtenir une mise à jour de votre système.

La mise en veille prolongée

La mise en veille prolongée est bien plus sécurisée que les autres
options. Voici comment l'utiliser :

1. **Cliquez sur le bouton Démarrer.**

2. **Cliquez sur le bouton Eteindre l'ordinateur.**

   Vous voici dans la boîte de dialogue Arrêter l'ordinateur.

3. **Appuyez sur la touche Maj.**

   Le bouton Mettre en veille devient Veille prolongée.

4. **Sans relâcher la touche Maj, cliquez sur le bouton Veille
   prolongée.**

   Le disque dur se met au travail pendant quelques secondes. En
   effet, il enregistre une image du contenu de la mémoire RAM.

Contrairement au mode veille, la veille prolongée ne permet pas de
réveiller l'ordinateur par un simple déplacement de la souris. Non,
non ! L'ordinateur est bel et bien éteint !

Pour sortir de cet état d'hibernation, appuyez sur le bouton Marche/
Arrêt de votre boîtier. L'intérêt est que vous retrouvez votre bureau,
c'est-à-dire votre environnement de travail, dans le même état que
lorsque vous êtes passé en veille prolongée. Vous pouvez immédiatement reprendre votre travail.

Les joies du redémarrage

Le redémarrage s'impose dans deux circonstances. La première vient
de l'installation de nouveaux programmes ou pilotes de périphériques.
Dans ce cas, vous cliquez sur le bouton Redémarrer de la boîte de

dialogue Arrêter l'ordinateur. La seconde tient à un blocage de la machine sans que vous compreniez pourquoi. Cette fois, la méthode est plus drastique, puisque vous devez appuyer sur le bouton Reset de votre unité centrale.

Pour redémarrer Windows XP dans les règles de l'art :

1. **Cliquez sur le bouton Démarrer.**

2. **Cliquez sur le bouton Arrêter l'ordinateur.**

3. **Cliquez sur le bouton Redémarrer.**

   Windows ferme toutes les applications et vous invite à enregistrer les dernières modifications apportées à vos documents. Une fois tous les paramètres sécurisés, Windows ferme la session et redémarre le PC.

   ✔ N'utilisez le bouton Reset qu'en dernier recours et dans un contexte où le clavier et la souris ne répondent plus.

   ✔ N'oubliez pas de retirer toute disquette pouvant se trouver dans le lecteur A avant de relancer votre ordinateur. Si vous y laissez une disquette, l'ordinateur tentera de redémarrer à partir des données de cette disquette.

Arrêter jusqu'à demain

Voici la procédure à suivre pour éteindre correctement un PC :

1. **Ouvrez le menu Démarrer.**

2. **Cliquez sur Arrêter l'ordinateur.**

3. **Dans la boîte de dialogue Arrêter l'ordinateur, cliquez sur Arrêter.**

Quand vous désirez quitter Windows et que votre souris ne répond pas, essayez ceci :

1. **Appuyez sur la touche Windows de votre clavier pour ouvrir le menu Démarrer.**

2. **Appuyez sur O pour sélectionner Arrêter l'ordinateur.**

3. **Appuyez sur T pour arrêter l'ordinateur ou sur R pour le redémarrer.**

Une fois l'ordinateur éteint, vous devez éteindre tous les périphériques qui y sont raccordés comme le moniteur, le scanneur et bien d'autres appareils externes. Vous pouvez aussi tout éteindre d'un coup en appuyant sur le bouton Marche/Arrêt de votre parasurtenseur.

Si vous avez un onduleur, ne l'éteignez pas. Ses batteries resteront alors chargées en permanence.

> ✔ Certains programmes ne veulent pas se fermer. Aussi, devez-vous procéder manuellement, en suivant les procédures classiques de fermeture des applications.
>
> ✔ Si votre ordinateur s'éteint et se remet immédiatement en marche, vous avez un problème. Contactez votre revendeur pour arranger la situation.

> ✔ Evitez de rallumer votre ordinateur immédiatement après l'avoir éteint. Laissez s'écouler entre 10 et 20 secondes. Les chocs électriques sont néfastes aux composants électroniques.

Paramétrer le bouton Marche/Arrêt

Ce chapitre insiste sur un arrêt conventionnel et propre de Windows pour éteindre le PC. En général, tout se passe par logiciel. Toutefois, il est possible de configurer le bouton Marche/Arrêt (ou Power) de votre ordinateur pour qu'il réagisse d'une certaine manière lorsque vous appuyez dessus quand vous êtes sous Windows :

1. **Ouvrez le Panneau de configuration.**

   Consultez le Chapitre 3 pour savoir comment procéder si vous avez oublié.

Options
d'alimentation

2. **Double-cliquez sur l'icône Options d'alimentation.**

3. **Cliquez sur l'onglet Avancé.**

4. **Sélectionnez une option dans la liste Lorsque j'appuie sur le bouton de mise sous tension.**

   • **Ne rien faire :** Il ne se passe rien quand vous appuyez sur le bouton.

   • **Demandez-moi que faire :** Une liste d'actions apparaît quand vous appuyez sur le bouton.

   • **Mettre en veille :** L'ordinateur passe en veille quand vous appuyez sur le bouton.

   • **Mettre en veille prolongée :** L'ordinateur passe en veille prolongée quand vous appuyez sur le bouton.

- **Arrêter** : L'ordinateur s'arrête quand vous appuyez sur le bouton.

Faut-il laisser l'ordinateur allumé en permanence ?

Savoir si l'on doit ou non éteindre un ordinateur provoque des débats passionnés. D'aucuns, les plus au courant, vous diront qu'il est nécessaire de le laisser allumé en permanence, 24 heures sur 24, 7 jours sur 7, et 14 jours par semaine sur la planète Mars. En fait, vous ne devez l'éteindre que si vous vous absentez plus de 48 heures.

Les ordinateurs adorent rester allumés tout le temps. Vous laissez bien votre réfrigérateur allumé toute la nuit ou lorsque vous partez en voyage, alors pourquoi pas votre PC ? Cela n'augmentera pas vraiment votre note d'électricité.

"Je veux toujours laisser mon ordinateur allumé"

Certains utilisateurs laissent tourner leur machine 24 heures sur 24, 7 jours sur 7. Seuls les week-ends prolongés et les vacances sont des motifs d'extinction de leur PC. Dans ce cas, je conseille de mettre l'ordinateur en veille prolongée plutôt que de l'éteindre véritablement.

Je le répète, il n'y a pas d'objection franche contre le maintien d'un ordinateur en état de marche constant. Passer en mode veille est une excellente solution qui n'augmentera pas votre note d'électricité de manière disproportionnée. L'avantage de la veille est que vous retrouvez un PC opérationnel en moins de temps qu'il ne faut pour le dire.

Deuxième partie

Dompter
la bête sauvage

"Ils faisaient de la contrebande en ligne.
On a enfoncé la porte au moment
où ils nettoyaient leurs disques durs !"

Dans cette partie...

D'une certaine façon, l'ordinateur peut se comporter comme ces enfants qui vous narguent gentiment en disant "moi j'sais quelque chose que tu sais pas, nananère...". C'est amusant, mais cela peut devenir agaçant, et puis vous aimeriez bien savoir aussi, mais comment faire ?

Pour ce qui concerne les enfants, je ne sais pas vraiment comment il faut s'y prendre. Pour ce qui concerne l'ordinateur, il suffit de savoir se servir du logiciel, et en premier lieu du système d'exploitation. Même si ce n'est pas vraiment compliqué, c'est tout de même moins évident que de changer de chaîne sur votre téléviseur. Les chapitres de cette partie du livre sont là pour vous aider à vous familiariser avec l'ordinateur. Vous verrez, ce n'est pas sorcier.

Chapitre 3

Le système d'exploitation du PC

. . . .

Dans ce chapitre :

▶ Appréhender Windows.

▶ Découvrir les lieux stratégiques de Windows.

▶ Utiliser la barre des tâches.

▶ Manipuler les fenêtres à l'écran.

▶ Les boîtes de dialogue.

. . . .

*L*e système d'exploitation d'un PC est le logiciel qui fait tourner la machine, celui qui commande tout le matériel, et tous les autres programmes. Sans lui, votre PC n'est rien.

Ce chapitre fait un tour d'horizon de Windows. Pour plus d'informations, achetez un ouvrage consacré au système d'exploitation installé sur votre machine.

Windows, c'est la tête !

Le système d'exploitation a trois fonctions majeures :

✔ Faire communiquer l'ordinateur avec les périphériques installés.

✔ Contrôler les logiciels, c'est-à-dire en assurer le bon fonctionnement, et permettre la gestion des fichiers et des documents créés.

✔ Interagir avec vous.

Idéalement (c'est-à-dire que ça n'arrive jamais dans la vie), un système d'exploitation est efficace et sécurisant. Il est le chevalier servant, aussi fidèle qu'un compagnon dévoué entièrement à la satisfaction de votre bien-être. (Voyez comme cette vision est "idéale ".)

Voyage au pays de Windows

Windows est souvent une découverte déconcertante. Même après des années d'utilisation, il suffit de lire un ouvrage comme celui-ci pour découvrir ce que peut bien recéler un tel système d'exploitation.

Le bureau

Nous avons abordé ce sujet brièvement au Chapitre 2. Le *bureau* est une notion abstraite que les utilisateurs ne comprennent pas toujours très bien.

Windows est un environnement graphique. Il affiche des images, symbolisées à l'écran par des *icônes*, représentant tout ce que contient votre ordinateur. Ces images apparaissent sur un fond appelé *bureau*. La Figure 3.1 montre le célèbre bureau de Windows XP sur un fond d'écran personnalisé, une dédicace spéciale aux Poussins du Club d'Issy-les-Moulineaux.

Figure 3.1 :
Le bureau de
Windows XP
avec un fond
d'écran
personnalisé.

✔ Le *bureau* n'est rien de plus que le fond sur lequel Windows étale ses affaires, comme un vieux drap que vous accrochez au mur pour raser vos voisins avec les diapos de vos vacances aux Antilles.

✔ Vous pouvez changer l'image qui apparaît en arrière-plan.

Le pointeur de la souris

Pour utiliser rapidement Windows, vous devez disposer d'un *périphérique de pointage*. Il s'agit généralement de la souris. Le pointeur de la souris ressemble à celui représenté Figure 3.2.

Figure 3.2 :
Un pointeur
de souris
classique.

Pour que la souris soit vraiment utile sous Windows, vous devez en maîtriser les boutons. Lorsque vous appuyez sur le bouton gauche de la souris ou le maintenez enfoncé, vous faites un *clic*. Cela permet de sélectionner des éléments à l'aide de la souris et d'accomplir des opérations informatiques de base.

✔ Vous devez connaître le fonctionnement de la souris pour travailler sous Windows.

✔ Si vous ne comprenez pas bien la souris, consultez le Chapitre 13.

✔ Il est possible d'utiliser Windows avec le clavier. Toutefois, ce n'est pas aussi intuitif qu'avec une souris.

Les icônes

Les petites images que vous voyez sur le bureau s'appellent des *icônes*. Elles symbolisent des éléments qui sont dans votre ordinateur. Par exemple :

Un disque dur

Un programme

Une image

Vos Favoris réseau

Notez que les icônes sont accompagnées d'un texte qui en définit le contenu ou en donne la signification.

Vous manipulez les icônes avec la souris. Elles savent faire des choses étonnantes.

La barre des tâches

La barre horizontale grise au bas de votre bureau se nomme *barre des tâches*. Il s'agit du centre de contrôle principal de Windows. La Figure 3.3 présente les quatre éléments fondamentaux de la barre des tâches : le bouton Démarrer, la barre de lancement rapide, les boutons des fenêtres des programmes et la zone de notification.

Barre de lancement rapide

Figure 3.3 :
La barre des
tâches.

Bouton Démarrer   Boutons des fenêtres Zone de notification

Le bouton Démarrer : C'est à partir de ce bouton que vous démarrez les applications sous Windows. Le bouton Démarrer sert également à arrêter Windows ! Etonnant, non ?

La barre de lancement rapide : Cette barre contient des icônes qui vous permettent d'ouvrir rapidement des programmes.

Les boutons des fenêtres d'applications : La barre des tâches montre également sous forme de boutons les programmes en cours d'utilisation. Pour passer d'une application à une autre, il suffit de cliquer sur son bouton dans la barre des tâches.

La zone de notification : Outre l'horloge et le petit haut-parleur, on y trouve les mini-icônes de différents programmes qui opèrent dans la plus grande discrétion. Ces programmes peuvent être ouverts en double-cliquant sur leur icône. En général, un clic avec le bouton droit de la souris ouvre un menu contextuel rempli de commandes.

La barre des tâches gère d'autres barres d'outils. Par exemple, vous pouvez y afficher une barre d'adresses dans laquelle vous saisissez les pages web à visiter ou le nom de commandes à exécuter. Toutefois, l'utilisation la plus commune de la barre des tâches consiste à cliquer sur le bouton Démarrer et les divers boutons des applications pour exécuter votre travail.

✔ Si vous voulez savoir à quoi correspondent les diverses icônes situées dans la barre des tâches, placez dessus le pointeur de la souris, sans cliquer : une infobulle s'affiche. Si vous pointez sur les chiffres de l'heure, c'est la date en entier qui s'affiche.

✔ Parfois, Windows XP "empile" les boutons des fenêtres. Par exemple, si vous avez trois fenêtres d'Internet Explorer ouvertes simultanément, vous voyez un bouton comme celui-ci :

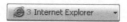

Cliquer dessus ouvre un menu contextuel où vous choisissez la fenêtre à faire apparaître au premier plan.

✔ La zone de notification de Windows XP cache généralement ses petites icônes quand elles ne font rien d'autre que se pavaner sous vos yeux ébahis. Pour voir toutes les icônes, cliquez sur la flèche représentée ci-contre.

Le bouton Démarrer

Sous Windows, tout commence par le bouton Démarrer, situé à gauche de la barre des tâches. Ce bouton contrôle un menu déroulant (et une pléthore de sous-menus !) contenant divers commandes et programmes.

Le bouton Démarrer est illustré Figure 3.4. La partie supérieure liste des programmes que vous pouvez directement exécuter en cliquant dessus. La partie centrale liste des sous-menus : Programmes, Documents, Paramètres et Rechercher. La partie inférieure donne accès au système d'aide de Windows et à d'autres petites choses amusantes, y compris la commande Arrêter.

✔ Si vous avez la chance de posséder un de ces claviers ergonomiques signés Microsoft, vous pouvez simplement appuyer sur l'un des deux boutons marqués du sigle Microsoft Windows pour afficher le menu Démarrer.

Figure 3.4 :
Le menu
Démarrer.

✔ Si vous préférez passer par le clavier, appuyez sur la combinaison de touches Ctrl+Echap. Cette opération affiche aussitôt le menu Démarrer, même si, pour une raison ou une autre, la barre des tâches n'apparaît pas à l'écran.

✔ Tous les menus Démarrer ne ressemblent pas à celui de la Figure 3.4. Le contenu dépend des applications récemment ouvertes et de la configuration de ce menu.

✔ Le sous-menu Programmes contient tous les programmes installés sur votre disque dur. Ils sont normalement capables de fonctionner sous Windows. Cliquez dessus avec la souris pour accéder à ces applications, ou du moins à des dossiers qui les accueillent. (Oui, Windows adore se mettre à table en proposant de multiples menus de menus de menus…)

✔ L'icône du compte d'utilisateur en cours d'exécution est affichée dans le coin supérieur gauche du menu Démarrer. Pour changer cette image, cliquez dessus.

Les autres endroits à visiter

L'aire de jeu de Windows vous fera découvrir de nombreuses activités. La majorité d'entre elles se trouvent alignées sur la gauche du bureau. En voici quelques exemples :

 Poste de travail. Cliquer sur cette icône affiche tous les lecteurs connectés à votre machine.

 Mes documents. Cliquer sur cette icône affiche le contenu du dossier Mes documents. C'est le dossier de stockage principal et par défaut de votre disque dur.

 Favoris réseau. Cette icône affiche les ordinateurs d'un réseau local auquel votre PC est raccordé.

 Corbeille. Le vide-ordures de Windows. Elle contient les fichiers, les documents et les icônes dont vous n'avez plus besoin.

 Panneau de configuration. Vous y accédez via Paramètres/Panneau de configuration du menu Démarrer ou depuis l'icône Poste de travail. Le Panneau de configuration contient des dizaines d'icônes qui contrôlent les options et les paramètres de votre PC.

✔ Le Panneau de configuration et ses icônes sont décrits dans la troisième partie de cet ouvrage

✔ La majorité des activités d'un ordinateur sont centralisées autour de la gestion des fichiers, des programmes et des dossiers. Ces sujets sont traités dans plusieurs chapitres de ce livre.

Fenêtres sur écran

Les fenêtres de Windows offrent toutes des fonctions similaires, conçues pour être activées à l'aide de la souris. Il s'agit de petits boutons que vous poussez, d'images que vous sélectionnez, faites glisser, étirez, etc. La plupart de ces outils contrôlent l'apparence des fenêtres et le fonctionnement des programmes.

Déplacer une fenêtre

Windows place ses fenêtres où bon lui semble. Pour positionner une fenêtre où bon vous semble, faites-la glisser par sa barre de titre identifiée à la Figure 3.5.

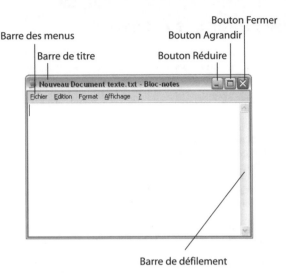

Bouton Fermer

Barre des menus   Bouton Agrandir

Barre de titre   Bouton Réduire

Figure 3.5 :
Anatomie
d'une
fenêtre.

Barre de défilement

Si la barre de titre n'est pas visible, utilisez le clavier pour déplacer la fenêtre. Voici la procédure à suivre :

1. **Appuyez sur Alt+Barre d'espace.**

   Vous ouvrez le menu de contrôle de la fenêtre situé dans le coin supérieur gauche.

2. **Appuyez sur L pour exécuter la commande Déplacer.**

3. **Appuyez sur les flèches du pavé directionnel pour déplacer la fenêtre.**

   Appuyez sur la flèche Haut, Bas, Gauche ou Droit pour position-ner la fenêtre à l'emplacement désiré.

4. **Appuyez sur la touche Entrée pour valider le déplacement.**

Vous ne pouvez pas déplacer une fenêtre affichée en plein écran. Cet affichage se produit quand vous cliquez sur le bouton Agrandir de la fenêtre. Reportez-vous à la prochaine section.

Modifier la taille d'une fenêtre

Vos fenêtres peuvent avoir absolument toutes les tailles. La gamme varie entre la totalité de l'écran et une dimension trop petite pour être exploitable.

Pour qu'une fenêtre occupe la totalité de votre écran – là où elle est le plus utile –, cliquez sur le bouton *Agrandir* dans l'angle supérieur droit de cette fenêtre.

La précédente opération transforme la représentation plein écran du bouton en deux fenêtres qui se recouvrent. Cliquez de nouveau sur ce bouton pour ramener la fenêtre à sa dimension d'origine.

Pour réduire une fenêtre, cliquez sur le bouton *Réduire* qui se trouve dans l'angle supérieur droit de cette fenêtre. Une fois réduite, la fenêtre se transforme en bouton qui va se positionner sur la barre des tâches (la fenêtre n'est pas fermée, elle est simplement "écartée" de votre chemin). Pour la restaurer, il suffit de cliquer sur son bouton dans la barre des tâches.

Utiliser les barres de défilement

Certaines fenêtres possèdent deux barres de défilement – une à droite de l'écran, l'autre en bas. Ces barres contiennent un petit *curseur de défilement* (aussi appelé *ascenseur*) et une flèche à chaque extrémité. A l'intérieur de la barre verticale, le petit ascenseur monte et descend au fur et à mesure que vous faites défiler les pages de votre travail. Pour vous déplacer dans votre document, vous pouvez cliquer sur une des flèches, faire glisser le curseur de défilement ou encore cliquer dans la barre avant ou après le curseur.

La Figure 3.6 montre une barre de défilement vertical. Sachez qu'une barre de défilement horizontal contient les mêmes éléments, mais affichés sur toute la largeur de la fenêtre.

La taille du curseur change en fonction de la quantité d'informations visibles dans la fenêtre. Si le curseur est trop gros, vous pouvez redimensionner la fenêtre pour en afficher tout le contenu. Dans ce cas, les barres de défilement disparaissent.

Utiliser les commandes des menus

Il y a tant de commandes disponibles sous Windows que, pour éviter que votre écran ne ressemble aux 12 pages du menu de votre restaurant chinois préféré, Microsoft les dissimule dans une *barre de menus*, représentée Figure 3.7.

Chaque option apparaissant dans une barre de menus décrit une catégorie de commandes. Lorsque vous cliquez sur l'une d'elles, Windows "déroule" le menu contenant les commandes relatives à cette

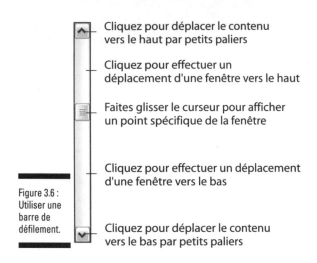

Cliquez pour déplacer le contenu
vers le haut par petits paliers

Cliquez pour effectuer un
déplacement d'une fenêtre vers le haut

Faites glisser le curseur pour afficher
un point spécifique de la fenêtre

Cliquez pour effectuer un déplacement
d'une fenêtre vers le bas

Figure 3.6 :
Utiliser une
barre de
défilement.

Cliquez pour déplacer le contenu
vers le bas par petits paliers

Elément ou commande d'un menu

Menu   Barre des menus

Figure 3.7 :
Les
commandes
du menu
Fichier d'un
programme.

Menu déroulant

option. Par exemple, le menu Fichier contient les commandes Enregistrer, Ouvrir, Nouveau, Fermer, etc. ; toutes concernent les fichiers (Figure 3.7).

Vous pouvez également accéder aux différents menus via votre clavier. Pressez la touche Alt ou F10. Cette action sélectionne le premier menu de la barre de menus. Pour sélectionner un menu ou une option d'un menu, tapez la lettre soulignée telle que le "F" de Fichier.

✔ Appuyez sur Echap pour fermer un menu sans exécuter une commande.

✔ Certains programmes utilisent des menus *personnalisés*. Ces menus n'affichent que les commandes que vous utilisez le plus. Bien que cela semble merveilleux, vous trouverez vite cette pratique très pénible. Consultez les fichiers d'aide du programme pour savoir comment désactiver cette fonction.

✔ Dans ce livre, les commandes de menu sont indiquées dans le format Fichier/Ouvrir. Pour y accéder, vous pouvez également presser les touches Alt, F, O.

Fermer une fenêtre

Fermez une fenêtre en cliquant sur le bouton X situé dans le coin supérieur droit. Cette action supprime la fenêtre du bureau. Si la fenêtre contient des informations non sauvegardées, un message vous invite à les enregistrer.

✔ Certaines fenêtres sont des programmes. Vous pouvez également les fermer via Fichier/Quitter.

Comprendre les boîtes de dialogue

Comme leur nom l'indique, les *boîtes de dialogue* vous permettent de dialoguer avec Windows. Dans ce cas, les fenêtres contiennent des options et autres gadgets que vous utilisez pour contrôler quelque chose. Vous utilisez votre souris pour sélectionner des options et effectuer des réglages, puis vous cliquez sur un bouton marqué des lettres OK pour que vos choix soient pris en compte par Windows.

Sous Windows, une boîte de dialogue vous permet de réaliser des opérations de manière intuitive, à condition que vous connaissiez bien les tenants et les aboutissants d'une boîte de dialogue comme celle de la Figure 3.8.

Tous les petits machins de la boîte de dialogue illustrée Figure 3.8 sont manipulés à l'aide de la souris. Nous verrons plus tard à quoi ils servent. L'important pour l'instant est le nom que l'on attribue à chacun d'eux. Les définitions qui suivent font référence à la Figure 3.8.

Champ de saisie   Bouton Aide

Liste déroulante

Case à cocher

Figure 3.8 :
La boîte de
dialogue
Formater.

Liste déroulante : Sous la rubrique Capacité, se trouve une liste déroulante (aussi appelée simplement *liste*). Si vous cliquez sur la flèche pointant vers le bas située à droite de la liste, vous affichez, au-dessous de cette zone, les options qu'elle contient. Cliquez alors sur une des options proposées pour la sélectionner. Si la liste est longue, une barre de défilement apparaîtra également sur un côté pour vous permettre de parcourir toutes ses options.

Champ de saisie ou Zone de texte : Toute zone dans laquelle vous pouvez saisir du texte se nomme *zone de texte* ou *champ*. Sur la Figure 3.8, une zone de texte comportant le mot "BUREAUTIQUE" se trouve sous la rubrique Nom de volume.

Case à cocher : Les petits boutons carrés d'une boîte de dialogue sont appelés *cases à cocher*. Contrairement aux boutons radio, vous pouvez cliquer sur autant de cases que vous le souhaitez. Lorsqu'une case est cochée, l'option qui lui correspond est activée. Pour la désactiver, il suffit de cliquer de nouveau sur sa case (qui apparaît alors vide).

Bouton Aide : Cliquez sur ce bouton et pointez sur un élément de la boîte de dialogue dont vous désirez connaître la fonction.

Après avoir effectué vos sélections, vous cliquez généralement sur un bouton OK. (Sur la Figure 3.8, le bouton OK s'intitule Démarrer.) Si vos choix ne vous conviennent plus, cliquez sur le bouton Fermer.

A l'aide !

Windows possède un incroyable système d'aide que tous les programmes Windows partagent. Quel que soit le programme dans lequel vous
vous trouvez, presser la touche de fonction F1 active le menu Aide
approprié. La Figure 3.9 montre le système d'aide et de support de
Windows XP. Dans le champ Rechercher, j'ai saisi **Fermer une fenêtre**,
puis j'ai cliqué sur la flèche. Les résultats apparaissent dans le volet de
gauche. Pour afficher le contenu d'un résultat, cliquez dessus.

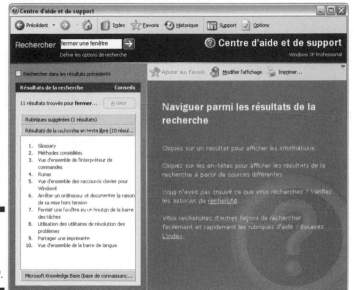

Figure 3.9 :
Le système
d'aide et de
support de
Windows XP.

✔ Cliquez sur n'importe quel texte affiché par le système d'aide
pour obtenir une information efficace sur un sujet spécifique.

✔ Pour certaines informations, le système d'aide se connecte à
l'Internet.

Le moteur d'aide est son propre programme. Lorsque vous avez fini de
l'utiliser, cliquez sur son bouton de fermeture.

Chapitre 4

A vos lecteurs

L es disques sont importants pour votre PC car c'est là que se trouvent le système d'exploitation, les logiciels et toutes les jolies données que vous créez. Ce chapitre traite des disques et des lecteurs, et de toute la folie qui va avec. C'est un sacré morceau, aussi munissez-vous de quelques biscuits et d'une tasse de thé avant de commencer votre lecture.

A quoi servent les disques ?

Un ordinateur est doté de mémoire (RAM), n'est-ce pas ? Certains PC sont vendus avec 128, 256, voire 512 mégaoctets de RAM (c'est un minimum !). Cela paraît une quantité suffisante ; alors pourquoi se préoccuper de stockage sur disque ? Parce que les disques servent à conserver des informations à long terme. Ils constituent une mémoire différente de la mémoire RAM. La mémoire RAM est utilisée au cours de l'exécution d'un programme. Elle est l'espace de travail de l'ordinateur. Lorsque vous avez terminé un travail, vous pouvez le conserver de façon permanente en le reproduisant sur un disque.

La mémoire RAM constitue un lieu de stockage temporaire. Elle s'éteint en même temps que votre ordinateur et les informations qu'elle contient sont effacées.

Donc, lorsque votre travail est terminé, *enregistrez* les informations sur un de vos disques sous forme de *fichier*. Pour travailler de nouveau sur ces informations, *ouvrez* le fichier. Cette action transfère les données dans la mémoire vive (RAM) de votre ordinateur pour les modifier, les imprimer, en créer de nouvelles. Tant que vous disposez d'une copie du fichier sur un disque, vous ne pouvez pas la perdre par une simple opération du Saint-Esprit.

- ✔ Un mégaoctet, soit un million d'octets, permet de conserver un million de caractères. Cela fait beaucoup de pages de texte.

- ✔ Les disques sont utilisés pour le stockage de longue durée. Les informations restent disponibles en permanence. Vous pouvez ainsi les consulter, les modifier, les transmettre, etc.

- ✔ Le Chapitre 11 traite de la mémoire vive ou RAM.

Où sont mes disques ?

Physiquement, vos lecteurs se trouvent dans le boîtier de votre unité centrale. Pour en voir une représentation, suivez ces étapes :

1. **Sur le bureau, localisez l'icône du Poste de travail.**

   Bien qu'il soit possible de configurer Windows pour que cette icône soit masquée, elle se trouve généralement sur le bureau.

2. **Double-cliquez sur l'icône Poste de travail.**

   Son contenu s'affiche.

Tous vos lecteurs de disques apparaissent dans la fenêtre qui s'affiche, comme à la Figure 4.1.

Les icônes des lecteurs

Normalement, dans votre Poste de travail, vous devriez trouver les lecteurs suivants :

Lecteur A. C'est le lecteur de disquettes.

Lecteur C. C'est votre principal disque dur. Votre PC peut avoir un disque dur D et éventuellement E. Dans ce cas, ils sont désignés par

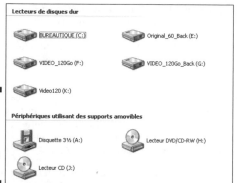

Figure 4.1 :
Les lecteurs
de disques
dans la
fenêtre Poste
de travail.

une icône identique, comme le montre la Figure 4.1 où il n'y a pas
moins de cinq disques durs.

 Lecteur de CD-ROM, de DVD-ROM ou de graveur. La plupart des PC
ont un lecteur de CD-ROM ou un lecteur de DVD-ROM. Certains sont
même livrés avec un graveur de CD-R. Ils sont souvent désignés par la
lettre qui suit le dernier disque dur. CD-ROM, DVD et graveurs ont une
icône identique.

 L'icône du lecteur de CD ou de DVD change quand vous insérez un
disque. Par exemple, l'insertion d'un CD audio affiche une icône
semblable à celle représentée ci-contre.

 Lecteur Zip. Votre système peut abriter d'autres lecteurs, comme le
lecteur ZIP.

Lecteurs de A à Z (en oubliant B)

Dans Windows, chaque lecteur est désigné par une lettre, de A à Z. La
lettre B n'est pas utilisée.

Lecteur A : Dans tous les PC, le lecteur A est le lecteur de disquettes.

Lecteur B : Il n'y a pas de lecteur B. Cette lettre est réservée au second
lecteur de disquettes (si vous en installez un). Au début de la micro-
informatique, les disques durs étaient extrêmement onéreux, et la
plupart des PC en étaient dépourvus. Le second lecteur de disquettes
était une solution économique pour conserver les données.
Aujourd'hui, le lecteur B est inutile.

Lecteur C : Identifie le disque dur contenant le système d'exploitation.

Lecteur D : Si un second disque dur (ou un lecteur de CD/DVD) est installé dans votre ordinateur, il prend la lettre D.

Honnêtement, après la lettre C, il n'y a pas de tradition de dénomination des lecteurs. L'ordre d'attribution des lettres se fait de la manière suivante :

- Si vous avez des disques durs supplémentaires dans votre PC, ils seront désignés par D, E, etc. Les PC sont vendus généralement avec un seul disque dur, C. Si vous en ajoutez un, il sera automatiquement désigné par la lettre D. Et ainsi de suite par ordre alphabétique pour chaque disque ajouté.

- Après le dernier lecteur de disque dur, viennent le lecteur de CD-ROM et le lecteur de DVD. Ils peuvent être désignés par les lettres D ou E jusqu'à Z.

- Après les lecteurs de CD-ROM ou de DVD, viennent traditionnellement les unités de stockage amovibles.

L'importance du lecteur D

Le lecteur D est important pour plusieurs raisons. Tout d'abord, si vous avez un disque dur D, utilisez-le comme unité de stockage. Il est toujours délicat de concentrer votre système d'exploitation, vos programmes et vos données sur le disque C. Le lecteur D devient une ressource matérielle de sauvegarde essentielle. Ensuite, sur de nombreux ordinateurs, le lecteur D est celui du lecteur de CD-ROM ou de DVD. Toutefois, ne présumez pas cela tant que vous ne l'avez pas vérifié dans le Poste de travail.

- Le lecteur D est souvent inexistant sur la majorité des PC.

- Sur mon ordinateur, le lecteur D sert à l'installation des jeux.

- L'attribution de la lettre D au lecteur de CD-ROM ne dépend pas de ce périphérique.

N'oubliez pas le deux-points !

Les noms des lecteurs ne se limitent pas à une simple lettre ! Ils sont suivis d'un deux-points. Ainsi, le lecteur A est identifié par A:, le lecteur C par C:, etc.

La prononciation correcte de *A:* est "A deux-points".

Combien d'espace libre sur mon disque ?

Les disques sont comme des placards ou des greniers, ils finissent toujours par se remplir. Pour voir combien il reste d'espace libre sur un disque, ouvrez la fenêtre du Poste de travail. Cliquez ensuite sur le disque que vous désirez examiner.

Ouvrir l'icône d'un disque dur en affiche le contenu *racine*. Vous en saurez plus à ce sujet en consultant le Chapitre 5.

  Pour le moment, revenez à la fenêtre du Poste de travail en cliquant sur le bouton Précédente ou Dossier parent.

Les informations officielles d'un disque

Windows sait beaucoup plus de choses sur vos disques que n'en dévoilent les icônes, les lettres, les noms ou leurs utilisations. Chaque lecteur de la fenêtre du Poste de travail renferme des informations auxquelles vous accédez en suivant ces étapes :

1. **Avec le bouton droit de la souris, cliquez sur un des lecteurs de la fenêtre du Poste de travail.**

   Un menu contextuel apparaît.

2. **Choisissez Propriétés.**

   La boîte de dialogue Propriétés du disque apparaît sous Windows XP, comme le montre la Figure 4.2.

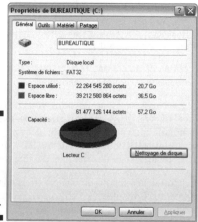

Figure 4.2 :
La boîte de
dialogue
Propriétés
d'un lecteur
sous
Windows XP.

Vous voyez immédiatement un graphique à secteurs qui précise les informations visuelles des zones Espace utilisé et Espace libre. Vous voyez également des informations sur le type de disque et le système de fichiers. Un champ permet d'ajouter ou de modifier le nom du disque.

Les autres onglets de la boîte de dialogue donnent des informations sur certains aspects du disque. Par exemple, l'onglet Outils permet une maintenance quotidienne des disques, au même titre que le bouton Nettoyage de disque de l'onglet Général.

Cliquez sur OK pour fermer la boîte de dialogue Propriétés.

> ✔ Avant de consulter les propriétés d'un lecteur amovible, insérez-y un disque.
>
> ✔ Pour changer le nom du disque, saisissez-le dans le champ Nom de volume.
>
> ✔ Pour supprimer un nom, sélectionnez son texte dans le champ Nom de volume et appuyez sur la touche Suppr de votre clavier.

Le disque est-il à moitié plein ou à moitié vide ?

L'information la plus importante de la boîte de dialogue Propriétés est la quantité d'espace disque utilisée (donc incidemment celle qui est libre). Le graphique à secteurs est épaulé par trois valeurs :

Capacité : La quantité maximale d'octets que l'on peut stocker sur un disque.

Espace utilisé : Le nombre d'octets occupés par des programmes, des fichiers et d'autres données stockées sur le disque.

Espace libre : La différence entre la capacité et l'espace utilisé. L'espace disponible pour stocker de nouvelles données.

Au regard de la capacité actuelle des disques durs, vous ne devriez jamais manquer de place sur vos disques durs. Toutefois, méfiance ! Un disque dur est comme une maison. Plus on a de place et plus on s'étend. Résultat, vous cumulez les fichiers musicaux MP3, les vidéos et les images. La capacité de stockage des disques décline rapidement.

> ✔ Le stockage des disques se mesure en *octets* – mais aussi en *mégaoctets* et *gigaoctets*. Consultez le Tableau 11.1 du Chapitre 11 pour plus d'informations sur les mesures.

> ✔ Les CD et les DVD sont toujours pleins ! Cela tient au fait que ces
> disques ne peuvent être que lus !

Gérer le remplissage rapide d'un disque dur

Votre disque dur n'a plus assez d'espace libre ? Dès que ce cas de
figure se produit, Windows vous avertit par un message.

Tant que cela ne se produit pas, ne vous préoccupez pas de l'espace
du disque dur libre. Commencez à vous inquiéter quand l'espace
utilisé dépasse les 80 %.

Si l'espace disque devient un très gros problème, vous n'avez pas
trente-six solutions : achetez un second disque dur plus volumineux.
Vous pouvez choisir un disque dur interne ou externe. Dans ce dernier
cas, optez pour un disque USB 2.0 ou Firewire.

Enfin, je vous conjure de ne pas utiliser la fonction de compression du
disque pour augmenter l'espace utilisable. Cette compression peut
endommager des données sensibles. Mieux vaut investir dans un
nouveau disque dur.

Utiliser le lecteur de CD-ROM et de DVD

Les lecteurs de CD-ROM avalent des disques qui ont l'air de CD audio.
Les CD-ROM peuvent contenir des mégaoctets d'informations. Vous
pouvez accéder à ces informations comme si elles étaient sur un
disque dur ou sur une disquette. Et en plus vous pouvez écouter de la
musique.

Ecouter un CD audio ou lire un DVD

Il suffit d'insérer le CD audio ou le DVD dans le lecteur de CD-ROM ou
de DVD. Notez qu'il est également possible de lire un CD audio à partir
d'un lecteur de DVD. Le lecteur multimédia ou de CD audio de
Windows entre en scène (cela dépend de votre version de Windows).

> ✔ Les DVD vidéo ne peuvent être lus que sur un lecteur de DVD.
> Un CD audio peut être lu aussi bien sur un lecteur de CD-ROM
> que de DVD (voire un graveur combo, c'est-à-dire qui peut lire
> tous les disques et aussi les graver).

✔ Généralement, le lecteur multimédia de Windows se lance automatiquement pour lire votre disque. Rien ne vous empêche d'utiliser un autre logiciel (fourni avec les lecteurs de DVD).

✔ Quand un CD audio se trouve dans le lecteur de CD-ROM, l'icône désignant le lecteur dans le Poste de travail prend l'aspect d'un CD musical.

✔ Il est préférable de lire un DVD vidéo sur une fenêtre aussi grande que possible.

✔ Les contrôles de lecture du DVD disparaissent peu de temps après le début de la lecture du média. Bougez la souris pour les faire reparaître.

Exécuter un programme depuis un CD-ROM

Presque tous les programmes que vous installez sur un PC sont livrés sur un CD-ROM.

Le contenu du CD est copié sur votre disque dur, sauf options de personnalisation proposées pendant la phase d'installation. Là, vous sélectionnez les éléments à installer et ceux à exécuter depuis le CD. Dans ce cas, vous devez insérer le CD dans votre lecteur chaque fois que vous utilisez le programme.

L'ancestral lecteur de disquettes

Lorsque vous devez utiliser une disquette, veillez avant tout à ce qu'elle soit formatée. La disquette permet à la fois la lecture et l'enregistrement des données.

✔ Les disquettes sont fragiles. Plus vous les utilisez, plus vous avez de risque de perdre vos données.

✔ N'utilisez jamais des disquettes pour stocker votre travail. La disquette est faite pour garder des copies de secours.

✔ Vous n'êtes pas obligé d'utiliser des disquettes. Regardez ! La dernière génération des Macintosh est livrée sans lecteur de disquettes. Ils disparaîtront un jour du PC. Mais, au regard des problèmes rencontrés avec Windows, et l'impossibilité parfois d'y entrer pour restaurer le système, la disquette reste le moyen de vous tirer de maints mauvais pas.

Les disquettes

Les disquettes sont des carrés de 3 pouces 1/2 (89 mm) pouvant contenir environ 1,44 Mo de données.

Insérez la disquette étiquette vers le haut, la plaquette de métal tournée vers le lecteur. L'insertion s'accompagne du bruit caractéristique qui vous signale la réussite de l'opération.

Pour retirer la disquette, il faut appuyer sur le bouton-poussoir du lecteur. La disquette sort de un ou deux centimètres, après quoi vous pouvez la saisir et la retirer complètement.

✔ Assurez-vous que l'ordinateur n'écrit pas sur la disquette avant de la retirer. Le voyant lumineux du lecteur doit être éteint.

✔ Assurez-vous aussi qu'un fichier de la disquette n'est pas en cours d'utilisation, sinon Windows vous demandera de réinsérer la disquette.

✔ Si vous utilisez le système SuperDisk, vous l'éjectez comme un CD ou un DVD.

Formater une disquette

Contrairement à un disque vinyle qui ne possède qu'un sillon, chaque ordinateur utilise son propre format pour créer le nombre de *pistes* nécessaires à l'enregistrement des informations. Cette adjonction de pistes s'appelle *formatage*. Et, à moins que vous ne soyez suffisamment malin pour acheter des disquettes préformatées, vous devrez procéder au formatage de vos disquettes avant de les utiliser.

Si vous essayez d'ouvrir une disquette non formatée, Windows vous lancera un de ses affreux messages d'erreur.

Lorsque vous utilisez une disquette qui n'est pas préformatée, vous devez la formater manuellement :

1. **Insérez une disquette non formatée dans le lecteur A.**

2. **Ouvrez le Poste de travail.**

3. **Cliquez sur le lecteur A avec le bouton droit de la souris.**

4. **Choisissez la commande Formater.**

   La boîte de dialogue Formater apparaît (Figure 4.3).

Figure 4.3 :
La boîte de
dialogue
Formater de
Windows XP.

5. Cliquez sur le bouton Démarrer.

Un message d'avertissement apparaît. Cliquez sur OK.

Si la disquette ne peut pas être formatée, cliquez sur OK et jetez-la !
Essayez avec une nouvelle disquette.

Si la disquette survit au formatage, cliquez sur le bouton OK. Cliquez
sur le bouton Fermer pour quitter la boîte de dialogue de formatage.
Ensuite, enlevez la disquette du lecteur. Identifiez-la avec une étiquette. Vous êtes prêt à utiliser la disquette.

Utiliser un lecteur Zip

Le lecteur Zip est une bonne solution aux problèmes de stockage des
données. Selon les modèles, vous pouvez conserver 100, 250 ou
750 Mo de données sur une seule disquette Zip.

✔ Les lecteurs Zip fonctionnent comme les lecteurs de disquettes.
La seule différence est qu'ils utilisent des disques plus volumineux.

Le menu Zip

Les lecteurs Zip ont leur propre menu. Après l'insertion de la disquette, double-cliquez sur l'icône du lecteur Zip dans le Poste de travail. Un menu spécifique au Zip apparaît, comme dans la Figure 4.4.

Figure 4.4 :
Le menu
spécifique au
lecteur Zip.

Remarquez les options signalées par le *I* de Iomega. Ce sont les options réservées aux lecteurs Zip.

Formater. Une commande de formatage spécifique aux lecteurs Zip. Elle permet de reformater vos disques Zip. (Tous les disques Zip sont livrés formatés.)

Protégé. Permet de restreindre l'accès au disque. C'est la seule manière de protéger vos fichiers par mot de passe sous Windows. Un seul mot de passe s'applique à la totalité du disque.

Ejecter. Sort le disque du lecteur.

Certains logiciels livrés avec les lecteurs Zip contiennent des options supplémentaires. Pour plus de détails, reportez-vous au manuel d'utilisation de votre Zip.

Formater le disque Zip

Les disques Zip se remplissent toujours – même après avoir supprimé des fichiers. Pour corriger ce problème, vous devez reformater le disque. Vérifiez alors que toutes les données essentielles sont sauvegardées sur votre disque dur. Ensuite, formatez le disque avec la commande homonyme du menu Zip.

Que faire à l'insertion d'un disque ?

Vous pouvez indiquer à Windows ce qu'il doit faire en fonction du contenu des disques insérés. Vous évitez ainsi cette boîte de dialogue. Voici comment intimer un ordre à Windows :

1. **Ouvrez le Poste de travail.**

2. **Cliquez sur l'icône du lecteur amovible avec le bouton droit de la souris.**

3. **Dans le menu contextuel, choisissez Propriétés.**

4. **Dans la boîte de dialogue, cliquez sur l'onglet Exécution automatique.**

   Le contenu de l'onglet apparaît comme à la Figure 4.5.

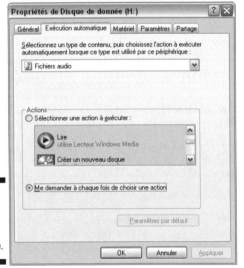

Figure 4.5 :
Choisissez
une option
d'exécution
automatique.

5. **Si le disque contiendra toujours des fichiers d'un type spécifique, choisissez-le dans la liste déroulante.**

   Par exemple : Fichiers audio, Images, et ainsi de suite.

6. **Pour exécuter toujours la même action quand le type de données est identifié sur le CD ou le disque Zip, activez**

l'option Sélectionner une action à exécuter. Dans la liste, activez l'action en question.

Par exemple, pour que Windows ne fasse rien à l'insertion d'un disque contenant tel type de données particulier, choisissez Ne rien faire. Ou bien, pour que Windows lance la lecture des CD audio dans le Lecteur Windows Media, choisissez Lire (utilise Lecteur Windows Media).

7. Si vous souhaitez afficher systématiquement la boîte de dialogue des choix, activez l'option Me demander à chaque fois de choisir une action.

8. Cliquez sur OK pour valider vos choix.

Chapitre 5

Conserver vos fichiers sans devenir fou

*T*irésias, un devin de la Grèce antique, détenait un pouvoir magique et subissait une triste malédiction. Il connaissait le futur, mais jamais personne ne croyait à ses prophéties. Ainsi en avaient décidé les dieux de l'Olympe. D'autres prophètes et gourous prêchent la vérité, une vérité parfois si simple que personne n'y prête attention. Et tout continue comme avant.

Ecoutez la prophétie concernant votre PC : vous maîtriserez facilement l'usage de votre ordinateur si vous organisez vos fichiers en dossiers. C'est une vérité élémentaire, mais peu de gens prennent la peine d'y croire. Ce chapitre développe ces paroles de pure sagesse. Lisez, gardez un léger sourire aux lèvres, suivez quelques étapes simples, et vous connaîtrez la joie d'avoir un disque dur organisé.

Les dossiers

Un *dossier* est un emplacement destiné à recevoir des fichiers traitant d'un thème commun. En vérité, rien ne vous oblige à organiser les informations que vous stockez sur votre disque dur. Vous pouvez même l'utiliser des mois entiers sans jamais créer un seul dossier. Mais quelques problèmes risquent d'apparaître très vite. En effet, Windows ne se soucie guère de vos habitudes de rangement. Si vous utilisez des dossiers, vous serez organisé et pourrez toujours retrouver vos données. Sinon, vous parviendrez quand même à vos fins... beaucoup moins vite.

En ce qui me concerne, je préfère m'organiser et conserver mes cheveux sur le crâne.

La fabuleuse filiation des dossiers

Vous ne pouvez pas utiliser un PC sans dossiers. Tous vos lecteurs ont au moins un dossier que l'on appelle *dossier racine*. Votre disque dur contient des dizaines de dossiers créés dès l'installation de Windows. D'autres dossiers sont créés chaque fois que vous installez de nouveaux programmes.

Le dossier racine

Chaque disque, même une pauvre petite disquette, contient au moins un dossier. Ce dossier – le dossier principal – est appelé *dossier racine*. Telles les branches d'un arbre, tous les autres dossiers de votre disque dur partent de cette base.

Le dossier racine n'a pas d'icône spécifique. Il utilise celle du lecteur. Par conséquent, le dossier racine du lecteur C est identifié par l'icône du lecteur C dans le Poste de travail ou l'Explorateur Windows.

Le sous-dossier

Un *sous-dossier* est un dossier contenu dans un dossier. Par exemple, le dossier Windows est un *sous-dossier* du dossier racine du disque C. Cela signifie que si vous ouvrez le dossier racine, vous y trouvez le dossier Windows.

> ✔ Les dossiers peuvent contenir des fichiers et d'autres dossiers.

- Le nombre de sous-dossiers est illimité. Le niveau d'imbrication aussi, c'est-à-dire que vous pouvez avoir le dossier d'un dossier d'un dossier contenant lui aussi des dossiers… à l'infini. Attention ! la création des dossiers répond à un souci d'organisation. Ne créez pas des dossiers et des sous-dossiers à tort et à travers !

- Un sous-dossier s'appelle aussi dossier *enfant*.

- Le dossier *parent* est celui qui contient le sous-dossier. Donc, si Windows est un dossier du répertoire racine, ce dernier est le parent de son enfant Windows.

- Oui, dossiers parent et enfant sont des termes peu utilisés, Dieu merci.

Le dossier Mes documents

Le dossier racine appartient au disque dur. Ce n'est pas le fruit de votre création. Si vous ne changez rien, tous vos fichiers se retrouveront dans le dossier Mes Documents. Le dossier Mes Documents est l'emplacement de stockage par défaut de votre travail. Si vous ne changez pas l'emplacement de sauvegarde de vos fichiers, ils seront enregistrés dans ce dossier.

Le meilleur moyen de trouver le dossier Mes documents consiste à regarder le bureau. Double-cliquez sur l'icône du dossier pour afficher son contenu. Vous y verrez certainement des fichiers ou d'autres dossiers.

Le dossier Mes documents est une partie de Windows. Vous le trouvez donc un peu partout. Par exemple, le menu Démarrer contient un raccourci Mes documents.

Le dossier Mes images

Mes Documents possède déjà un sous-dossier Mes images. Il est choisi par défaut par la majorité des applications graphiques. Voyez ! C'est un début d'organisation.

Le dossier Ma musique

Le dossier Ma musique stocke des fichiers audio – plus spécifiquement ceux lus par le Lecteur Windows Media.

Le dossier Mes vidéos

Vous savez quoi ? Ce dossier est destiné au stockage de vos fichiers vidéo. Ça s'organise, ça s'organise ! Pour enregistrer un fichier vidéo, ouvrez le dossier Mes documents, puis Mes vidéos.

Et encore plus de dossiers et de sous-dossiers !

Vos déambulations dans Windows vous feront découvrir de nombreux dossiers dans Mes Documents. Ils ont été créés par des programmes ou par vous-même. Utilisez chaque dossier pour des documents spécifiques. Par exemple, j'ai créé un dossier Téléchargements où je sauvegarde tous les fichiers que je télécharge depuis l'Internet.

Les dossiers interdits

L'ordinateur crée des dossiers pour les éléments nécessaires au fonctionnement de Windows, et pour les applications que vous installez sur votre machine. C'est ce que j'appelle les *dossiers interdits*. Ne jouez pas avec !

Le dossier Windows

Windows lui-même repose dans le dossier Windows. Ce dossier contient de nombreux fichiers vitaux sans lesquels le système d'exploitation est complètement déstabilisé, voire ne fonctionne plus du tout.

Le dossier Windows est quelquefois appelé *dossier système*.

Le dossier Program files

Ce dossier contient tous les programmes installés sur votre ordinateur. Chaque programme se trouve dans son propre dossier ou dans un dossier portant le nom de l'éditeur du programme. Pourquoi ne pas y regarder de plus près ?

1. **Ouvrez l'icône du Poste de travail.**

2. **Ouvrez l'icône du lecteur C (disque dur).**

   Cette étape affiche le contenu du dossier racine du lecteur C.

3. **Ouvrez le dossier Program files.**

La fenêtre Program Files apparaît. Elle affiche tous les dossiers de tous les programmes installés sur votre PC.

4. **Fermez la fenêtre Program files.**

Les autres dossiers

Le lecteur C contient bien plus de dossiers que cela. Certains appartiennent à Windows, d'autres ont été créés par les programmes que vous installez sur votre machine.

Ne modifiez aucun dossier dont vous n'êtes pas le créateur ! On regarde mais on ne touche pas !

L'Explorateur Windows

La manipulation des fichiers et des dossiers se déroule dans un programme appelé Explorateur Windows. Vous y voyez tous les dossiers présents sur votre ordinateur et les fichiers qu'ils contiennent. Il est alors possible de créer de nouveaux dossiers, d'en supprimer, d'en déplacer, de les copier d'un disque à un autre... Grâce à l'Explorateur, vous peaufinez l'organisation de vos éléments de travail.

L'Explorateur Windows s'ouvre de multiples façons. La méthode la plus rapide consiste à appuyer sur la touche Windows de votre clavier, puis sur la touche E. Il apparaît comme à la Figure 5.1.

✔ L'Explorateur Windows peut aussi s'ouvrir en cliquant sur l'icône du Poste de travail du menu Démarrer.

✔ L'utilitaire Explorateur Windows ressemble à un navigateur Web comme Internet Explorer. Consultez la cinquième partie de ce livre pour plus d'informations sur Internet.

✔ Contrairement à d'autres programmes, son nom ne s'affiche pas dans la barre de titre. Cette dernière affiche le nom du dossier ouvert.

✔ Fermez l'Explorateur Windows quand vous n'en avez plus besoin.

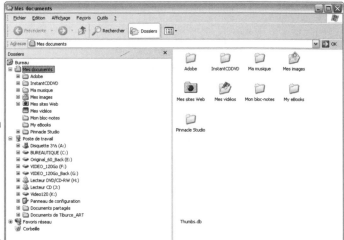

Figure 5.1 :
L'Explorateur
Windows
affiche la
structure
arborescente
de vos
lecteurs.

Une structure arborescente

Cette kyrielle de dossiers et fichiers est organisée en quelque chose
que les accros de la micro appellent *structure arborescente*. Imaginez
un arbre contenant à la base le dossier racine, puis diverses branches
pour les divers dossiers et les fichiers en guise de feuilles. Les
nervures des feuilles ne sont pas évoquées dans cette métaphore.

L'Explorateur convient bien mieux pour une petite visite guidée dans
votre PC que le Poste de travail. La Figure 5.1 montre l'Explorateur qui
apparaît sous Windows XP. Le panneau de droite affiche le contenu du
disque ou du dossier sélectionné dans le panneau de gauche.

Vous pouvez développer l'arborescence en cliquant sur le signe plus
(+) attaché au dossier. Cliquez sur le signe (-) pour réduire l'arborescence.

✔ Pour afficher le volet d'exploration des dossiers, cliquez sur le
bouton Dossiers de la barre d'outils de l'Explorateur Windows.
Vous pouvez également cliquer sur Affichage/Volet d'explora-
tion/Dossiers.

✔ Si vous ne voyez pas la barre d'outils de l'Explorateur, sélectionnez Affichage/Barres d'outils/Boutons standard. Vous pouvez

réduire la place prise par la barre d'outils si vous désélectionnez
Barre d'adresses et Etiquettes texte.

Ne pas afficher l'arborescence

Lorsque vous n'affichez pas l'arborescence de votre système informatique, l'Explorateur Windows affiche un volet d'exploration dans la
partie gauche de sa fenêtre, comme le montre la Figure 5.2. Ce dossier
centralise les tâches de gestion les plus courantes que vous pouvez
exécuter sur les dossiers et fichiers affichés dans la partie droite de la
fenêtre.

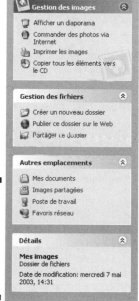

Figure 5.2 :
Le volet
d'exploration
pour
effectuer les
tâches les
plus
communes.

Les tâches varient en fonction du type de fichier sélectionné dans la
partie droite de l'Explorateur Windows. Elles diffèrent si vous sélectionnez un dossier.

  Chaque tâche a un bouton qui permet d'afficher ou de masquer son
contenu. Ces boutons sont ornés de chevrons (voir ci-contre).

Afficher les fichiers d'un dossier

Le bouton affichage, situé à l'extrême droite de la barre d'outils Standard, contient un menu qui permet d'afficher les fichiers de différentes manières.

Pellicule : Idéal pour prévisualiser les fichiers graphiques.

Miniatures : Excelle dans l'affichage des fichiers graphiques. Ici, les images sont très petites.

Mosaïques : Affiche de grandes icônes qui représentent le type de fichiers stockés dans un dossier.

Icônes : Affiche des icônes plus petites pour représenter des fichiers.

Liste : Affiche les fichiers sous forme d'une liste. Une toute petite icône précède le nom du fichier.

Détails : Permet d'afficher des informations détaillées sur les fichiers contenus dans un dossier. Ces informations sont réparties en colonnes.

Si vous avez un peu de temps, testez ces différentes options d'affichage.

✔ Ces modes peuvent être sélectionnés dans le menu Affichage.

✔ Le mode Pellicule n'est disponible que si le dossier contient prioritairement des fichiers graphiques.

Manipuler des dossiers

En fonction de votre activité, vous devrez organiser vos fichiers dans des dossiers thématiques. Sinon, vous courez le risque de ne plus très bien savoir où se trouve tel fichier au bout de quelques semaines. La sagesse et la logique veulent que l'on crée un dossier à chaque nouveau projet.

Les dossiers se manipulent comme des fichiers. Une fois le dossier créé, vous pouvez le renommer, le déplacer, le copier, le supprimer ou encore créer un raccourci vers le dossier.

Créer un dossier

Créer un dossier est une opération très simple. Savoir où créer un dossier est plus délicat. Les étapes ci-après expliquent comment créer un dossier nommé Trucs dans le dossier Mes documents sur le lecteur C :

1. **Ouvrez le dossier Mes documents.**

   Double-cliquez sur l'icône Mes Documents du bureau Windows. Une fenêtre apparaît, détaillant tous les lecteurs disponibles sur votre ordinateur. Si vous ne trouvez pas l'icône Mes documents, double-cliquez sur l'icône du Poste de travail, ouvrez le disque C, puis le dossier Mes documents. Si ce dossier n'existe pas, vous pouvez le créer après avoir suivi cette leçon.

2. **Choisissez Fichier/Nouveau/Dossier.**

    Cela place un nouveau dossier dans la fenêtre, qui peut ressembler à l'icône en marge (tout dépend en fait du mode d'affichage que vous avez choisi).

3. **Remplacez le nom attribué par défaut, Nouveau dossier, par un nom plus explicite.**

   Saisissez directement un nouveau nom. Faites preuve d'ingéniosité. N'oubliez pas que ce dossier contiendra des fichiers et éventuellement d'autres dossiers, tous relatifs d'une manière ou d'une autre au nom de ce dossier.

4. **Appuyez sur Entrée pour sauvegarder ce nom.**

   Alors, c'était facile, n'est-ce pas ? Le nouveau dossier est prêt à recevoir vos documents.

Double-cliquez sur l'icône du dossier pour l'ouvrir. Une fenêtre vierge apparaît. Logique, puisqu'il n'y a encore rien dans ce nouveau dossier. A vous de le remplir !

✔ Faites preuve d'intelligence dans la dénomination de vos dossiers ! Le nom doit évoquer son contenu.

✔ Vous pouvez maintenant créer d'autres dossiers ou copier et coller des fichiers et dossiers dans ce nouveau réceptacle.

Le miracle des dossiers compressés

Une fonction unique permet de créer des *dossiers compressés*. Il s'agit de dossiers de stockage très particuliers. Vous pouvez copier ou déplacer des fichiers dans le dossier compressé pour en réduire la taille sans porter atteinte à l'intégrité de ses données. Les fichiers ainsi compressés pourront être facilement restaurés.

Par exemple, j'ai copié dans un dossier compressé un fichier de 960 Ko. Sa taille a été réduite à 26,5 Ko. Incroyable ! Même le plus grand magasin de soldes n'affiche pas des réductions de 97 %.

Pour créer un dossier compressé, ouvrez l'icône Mes Documents ou tout autre dossier dans lequel vous désirez implémenter un dossier compressé. Choisissez ensuite Fichier/Nouveau/Dossier compressé. L'icône de ce type de dossier apparaît (voir ci-contre). Saisissez un nouveau nom, et vous voilà prêt à l'utiliser.

Visiter la boîte de dialogue Ouvrir

Vous aurez souvent l'occasion de fureter parmi les dossiers dans le but d'identifier le bon document. Dans la plupart des programmes, en choisissant Fichier/Ouvrir vous verrez apparaître la boîte de dialogue Ouvrir qui sert à trouver le document. Bonne nouvelle ! Dans Windows les boîtes de dialogue Ouvrir procèdent toutes de la même façon.

La Figure 5.3 montre une boîte de dialogue Ouvrir tout à fait caractéristique. Suivez les étapes ci-après pour trouver un dossier et l'ouvrir :

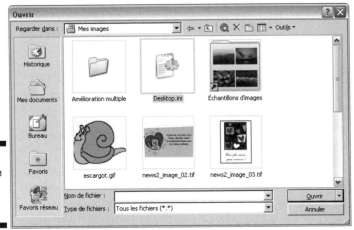

Figure 5.3 :
Une boîte de
dialogue
Ouvrir
typique.

1. **Si votre fichier apparaît, ouvrez-le.**

   Au centre de la boîte de dialogue, figurent tout un tas d'icônes de fichiers. Si vous y trouvez le vôtre, double-cliquez sur son icône pour l'ouvrir. Le fichier apparaît aussitôt.

Vous devrez peut-être utiliser la barre de défilement horizontal au bas de la liste pour voir tous vos fichiers.

Vous pouvez également cliquer sur le bouton Affichage de la boîte de dialogue Ouvrir pour afficher les fichiers d'une autre manière. Personnellement, je préfère le mode Détails qui me permet d'obtenir un maximum d'informations sur les fichiers.

2. **Si votre fichier n'apparaît toujours pas, recherchez-le dans un autre dossier.**

   Si vous ne trouvez pas votre fichier dans la liste, regardez dans un autre dossier en utilisant une de ces méthodes :

   - Cliquez sur le bouton Mes documents dans le volet de gauche. Vous affichez le contenu de ce dossier dans la partie droite.

   - Double-cliquez sur un dossier pour l'ouvrir et afficher son contenu au centre de la boîte de dialogue.

   - Pour revenir au dossier précédent, cliquez sur le bouton Dossier parent.

   - Sélectionnez un autre dossier dans la liste Regarder dans.

   Si vous trouvez votre fichier, ouvrez-le !

3. **Si vous ne trouvez toujours pas votre fichier, changez de lecteur.**

   Sélectionnez un autre lecteur (disque dur) dans la liste Regarder dans en haut de la boîte de dialogue Ouvrir. Ensuite, ouvrez les dossiers dans la zone centrale de cette boîte de dialogue.

   Si vous trouvez votre fichier, ouvrez-le !

En ouvrant un fichier, vous le recopiez dans la mémoire de l'ordinateur afin de pouvoir le traiter, c'est-à-dire le voir, le modifier ou l'imprimer.

✔ La commande se trouve dans le menu Fichier/Ouvrir. Vous pouvez également cliquer sur le bouton Ouvrir d'une barre d'outils ou utiliser le raccourci clavier Ctrl+O.

✔ Au bas de la boîte de dialogue, se trouve une liste déroulante intitulée Type (ou Type de fichier, dans Word). Cette option peut vous aider à réduire le nombre de fichiers de la liste. Vous pouvez également étendre votre recherche à tous les types de fichiers en sélectionnant l'option Tous.

> ✔ La boîte de dialogue Parcourir est semblable à la boîte de
> dialogue Ouvrir. Elle vous permet d'explorer l'arborescence des
> dossiers.
>
> ✔ Vous pouvez aussi ouvrir un fichier en cliquant dessus, puis sur
> Ouvrir. Personnellement, je trouve que si vous cliquez une fois,
> vous pouvez aussi bien cliquer deux fois et oublier ce bouton.

Visiter la boîte de dialogue Enregistrer

La boîte de dialogue Enregistrer est la plus importante que vous
utiliserez sous Windows. C'est la clé d'une bonne gestion. Si vous
l'utilisez correctement et tirez profit des fichiers uniques que vous
avez créés, vous serez toujours en mesure de retrouver vos petites
affaires.

Vous ouvrez la boîte de dialogue Enregistrer en activant la commande
Fichier/Enregistrer. (Je sais, sur la Figure 5.4 il est écrit "Enregistrer
sous". Cette boîte de dialogue apparaît lorsque vous enregistrez un
fichier pour la première fois.) Voici comment l'utiliser :

Figure 5.4 :
La boîte de
dialogue
Enregistrer.

1. **Exécutez la commande Enregistrer sous.**

   Choisissez Fichier/Enregistrer sous. Une autre méthode consiste
   à appuyer sur Ctrl+S ou sur le bouton Enregistrer de la barre
   d'outils. La boîte de dialogue Enregistrer sous apparaît lorsque
   vous sauvegardez un fichier pour la première fois. Ensuite, il
   suffira d'exécuter la commande Enregistrer pour sauvegarder

votre travail. Plus aucune boîte de dialogue n'apparaît puisque Windows sait où les données doivent être enregistrées.

2. **Assurez-vous que vous êtes bien dans le dossier approprié.**

   Le nom du dossier apparaît dans la liste déroulante Enregistrer Dans. Sur la Figure 5.4, il s'agit du dossier Mes Documents.

3a. **Si le dossier affiché n'est pas celui où vous désirez enregistrer votre fichier, ouvrez un sous-dossier approprié.**

   Ou :

3b. **Créez un nouveau dossier pour votre fichier.**

   Cliquez sur le bouton Créer un dossier. Reportez-vous à la section "Créer un dossier", plus haut dans ce chapitre.

   Nommez correctement ce dossier ! Le nom doit toujours refléter le contenu du dossier.

4. **Ouvrez un dossier.**

   Localisez le dossier dans lequel vous voulez enregistrer vos données ou le dossier contenant le dossier (et ainsi de suite). Par exemple, ouvrez le dossier Mes Documents.

5. **Attribuez un nom à votre fichier.**

   Saisissez un nom dans le champ Nom (ou Nom de fichier, dans d'autres programmes Windows). Ce nom vous permettra de le reconnaître plus tard et de dire (tout haut) : "Hé ! Mais c'est mon fichier ! Celui que je veux ouvrir ! Je suis si content de l'avoir enregistré sous un nom aussi évocateur qui décrit si bien son contenu !"

6. **Le cas échéant, choisissez un type de fichier.**

   Normalement, vous n'avez pas à vous préoccuper du type du fichier, car le programme le fait à votre place. Ne changez ce type que si vous savez exactement pourquoi vous le faites. Par exemple, un fichier Word sera systématiquement enregistré au format DOC. En revanche, pour une question de compatibilité avec un autre programme, vous pouvez opter pour le type de fichier Format RTF.

7. **Cliquez sur le bouton Enregistrer.**

   Dernière étape qui officialise l'enregistrement du fichier sur votre disque dur.

Chapitre 6

Organiser vos fichiers

. . . .

Dans ce chapitre :

▶ Comprendre la notion de fichier.

▶ Sélectionner un ou plusieurs fichiers.

▶ Nommer un fichier.

▶ Renommer un fichier.

▶ Déplacer et copier des fichiers.

▶ Créer des raccourcis.

▶ Supprimer des fichiers.

▶ Rechercher des fichiers.

. . . .

Les *fichiers* sont des groupes de données stockés sur le disque dur de votre PC. Lorsque vous créez un document, vous l'enregistrez sur disque en tant que fichier. Pour le réutiliser, vous devez donc rouvrir ce fichier. Pas de problème, jusque-là.

En revanche, cela devient un peu plus compliqué lorsqu'il s'agit de contrôler les fichiers. Tel un maître d'école de maternelle dans une classe remplie d'enfants turbulents, il est de votre devoir de faire régner l'ordre parmi les fichiers. Heureusement, Windows vous permet de les organiser ; comme à la maternelle, vous pouvez les couper et les coller pour les mettre à leur place, leur donner de nouveaux noms et même les supprimer – tout cela sans offenser personne, bien entendu.

C'est quoi un fichier ?

Le *fichier* est à la base de l'informatique et de tout ce qui s'y passe. Il s'agit d'informations, de données, stockées sur un lecteur, en général votre disque dur. Ces données peuvent consister en un document créé dans un logiciel de traitement de texte, en une image, en un message électronique, voire en un programme ou un élément de Windows. En bref, disons qu'un fichier est tout ce qui n'est pas un dossier.

On identifie un fichier par son nom et surtout par son *extension*. Le nom du fichier est celui que vous donnez à votre document. C'est une identification personnelle. L'*extension* consiste en trois lettres ajoutées à la fin du fichier ; elle permet d'en connaître la nature. Par exemple, l'extension TXT identifie inévitablement un fichier texte standard, JPG signifie la présence d'un fichier graphique et EXE montre que l'on est en présence d'un fichier programme.

Enfin, le fichier est représenté par une icône qui permet, elle aussi, d'identifier sa nature. Par exemple, l'icône représentée Figure 6.1 montre que l'on est en présence d'un fichier Word.

Figure 6.1 :
Un fichier
s'identifie par
son nom, son
extension et
son icône.

Mes lettres d'amour.doc

Travailler avec des groupes de fichiers

Pour sélectionner un seul fichier, cliquez une fois sur son icône avec le bouton de la souris. La Figure 6.2 montre un fichier normal et un fichier sélectionné.

Figure 6.2 :
A droite,
l'icône d'un
fichier
sélectionné.

Mes lettres d'amour.doc

Mes lettres de rupture.doc

✔ Cliquez sur un fichier avec la souris pour le sélectionner.

    ✔ Les fichiers sélectionnés apparaissent en *surbrillance* dans le
       dossier.

    ✔ Les commandes Copier, Couper, Renommer, Supprimer, etc.,
       affectent les fichiers sélectionnés.

Sélectionner tous les fichiers d'un dossier

Pour sélectionner rapidement tous les fichiers d'un dossier, cliquez
sur Edition/Sélectionner tout. Une méthode encore plus rapide
consiste à appuyer sur Ctrl+A.

Sélectionner des fichiers non contigus

Dans un dossier, vous n'avez pas toujours besoin de sélectionner tous
les fichiers ou des fichiers qui se suivent hiérarchiquement. Pour
sélectionner des fichiers non contigus comme à la Figure 6.3 :

1. Cliquez sur un fichier pour le sélectionner.

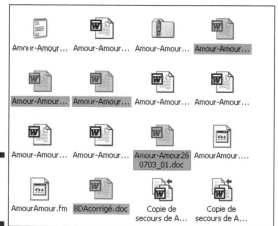

Figure 6.3 :
Sélection de
fichiers non
contigus.

    Placez le pointeur de la souris sur ce fichier et cliquez une fois
    sur son icône.

**2. Appuyez sur la touche Ctrl et, sans la relâcher, cliquez sur les
   autres fichiers à sélectionner.**

3. Une fois les fichiers sélectionnés, relâchez la touche Ctrl.

Vous êtes maintenant prêt à manipuler ce groupe de fichiers sélectionnés.

Pour désélectionner un groupe, appuyez de nouveau sur Ctrl, et cliquez.

Sélectionner des fichiers adjacents

Pour sélectionner un groupe de fichiers qui se suivent, comme Figure 6.4 :

1. **Cliquez sur Affichage/Liste.**

Nom ▲	Taille	Type	Date de modification
Amour-Amour010303_01(mdp).doc	217 Ko	Document Microsoft...	11/07/2003 11:14
Amour-Amour010303_01.doc	216 Ko	Document Microsoft...	26/07/2003 12:58
Amour-Amour050302.doc	219 Ko	Document Microsoft...	05/03/2002 16:24
Amour-Amour050302.rtf	257 Ko	Format RTF	05/03/2002 16:35
Amour-Amour050302.txt	167 Ko	Document texte	05/03/2002 16:30
Amour-Amour100803_01.doc	214 Ko	Document Microsoft...	10/08/2003 13:56
Amour-Amour100803_01.zip	84 Ko	Dossier compressé	10/08/2003 13:57
Amour-Amour121001.doc	2 962 Ko	Document Microsoft...	12/10/2001 20:09
Amour-Amour131001.doc	215 Ko	Document Microsoft...	24/10/2001 14:04
Amour-Amour140603_01.doc	217 Ko	Document Microsoft...	14/06/2003 11:08
Amour-Amour160702.doc	216 Ko	Document Microsoft...	15/07/2002 19:54
Amour-Amour160702_02.doc	216 Ko	Document Microsoft...	15/07/2002 20:22
Amour-Amour241001.doc	216 Ko	Document Microsoft...	24/10/2001 16:51
Amour-Amour250801.doc	461 Ko	Document Microsoft...	12/10/2001 16:15
Amour-Amour260703_01.doc	214 Ko	Document Microsoft...	10/08/2003 09:08
AmourAmour.backup.fm	246 Ko	Fichier FM	05/03/2002 20:55
AmourAmour.fm	246 Ko	Fichier FM	05/03/2002 20:59
BDAcorrigé.doc	273 Ko	Document Microsoft...	29/10/1997 20:30
Copie de secours de Amour-Amour010303_01(mdp).wbk	217 Ko	Document de sauve...	11/07/2003 10:44
Copie de secours de Amour-Amour010303_01.wbk	216 Ko	Document de sauve...	26/07/2003 12:52
Copie de secours de Amour-Amour121001.wbk	2 830 Ko	Document de sauve...	12/10/2001 20:01
Copie de secours de Amour-Amour131001.wbk	215 Ko	Document de sauve...	24/10/2001 13:58
Copie de secours de Amour-Amour241001.wbk	215 Ko	Document de sauve...	24/10/2001 15:55
Copie de secours de Amour-Amour250801.wbk	289 Ko	Document de sauve...	25/08/2001 17:13
Copie de secours de Amour-Amour260703_01.wbk	214 Ko	Document de sauve...	10/08/2003 09:08

Figure 6.4 :
Sélectionner
une colonne
de fichiers.

Ou cliquez sur le bouton Affichage de la barre d'outils Standard pour sélectionner Liste dans le menu local.

2. **Si besoin, triez la liste des icônes via Affichage/Réorganiser les icônes par.**

Par exemple, vous pouvez choisir de les organiser par date de modification. Dans ce cas, sélectionnez Modifié le. Pour les organiser alphabétiquement, cliquez sur Nom.

3. **Cliquez sur le premier fichier à sélectionner.**

4. **Appuyez sur la touche Maj (et ne la relâchez pas).**

5. **Cliquez sur le dernier fichier du groupe à sélectionner.**

   Ainsi, tous les fichiers situés entre le premier cliqué et le dernier se retrouvent sélectionnés, comme à la Figure 6.4.

6. **Relâchez la touche Maj.**

Cette technique de sélection fonctionne admirablement bien quand les fichiers sont affichés en mode Liste.

Prendre un groupe de fichiers au lasso

Une manière pratique de sélectionner des fichiers placés côte à côte consiste à les entourer d'un lasso de sélection à l'aide de la souris. Faites glisser la souris sur les fichiers : commencez par l'angle supérieur gauche au-dessus des fichiers, puis faites glisser la souris vers la droite pour créer un rectangle autour des icônes de fichiers que vous voulez sélectionner (Figure 6.5). Relâchez le bouton de la souris. Et voilà !

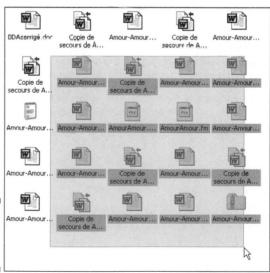

Figure 6.5 :
Un groupe de
fichiers
sélectionnés.

Tout sélectionner sauf un

Voici une astuce que j'utilise constamment. Imaginez un dossier où vous désirez sélectionner tous les fichiers sauf un :

1. **Paradoxalement, sélectionnez le fichier que vous ne souhaitez pas sélectionner.**

2. **Cliquez sur Edition/Inverser la sélection.**

   Voilà ! Les fichiers qui vous intéressent sont maintenant sélectionnés et les autres désélectionnés !

Cette technique fonctionne avec trois, quatre, cinq, etc., fichiers que vous ne désirez pas sélectionner. Vous commencez par ne sélectionner que ces fichiers, et ensuite vous inversez la sélection.

Mélanger les techniques de sélection

Vous travaillerez souvent avec des groupes de fichiers. Les techniques décrites dans les précédentes sections sont particulièrement utiles, rapides et simples. Sachez que, pour aller encore plus vite, il est possible de combiner ces techniques.

Admettons que vous souhaitiez sélectionner, avec la technique du lasso, deux groupes de fichiers dans un même dossier. Commencez par sélectionner le premier groupe. Ensuite, appuyez sur la touche Ctrl et sélectionnez le second groupe de la même manière que le premier.

Vous pouvez utiliser la méthode de la touche Maj+clic pour sélectionner des fichiers qui se suivent, puis en retirer de la sélection en appuyant sur la touche Ctrl et en cliquant sur les éléments non souhaités.

Vous pouvez aussi sélectionner avec le lasso des fichiers que vous ne désirez pas sélectionner, puis cliquer sur Edition/Inverser la sélection pour sélectionner ceux qui vous intéressent.

Enfin, n'oubliez pas ceci : Quand vous sélectionnez un dossier, vous incluez tous les fichiers et sous-dossiers qu'il contient. Soyez donc très prudent !

Désélectionner

Pour désélectionner un ou plusieurs fichiers, contentez-vous de cliquer dans un endroit vide du dossier. Vous pouvez également fermer la fenêtre du dossier. Dans ce cas, Windows oublie la sélection.

Donner des noms aux fichiers

S'il est une discipline dans laquelle l'homme excelle, c'est bien celle qui consiste à attribuer des noms aux choses. Découvrez une comète, et vous pouvez lui coller un nom ; une fleur, un insecte, une maladie... et les voilà affublés d'un nom pour la vie.

Choisir le meilleur nom de fichier

Vous nommez un fichier en le sauvegardant sur disque, quand vous utilisez la boîte de dialogue Enregistrer. Voici quelques conseils qu'il est bon de garder en mémoire avant d'attribuer un nom à un fichier :

```
Plan
Projet
Chapitre 1
Itinéraire
Complot pour renverser Bromaxom
```

✔ Minuscules ou majuscules, peu importe ! Windows reconnaît aussi bien tiburce que TIBURCE ou toute combinaison jouant sur ces lettres comme TiBUrcE ! (On appelle cela la _casse_.)

✔ En revanche, faites attention à la casse quand vous saisissez l'adresse d'une page web !

✔ Le nom du fichier doit vous rappeler son contenu.

✔ Plus un nom de fichier est long, plus vous risquez de faire une erreur de frappe et d'embrouiller Windows lorsqu'il tentera d'ouvrir le fichier.

✔ Les mêmes règles s'appliquent aux noms de dossiers.

Les règles officielles de la nomination des fichiers

Soyez bref : Un nom de fichier doit être bref, mais explicite. Plus il est long, plus il est source de problèmes (mémorisation, faute de frappe, etc.).

Utilisez uniquement des lettres, des nombres et des espaces : La plupart des caractères de votre clavier sont acceptés, mais il est préférable de se limiter aux lettres, nombres et espaces.

Windows ne supporte pas les caractères suivants :

| * / : < > ? \ \|" |

Si vous utilisez ces caractères, rien de dommageable ne survient, mais Windows refuse purement et simplement d'enregistrer le fichier. Un message vous indique que le nom saisi n'est pas valide.

Renommer un fichier

Si vous pensez que le nom que vous venez d'attribuer à un fichier est vraiment ridicule, vous pouvez le modifier facilement. Voici comment procéder :

1. Sélectionnez le fichier.

Cliquez sur le fichier lorsque vous l'avez trouvé pour le sélectionner.

2. Cliquez sur Edition/Renommer.

Le nom que vous voulez modifier apparaît aussitôt en surbrillance dans un rectangle de sélection.

3. Saisissez un nouveau nom.

4. Appuyez sur la touche Entrée.

Notez bien que tout fichier doit avoir un nom. Si vous essayez de le laisser en blanc, Windows proteste. Concernant les noms de fichiers, il y a d'autres points à considérer.

- ✔ Vous pouvez presser la touche Echap à tout moment, avant d'appuyer sur la touche Entrée, pour annuler vos modifications et revenir à l'ancien nom.

- ✔ Windows ne vous permet pas d'attribuer un nom déjà existant à plusieurs fichiers d'un même dossier.

- ✔ Vous ne pouvez pas nommer de façon identique deux fichiers appartenant à un même dossier.

- ✔ Vous ne pouvez renommer un groupe de fichiers d'un seul coup. Chaque fichier doit être renommé individuellement.

- ✔ Vous pouvez annuler la saisie d'un nom en appuyant sur Ctrl+Z ou en choisissant Edition/Annuler. Cette action doit être réalisée immédiatement après la saisie du nouveau nom.

Renommer un groupe d'icônes

Vous pouvez renommer un groupe d'icônes sélectionnées. Il suffit de cliquer sur Fichier/Renommer ou d'appuyer sur la touche F2. Les fichiers auront tous le même nom avec un chiffre comme suffixe. On peut dire qu'il s'agit d'une *renomination* séquentielle de fichiers. Par exemple :

1. **Sélectionnez un groupe d'icônes dans une fenêtre.**

   Windows les renomme de haut en bas et de gauche à droite.

   Sélectionnez en dernier le fichier que vous désirez renommer en premier.

2. **Cliquez sur Fichier/Renommer ou appuyez sur la touche F2.**

   Le dernier fichier sélectionné est le premier à être renommé. Notez que les autres fichiers du groupe restent sélectionnés.

3. **Renommez le fichier.**

   Reportez-vous aux précédentes sections pour plus de détails.

4. **Appuyez sur la touche Entrée.**

   Tous les fichiers du groupe sont renommés. Le fichier original (étape 3) garde son nom, et les autres se voient attribuer un suffixe numérique entre parenthèses.

Par exemple, si vous renommez le premier fichier Anniversaire Henry, les autres se nommeront Anniversaire Henry(1), Anniversaire Henry(2), Anniversaire Henry(3), etc.

Des fichiers en veux-tu, en voilà

Les fichiers ne restent jamais en place. Vous allez constamment les copier, les déplacer, les supprimer, etc. Si ce n'est pas le cas, votre disque dur ressemblera vite à un tel champ de bataille que vous éteindrez votre ordinateur de honte si des amis se présentent chez vous à l'improviste.

Déplacer ou couper des fichiers d'un dossier à un autre (couper-coller)

Pour couper et coller (donc déplacer) un fichier, procédez comme suit :

1. **Sélectionnez-le.**

2. **Choisissez Edition/Déplacer vers un dossier.**

   Vous ouvrez la boîte de dialogue Déplacer les éléments, illustrée Figure 6.6.

3. **Sélectionnez le dossier de destination.**

4. **Cliquez sur le bouton Déplacer.**

   Le fichier rejoint aussitôt sa nouvelle demeure.

Pour copier des fichiers au lieu de les déplacer, choisissez Edition/ Copier dans un dossier. Vous accédez à une boîte de dialogue semblable à celle de la Figure 6.6, à la différence que le bouton Déplacer est remplacé par Copier.

Figure 6.6 :
La boîte de
dialogue
Déplacer les
éléments.

Déplacer ou copier et coller des fichiers

La procédure copier/coller ressemble à la procédure couper/coller, avec toutefois deux petites différences. Le fichier d'origine n'est pas supprimé. Vous vous retrouvez avec deux versions identiques d'un même fichier : l'original et la copie.

1. **Sélectionnez les fichiers à déplacer ou à copier.**

2a. **Pour déplacer les fichiers, choisissez Edition/Couper.**

2b. **Pour copier les fichiers, choisissez Edition/Copier.**

Les fichiers coupés apparaissent en *grisé* dans la fenêtre. Cela indique un état transitoire. Il n'y a pas à s'en formaliser, puisque cet état va disparaître quand vous procéderez à l'étape 4.

3. **Ouvrez le dossier où vous désirez déplacer ou copier les fichiers.**

4. **Choisissez Edition/Coller.**

Les fichiers sont déplacés ou copiés.

Windows mémorise les fichiers sélectionnés pour assurer leur bonne copie ou leur déplacement correct.

Déplacer ou copier des fichiers par glisser-déposer

La manière la plus rapide de déplacer ou de copier un fichier consiste à le glisser et à le déposer dans un dossier à l'aide de la souris. Pour déplacer le fichier, cliquez dessus et, sans relâcher son bouton, faites glisser le fichier jusqu'au dossier de destination.

Pour effectuer une copie, utilisez la technique ci-dessus, mais appuyez aussi sur la touche Ctrl. Le signe + apparaît à côté de l'icône du fichier attestant qu'il s'agit bien d'une copie et non d'un déplacement.

Lorsque vous glissez-déposez des dossiers dans d'autres lecteurs, Windows effectue toujours une copie. Pour qu'il effectue un déplacement, appuyez sur la touche Maj. Le petit signe + disparaît, preuve que vous déplacez et ne copiez pas.

Dupliquer un fichier

Pour dupliquer un fichier, copiez-le dans le dossier où il se trouve. La duplication est identifiée par l'ajout du préfixe Copie de au nom du fichier.

Copier un fichier vers le lecteur A (ou un disque Zip)

Aujourd'hui encore, il arrive que l'on copie des fichiers sur un lecteur de disquettes (eh oui !) ou un lecteur amovible. Voici comment procéder :

1. **Insérez une disquette ou un disque dans le lecteur.**

2. **Sélectionnez le fichier à copier.**

   Souvenez-vous que les disquettes n'ont qu'une capacité de 1,44 Mo.

3a. **Choisissez Fichier/Envoyer vers/Disquette 3$^{1/2}$ pouces (A:).**

3b. **Choisissez Fichier/Envoyer vers/Iomega Zip 250 (Z:).**

   Les fichiers sont copiés sur le lecteur.

Vérifiez toujours que le disque inséré dispose d'un espace libre suffisant pour y copier vos fichiers.

Créer des raccourcis

Lorsque vous copiez un fichier, vous le copiez *en totalité*. Quelquefois, il n'est pas nécessaire de tout copier, en particulier ces gros fichiers qui avalent de l'espace disque comme les ours avalent le saumon. Vous pouvez vous contenter de créer un raccourci.

Un *raccourci* est une copie allégée à l'extrême du fichier. Il vous permet d'accéder rapidement à votre fichier depuis n'importe quelle portion de votre système, mais sans le bagage supplémentaire qui accompagne forcément le fichier copié.

✔ Créer un raccourci est un jeu d'enfant : suivez les mêmes étapes que pour copier un fichier (décrites dans les sections ci-avant), mais choisissez la commande Edition/Coller un raccourci au lieu de la commande Coller standard.

✔ Pour coller le raccourci sur le bureau, cliquez à l'aide du bouton droit de la souris sur un espace vierge du bureau. Un menu contextuel apparaît dans lequel vous pouvez choisir la commande Coller un raccourci.

Raccourci vers
Amour-Amour...

✔ Les icônes de raccourci sont accompagnées d'une petite flèche dans un carré blanc. Cette dernière vous indique qu'il s'agit d'un raccourci de fichier et non pas du fichier lui-même.

✔ Windows attribue un nom à tous les raccourcis, lequel commence par `Raccourci vers`, puis se termine par le nom du fichier d'origine. Vous pouvez utiliser les techniques décrites plus avant dans ce chapitre pour renommer un raccourci.

✔ Ne craignez pas de supprimer des raccourcis ; cela n'affecte en rien le fichier, dossier ou programme d'origine.

Supprimer des fichiers

Pour supprimer un fichier, il suffit de le sélectionner, puis de choisir Fichier/Supprimer. Cette procédure place en fait le fichier sélectionné dans la Corbeille (d'où il pourra être récupéré plus tard). Vous pouvez également supprimer des fichiers en pressant simplement la touche Suppr. Vous pouvez aussi supprimer les fichiers en les faisant glisser avec la souris sur l'icône de la Corbeille du bureau de Windows.

- ✔ Windows vous met en garde lorsque vous supprimez des fichiers. Etes-vous *bien sûr* de ce que vous faites ? Vous l'êtes probablement, mais Windows est prudent.

- ✔ Vous pouvez supprimer des fichiers comme des dossiers. Toutefois, n'oubliez pas que, dans ce dernier cas, vous supprimez d'un coup tout leur contenu, soit peut-être des douzaines d'icônes, de fichiers, de dossiers, etc.

- ✔ Ne supprimez jamais de fichiers ou de dossiers appartenant au dossier Windows.

- ✔ Ne supprimez jamais de fichiers du dossier racine de votre disque dur.

- ✔ En fait, ne supprimez jamais de fichiers que vous n'avez pas créés vous-même.

- ✔ Ne supprimez pas vos programmes ! Utilisez plutôt un outil dédié à cette tâche dans le Panneau de configuration Windows.

- ✔ Si vous en avez assez des messages de Windows, cliquez sur la Corbeille avec le bouton droit de la souris. Dans le menu contextuel, choisissez Propriétés. Dans l'onglet Général, décochez l'option Afficher la demande de confirmation de suppression. Cliquez sur OK.

Récupérer des fichiers supprimés

Vous souhaiterez probablement récupérer votre fichier dans l'urgence. Ne perdez donc pas de temps !

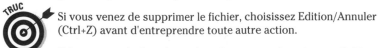

Si vous venez de supprimer le fichier, choisissez Edition/Annuler (Ctrl+Z) avant d'entreprendre toute autre action.

Si la commande Annuler ne fonctionne pas, récupérez un fichier supprimé par erreur comme ceci :

1. Ouvrez la Corbeille posée quelque part sur le bureau.

Double-cliquez sur l'icône représentant une corbeille. L'icône peut figurer autre chose, selon votre configuration personnelle de Windows, mais le libellé est toujours *Corbeille*.

2. **Sélectionnez le fichier que vous voulez récupérer de l'autre monde.**

   Cliquez sur le fichier pour le ressusciter.

3. **Cliquez sur le bouton Restaurer cet élément ou choisissez Fichier/Restaurer.**

   Le fichier réapparaît magiquement dans son emplacement d'origine.

4. **Fermez la fenêtre de la Corbeille.**

Tant qu'un élément n'est pas supprimé de la Corbeille, il peut toujours être restauré.

Mais où est passé mon fichier ?

Pour retrouver un fichier perdu, vous devez connaître un ou plusieurs éléments de ce fichier :

- ✔ Le nom du fichier ou une partie de ce nom.
- ✔ N'importe quel élément de texte faisant partie du fichier.
- ✔ La date de création du fichier.
- ✔ Le type de fichier (ou bien le programme qui l'a créé).
- ✔ La taille du fichier.

Plus vous avez de renseignements, plus vous avez de chances de retrouver votre fichier. Même avec un minimum d'éléments, Windows vous affiche une liste de fichiers. Les étapes suivantes montrent comment retrouver un fichier quel que soit le nombre d'éléments dont vous disposez à son sujet. Voici comment effectuer une recherche :

1. **Ouvrez n'importe quelle fenêtre d'un dossier.**

2. **Cliquez sur le bouton Rechercher.**

   Ou choisissez Affichage/Volet d'exploration/Rechercher. L'Assistant Recherche apparaît dans le volet gauche.

3. **Cliquez sur Tous les fichiers et tous les dossiers.**

   D'autres options apparaissent, comme le montre la Figure 6.7.

Figure 6.7 :
L'Assistant
Recherche.

4. **Saisissez tout ou partie du nom du fichier.**

   Eventuellement, vous trouverez une zone dans laquelle saisir le nom de fichier. Vous pouvez saisir le nom exact si vous vous en souvenez ou plus simplement une partie de ce nom. Par exemple, saisissez *lecture* pour trouver tous les fichiers contenant ce mot dans leur nom.

5. **Saisissez un mot ou une phrase contenue dans le fichier.**

   Il peut s'agir d'une partie du contenu du fichier – si ce dernier contient du texte. Sinon, laissez ce champ vide.

6. **Dans la liste Rechercher dans, sélectionnez le dossier où va s'effectuer la recherche.**

   Pour effectuer une recherche dans tous les disques durs, choisissez Disques durs locaux.

Pour limiter la recherche à un disque dur, sélectionnez-le.

Toutes les autres options de cet assistant sont facultatives. Ignorez-les.

7. Cliquez sur le bouton Rechercher.

La chasse est ouverte.

Pas de chance. Un message vous indique qu'aucun fichier n'a été trouvé. Recommencez en cliquant sur le bouton Précédent et en sélectionnant un autre dossier de recherche, ou en modifiant le critère de la recherche.

Eurêka ! Tous les fichiers répondant aux critères de recherche s'affichent dans la partie droite de la fenêtre.

Tous les fichiers correspondant à la description donnée apparaissent sur le côté droit de la fenêtre. Vous pouvez cliquer sur "Oui, cette recherche a été fructueuse" pour examiner les fichiers, ou sur "Démarrer une nouvelle recherche" pour lancer une nouvelle recherche.

Une fois la recherche terminée, fermez la fenêtre.

Chapitre 7

Graver vos CD avec Windows

*I*l y a dix ans, personne n'aurait cru possible qu'un jour un adoles
cent de treize ans puisse créer ses propres CD audio compatibles
avec toutes les platines laser de salon. Aujourd'hui, le phénomène est
international, paniquant au possible l'industrie du disque.

Bien que l'on puisse créer ses propres CD audio ou de données, il est
illégal de copier ce dont vous n'êtes pas l'auteur. N'allez cependant pas
penser que toute création d'un CD vous place dans l'illégalité. Vous
pouvez graver sur CD des données stockées sur disque dur, mais aussi
des CD audio dont vous êtes l'auteur, et des CD achetés dans le
commerce à la seule condition que vous en fassiez une seule copie à
des fins de sauvegarde. En d'autres termes, ne commercialisez, ne
donnez ou ne louez jamais des CD audio copiés avec votre graveur de
CD-R/RW sous peine d'encourir de lourdes amendes et quelques mois
d'emprisonnement.

Dans ce chapitre, vous découvrirez comment graver des CD-ROM avec
Windows XP.

Créer un CD de données

Pour créer un CD, vous avez besoin de trois choses :

▮ ✔ Un disque de type CD-R non estampillé CD audio.

> ✔ Un graveur de CD ou de DVD.
>
> ✔ Un logiciel de gravure.

Vous devez acheter les CD-R alors que de nombreux ordinateurs sont livrés, en standard, avec un graveur de CD. Si votre machine n'en possède pas, vous trouverez des graveurs d'entrée de gamme performants pour une quarantaine d'euros. Désormais, Windows dispose de possibilités de gravure, mais rien ne vous empêche d'installer un programme plus performant du type Nero ou Easy CD Creator.

Si vous disposez de tous ces éléments, vous êtes prêt à graver !

> ✔ Les CD-R vierges sont bon marché. Achetez-les par centaines !
>
> ✔ Certains CD-R sont meilleurs que d'autres. Je recommande les disques dont la surface de gravure est vert-or.
>
> ✔ Les graveurs de CD-R sont généralement capables de graver des CD-RW (disques réinscriptibles). Vérifiez que votre graveur est de type CD-R/RW.
>
> ✔ Pour plus d'informations sur la création des CD-RW, consultez la section "Quelques mots sur les CD-RW", plus loin dans ce chapitre.

Que peut-on mettre sur un CD-R ?

La grande question posée par la gravure est : "Que peut-on graver sur un CD-R ?" Une première mise au point s'impose. Vous ne pouvez pas utiliser un CD-R comme une disquette ou un système de sauvegarde amovible. En effet, le CD-R ne peut être utilisé qu'une fois, c'est-à-dire que toute donnée inscrite sur un CD-R ne pourra jamais être supprimée. Dès que les 650 à 750 Mo du CD-R sont occupés par des données, le disque est plein... vous ne pouvez plus le vider. Le CD-R est un véritable support d'*archivage*.

Par exemple, lorsque j'écris un livre, j'archive tous les documents texte, les images et autres illustrations sur un CD-R. Pour moi, ces fichiers sont immuables. Le livre, dans sa version actuelle, ne changera pas. Donc, ces fichiers peuvent être gravés sur un CD-R pour l'éternité.

Pensez toujours à graver sur CD-R des données présentes sur votre disque dur et dont la perte vous fendrait le cœur. Procédez-y pour des courriers électroniques, des fichiers graphiques, des téléchargements, des vidéos, et tous vos anciens projets. Ainsi conservés sur un support fiable, vous pouvez libérer de l'espace sur votre disque dur en supprimant les données. Au prix actuel des CD-R, je vous invite même à faire une copie de sauvegarde de votre CD de données.

Monter le CD-R

A l'image d'une disquette, les CD-R doivent être préparés à la gravure. Windows prend en charge cette tâche automatiquement en *montant* le disque.

Les disquettes et les Zip sont montés par insertion dans le lecteur approprié. Voici ce que vous devez faire pour les CD-R :

1. **Insérez un CD-R vierge dans le graveur.**

   Windows XP est suffisamment intelligent pour identifier le disque et vous demander ce qu'il doit faire, comme à la Figure 7.1.

Figure 7.1 : Un CD-R est détecté par Nero.

2. **Cliquez sur OK.**

   Windows monte le CD-R et ouvre Nero.

Une fois le CD-R monté, vous pouvez l'utiliser comme n'importe quel autre disque de votre système. Les fichiers sont copiés sur le disque en utilisant les techniques décrites au Chapitre 6.

> ✔ Si vous utilisez un programme de gravure, il prend la main sur les possibilités de gravure de Windows XP. Toutefois, son fonctionnement se rapproche de celui de Windows. La différence est que le montage du CD-R se fait souvent à votre insu, c'est-à-dire qu'il est transparent pour l'utilisateur.

✔ Si le graveur ne reconnaît pas le CD-R, celui-ci est probablement défectueux.

✔ Si vous utilisez un autre programme que Windows, créez un CD standard qui pourra être lu par n'importe quel PC.

✔ Certains CD-R peuvent contenir plus de 700 Mo de données ou 80 minutes de musique.

Copier des fichiers sur le CD-R

Une fois le CD-R identifié (donc monté), vous l'utilisez comme n'importe quel disque de votre ordinateur. Vous y créez des dossiers et des sous-dossiers, renommez et gérez les fichiers comme vous le faites habituellement.

En fait, toutes ces opérations ne sont que virtuelles, c'est-à-dire qu'elles ne s'effectuent pas directement sur le CD-R mais dans un espace de stockage temporaire du disque dur. Windows XP centralise les données, mémorise vos manipulations, et ne les entérine que lorsque vous procédez à la gravure effective du disque.

✔ Evitez d'enregistrer directement vos fichiers sur CD-R. Commencez par les sauvegarder sur le disque dur dans un dossier spécifique. Ensuite, copiez ce fichier sur le CD-R. Ne supprimez le fichier du disque dur que lorsque vous êtes certain qu'il est sur le CD-R. Pour cela, il suffit d'ouvrir, depuis le disque, le fichier gravé. Si vous le voyez sans aucun problème dans le programme qui l'a créé, c'est que la copie est bonne. Supprimez l'original s'il encombre votre disque dur.

✔ Si vous gravez trop souvent sur un même CD-R, notamment de petits fichiers, vous perdez de l'espace disque. En effet, chaque opération de gravure s'appelle une *session*. Pour être validée, une session s'octroie quelques centaines de kilo-octets voire un ou deux mégaoctets qui sont perdus pour vos données.

✔ Notez que Windows ajoute une commande dans le menu contextuel Envoyer vers.

Graver le CD-R

Quand des fichiers sont prêts à être gravés, Windows affiche un message dans la zone de notification (voir la Figure 7.2). C'est un aide-mémoire qui vous rappelle que des fichiers sont en attente de gravure.

Figure 7.2 :
Des fichiers
en attente de
gravure.

En cliquant sur la bulle qui vous informe de la présence de données à graver, vous ouvrez la fenêtre du CD-R. Tous les fichiers et dossiers en attente de gravure sont symbolisés par une icône ornée d'une flèche pointant vers le bas, comme l'illustration ci-contre.

Pour graver le CD-R, soit vous cliquez sur la commande Graver ces fichiers sur le CD-ROM du volet d'exploration de l'Explorateur Windows, soit vous cliquez sur Fichier/Graver ces fichiers sur le CD-ROM. Ces deux actions lancent l'Assistant Graver un CD.

Suivez les instructions et répondez aux questions. N'ayez pas peur, il n'y a rien de bien sorcier. Une fois la gravure lancée, allez prendre un café !

Quand les fichiers sont gravés sur le disque, Windows XP l'éjecte automatiquement. Si tout s'est bien déroulé, le disque est immédiate-ment utilisable, c'est-à-dire lisible par votre graveur ou n'importe quel lecteur de CD informatique.

✔ La vitesse d'écriture des données sur le disque dépend de la vitesse maximale de gravure de votre graveur et de celle supportée par le CD-R.

✔ Si vous avez un programme d'étiquetage, utilisez-le pour imprimer de belles étiquettes et identifier facilement le contenu du disque. Si vous ne possédez pas ce type d'application, inscrivez le contenu sur le disque avec un marqueur spécial CD.

Gérer les fichiers sur un CD-R gravé

Certains programmes de gravure doivent valider l'enregistrement après l'éjection du disque. C'est-à-dire que les données nouvellement gravées ne seront accessibles que si vous en gravez d'autres ou si vous fermez la session. Consultez le manuel d'utilisation du pro-gramme. Avec Windows, vous pouvez continuer à graver des données jusqu'à ce que le CD-R soit totalement plein.

Par exemple, pour ajouter d'autres fichiers sur le CD-R, faites-les glisser sur l'icône du graveur depuis l'Explorateur Windows. Il affiche alors les fichiers déjà présents sur le disque et ceux que vous désirez y graver, comme à la Figure 7.3.

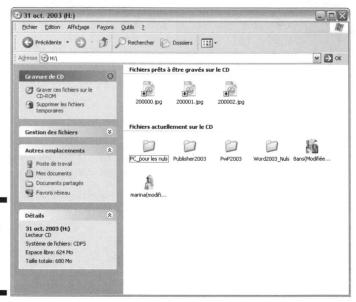

Figure 7.3 : Des fichiers sur le CD et d'autres en attente de gravure.

La zone Détails du volet d'exploration indique l'espace disponible (Espace libre) sur le disque. La Figure 7.3 montre qu'il reste 624 Mo pour les futures données.

Vous pouvez également manipuler les fichiers déjà présents sur le CD. Renommez-les et supprimez-les. Toutefois, ces opérations consomment de l'espace disque.

A la différence des disques classiques, les informations présentes sur un CD-R ne peuvent pas être supprimées. De ce fait, lorsque vous renommez un fichier, Windows remplace simplement l'ancien nom par un nouveau, ce qui utilise de l'espace disque. Il en va de même quand vous effacez des fichiers. Aucun espace n'est libéré. Il s'agit d'une suppression virtuelle qui fait que Windows masque le nom des fichiers ou des dossiers ainsi supprimés. Gardez bien cela à l'esprit quand vous gérez vos CD-R.

Quelques mots sur les CD-RW

Les CD-RW s'utilisent comme des CD-R. La grande différence est qu'il faut les formater à l'instar d'une disquette.

Pour formater un CD-RW, cliquez sur la commande Effacer ce CD-RW du volet d'exploration ou cliquez sur Ficher/Effacer. Cela démarre un assistant qui vous guide dans la procédure de suppression des fichiers du CD-RW ou de son formatage complet.

Une fois le formatage terminé, vous pouvez de nouveau utiliser le CD-RW. C'est le gros avantage des CD-RW sur les CD-R (qui eux ne sont plus utilisables dès qu'ils sont pleins).

✔ La plupart des graveurs de CD-R gèrent les CD-RW.

✔ On identifie les CD-RW par cette inscription sur leur boîtier et sur la surface du disque. Ces CD sont plus chers.

✔ Les CD-RW ne sont pas supportés par tous les lecteurs de CD. Pour une compatibilité universelle, préférez le CD-R au CD-RW.

✔ Supprimer, renommer ou déplacer un fichier après gravure gaspille de l'espace disque sur le CD-RW. Effectuez donc vos modifications avant de procéder à la gravure.

✔ En général, utilisez les CD-RW pour les projets en cours non finalisés. Cela permet d'avoir une copie de secours en plus des fichiers originaux de votre disque dur. Dès que le projet est terminé, gravez le contenu du CD-RW sur un CD-R à des fins d'archivage, et réutilisez le CD-RW. Personnellement, cela fait trois ans que j'utilise les cinq mêmes CD-RW !

Utiliser des CD-R/RW comme supports de sauvegarde

Les CD-R et plus particulièrement les CD-RW sont idéaux pour effectuer des copies de sauvegarde des données stockées sur votre ordinateur. Voici comment procéder à une sauvegarde de vos données sensibles :

1. **Ouvrez le dossier Mes documents.**

2. **Cliquez sur Edition/Sélectionner tout.**

Cette étape sélectionne tous les fichiers que vous avez créés sur votre ordinateur (si vous ne les avez pas copiés dans un autre dossier).

3. **Cliquez sur Fichier/Envoyer vers/Lecteur CD (H:).**

Vérifiez que le graveur de CD-R/RW est bien dans le sous-menu Envoyer vers. J'indique la lettre H car c'est celle de mon graveur. Cette lettre varie d'un ordinateur à l'autre.

4. **Gravez le CD.**

Suivez les instructions de la section "Graver le CD-R", plus haut dans ce chapitre.

A propos des DVD-R/RW et des autres formats de DVD

Windows XP ne supporte pas tous les formats de DVD. Pour cette raison, vous êtes avisé d'utiliser un programme tiers qui permet de graver tous les types de DVD ou du moins ceux gérés par votre graveur.

Les prochaines éditions de ce livre traiteront de la création de DVD lorsque cette technologie sera pleinement prise en charge par Windows.

Lorsque le disque est éjecté, vous disposez d'un CD de sauvegarde. Il ne peut pas contenir tous vos fichiers. Souvent, il faudra graver plusieurs CD pour avoir une copie conforme de toutes les données stockées sur vos différents disques durs.

✔ Plusieurs CD-R/RW sont souvent nécessaires à la sauvegarde de toutes vos données.

✔ Limiter la sauvegarde aux données du dossier Mes documents ne permet pas de prendre en compte les fichiers stockés dans d'autres lecteurs ou d'autres dossiers.

✔ Pour accomplir un travail de sauvegarde parfait, il faut utiliser un logiciel spécifique. Il effectuera la sauvegarde sur plusieurs CD-R/RW et vous demandera de les insérer au fur et à mesure de ses besoins.

✔ Essayez de sauvegarder vos fichiers chaque semaine. Si vous utilisez un programme spécifique, planifiez une sauvegarde automatique de vos données.

    🖙 Tous les mois, envisagez la sauvegarde complète de tous vos lecteurs. Utilisez plutôt des CD-RW et un logiciel comme Norton Ghost.

    🖙 Les CD-RW se prêtent plus à la sauvegarde que les CD-R puisque vous pouvez les réutiliser.

Graver un CD musical

La création d'un CD audio comprend trois étapes :

    🖙 Collecter de la musique ou des fichiers audio.

    🖙 Gérer les fichiers avec un programme multimédia.

    🖙 Graver les fichiers sélectionnés sur un CD audio.

La première étape consiste à utiliser un programme multimédia pour collecter de la musique à graver sur un CD. Cette musique peut être téléchargée sur Internet, copiée depuis un CD audio existant ou numérisée depuis les entrées audio de votre carte son.

Ensuite, vous devez créer une *liste de lecture* (appelée *sélection* par le Lecteur Windows Media). Par exemple, vous pouvez collecter des chansons à partir desquelles vous établissez une liste de lecture, comme si vous réalisiez vous-même un album audio.

Enfin, copiez le contenu de la liste de lecture sur un CD-R. Le logiciel multimédia convertit les fichiers audio et les grave sur CD-R. Vous pouvez alors écouter le CD audio sur une platine laser de salon ou dans le lecteur de CD de votre voiture.

Les sections suivantes montrent comment procéder avec le Lecteur Windows Media. Sachez que les options utilisées ici concernent la version 9 du lecteur. Si le vôtre est plus ancien, certains paramètres ne seront pas disponibles ou se trouveront dans un autre endroit que celui indiqué dans les procédures.

    🖙 Le freeware MUSICMATCH Jukebox est très prisé. C'est une excellente alternative au Lecteur Windows Media. Vous le trouverez sur le site `www.musicmatch.com`. Là, cliquez sur le lien `Français`.

    🖙 Vous n'êtes pas obligé d'utiliser des CD-R dits Audio pour graver de la musique. Ils sont bien plus chers et ne présentent pas d'avantage particulier.

> ✔ Toute musique copiée sur un CD-R a été préalablement achetée et sera utilisée dans le cadre exclusif de votre domicile. Ne contrevenez pas à la loi sur le copyright et la protection des droits d'auteur.

Collecter des chansons

Voici comment procéder avec le Lecteur Windows Media :

1. **Insérez un CD audio dans votre lecteur de CD-ROM.**

   En général, cela lance automatiquement le Lecteur Windows Media. Si ce n'est pas le cas, cliquez sur Démarrer/Tous les programmes/Lecteur Windows Media.

   Au bout de quelques secondes, des informations apparaissent dans la fenêtre du Lecteur Windows Media.

2. **Cliquez sur le bouton Copier à partir d'un CD.**

   Ce bouton se trouve dans la partie gauche du Lecteur Windows Media, comme le montre la Figure 7.4.

Figure 7.4 :
Un fichier est copié du CD sur le disque dur.

3. **Cochez toutes les pistes (chansons) du CD que vous désirez copier.**

4. **Ensuite, cliquez sur le bouton Copier la musique.**

Ce bouton se situe en haut de la fenêtre du Lecteur Windows Media, comme on peut le voir Figure 7.4.

Les chansons ainsi copiées sont stockées dans la Bibliothèque multimédia du lecteur. Cliquez sur ce bouton. Ensuite, parcourez l'arborescence de la bibliothèque pour localiser les chansons copiées. Normalement, vous les trouverez dans Toute la musique/Album. Sélectionnez le titre de l'album à copier. Ses pistes s'affichent dans la partie droite de la fenêtre du Lecteur Windows Media.

✔ Vous pouvez aussi copier des fichiers MP3 téléchargés depuis l'Internet.

✔ La copie des pistes sur votre disque dur prend du temps. Cela tient au fait que le lecteur de CD-ROM effectue une extraction audio plus lente qu'une lecture normale des données d'un CD. De plus, un lecteur de CD-ROM est beaucoup plus lent qu'un disque dur.

Créer une liste de lecture ou sélection

Avant de graver un CD audio, vous devez constituer une liste de lecture dans le Lecteur Windows Media. Cette sélection est un ensemble de chansons qui ne seront pas obligatoirement copiées sur un CD. Par exemple, vous pouvez créer une liste de lecture ne comprenant que vos chansons préférées. Pour résumer, nous dirons qu'une liste de lecture est une collection de fichiers audio lisibles par le Lecteur Windows Media.

Pour créer un CD audio, vous grouperez certainement des dizaines de chansons en tout genre. Une compilation audio pour écouter en voiture ne procède pas de la même intention que la création d'un CD audio d'un groupe en particulier.

Pour créer une liste de lecture avec le Lecteur Windows Media :

1. **Cliquez sur le bouton Bibliothèque multimédia situé sur le bord gauche du lecteur.**

2. **Cliquez sur le bouton Sélections/Nouvelle sélection.**

3. **Dans le champ Nom de la sélection, saisissez un nom significatif de votre nouvelle liste de lecture.**

4. **Dans la liste Afficher la bibliothèque multimédia par, sélectionnez Artiste/Album.**

5. **Dans le volet gauche, localisez vos chansons et cliquez sur celles à ajouter à votre sélection.**

6. **Une fois la liste complétée, cliquez sur OK.**

   La nouvelle liste est affichée dans Mes sélections de la Bibliothèque multimédia.

 Pour enlever un ou plusieurs titres de la liste, sélectionnez-les et cliquez sur le bouton Supprimer le média de la sélection ou de la bibliothèque. Pour supprimer le fichier de la sélection tout en le conservant dans la bibliothèque, choisissez Supprimer de la sélection.

 Pour réorganiser les chansons, sélectionnez-les et cliquez sur les flèches ci-contre. Celle de gauche fait monter la piste d'un niveau et celle de droite la fait descendre d'autant.

 Une liste de lecture peut contenir plus de chansons que la capacité de stockage d'un CD. Faites attention à cela avant de lancer la gravure du disque.

Graver un CD audio

La gravure d'un CD audio est un jeu d'enfant une fois que vous avez constitué votre liste de lecture. Voici comment procéder :

1. **Insérez un CD-R dans le graveur.**

   Windows peut vous demander ce qu'il doit faire. Cliquez sur le bouton Annuler pour fermer cette requête.

2. **Cliquez sur le bouton Copier sur...**

3. **Cliquez ensuite sur le bouton Musique à copier en haut à gauche de la fenêtre du Lecteur Windows Media.**

4. **Dans la liste qui apparaît, choisissez votre sélection.**

   Vous obtenez une configuration de morceaux identique à celle de la Figure 7.5.

5. **Cochez tous les titres à graver.**

   Cela induit que vous décochez les titres à ne pas graver sur le disque.

 Vérifiez toujours que la durée totale des pistes sélectionnées ne dépasse pas celle du CD-R. Ces deux durées apparaissent en bas de la fenêtre, juste en dessous de la sélection et du graveur de CD.

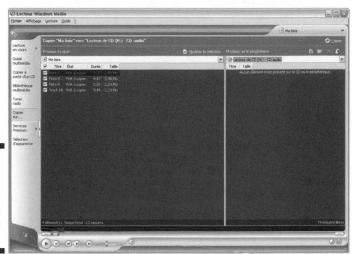

Figure 7.5 :
Une liste de
lecture
(sélection)
prête pour la
gravure d'un
CD audio.

6. **Cliquez sur le bouton Copier.**

Il est situé dans le coin supérieur droit de la fenêtre du Lecteur
Windows Media.

Une fois l'opération de copie lancée, Windows analyse les pistes
et peut les convertir si vous choisissez de créer un CD audio.
Cette conversion assure la compatibilité du disque avec votre
platine laser de salon et le lecteur de CD de votre voiture (ou
votre discman ou CD-cassettes). La vitesse de la gravure dépend
de votre graveur et de la tolérance du disque.

Une fois la gravure terminée, le disque est éjecté. Il peut être lu par
n'importe quel lecteur de CD.

✔ Certains vieux lecteurs ne peuvent pas lire les CD-R audio.

✔ Contrairement au CD-R de données, vous ne pouvez pas ajouter
de nouveaux morceaux une fois la gravure terminée. En effet, le
disque est *fermé* pour pouvoir être lu par n'importe quel lecteur
de CD.

✔ Tous les fichiers audio ne peuvent pas générer un CD audio. Les
fichiers MIDI par exemple doivent préalablement être enregistrés sous forme d'onde sonore au format WAV. Ces fichiers WAV
pourront être gravés sur CD s'ils sont en 16 bits 44,1 kHz, c'est-à-
dire conformes aux spécifications des CD audio du commerce.

Troisième partie

Visite guidée
de votre environnement
matériel et logiciel

Dans cette partie...

Il est dommage qu'on ne puisse pas réduire la coexistence matériel-logiciel à une opposition classique. Vous savez, ce genre de conflit : le bon contre le méchant, l'homme contre la femme, les rebelles contre l'Empire. Non, ces deux-là cohabitent en parfaite harmonie.

Mais la vedette, c'est bien le matériel. Un nouveau type de Pentium voit le jour et on en parle dans votre quotidien, alors que la nouvelle version d'un logiciel, le vrai cerveau actif, aura seulement droit à une rubrique dans une revue d'informatique.

Eh bien ! Je n'hésiterai pas à privilégier encore une fois le matériel et à le mettre en avant dans cette partie du livre. Admettons-le, le matériel est un sujet plus intéressant, et nous allons nous y attarder dans les chapitres qui suivent.

Chapitre 8
Anatomie de la bête

* *

Dans ce chapitre :

▶ La carte mère.

▶ Le microprocesseur.

▶ Où se trouve le microprocesseur ?

▶ Utiliser des connecteurs d'extension.

▶ Quelle heure est-il à votre PC ?

▶ Exécuter le programme d'initialisation (BIOS).

▶ L'alimentation électrique.

* *

C e chapitre traite de choses qui ne sont pas toutes visibles. Certaines sont essentielles et sont profondément nichées au sein de votre PC. D'autres sont bien apparentes au dos de l'unité centrale. Que sont-elles et à quoi servent-elles ? C'est ce que nous allons voir dans ce chapitre.

La carte mère (patrie)

La *carte mère* est la pièce maîtresse des circuits internes de votre ordinateur. C'est là que tout se passe. Les choses les plus importantes de votre PC sont toutes reliées à la carte mère. En fait, l'unité centrale sert surtout à abriter la carte mère. Par exemple, des connecteurs d'alimentation, des slots d'extension, la mémoire de votre ordinateur, les emplacements des disques durs internes, l'horloge de l'ordinateur, les puces du BIOS et la ROM (antique… la ROM antique… marrant, non ?).

Vous n'avez pas besoin d'ouvrir votre ordinateur pour apprendre à connaître la carte mère. Sa technicité rébarbative risque de vous paniquer. Contentez-vous de lire l'énumération suivante :

✔ Vous pouvez ajouter divers lecteurs aux connecteurs spécifiques de la carte mère (généralement des disques durs, des lecteurs de CD-ROM ou de DVD et des graveurs).

✔ Les matériels que vous ajoutez se présentent habituellement sous la forme de cartes d'extension. Elles s'enfichent dans un connecteur dédié de type AGP, PCI ou encore ISA (ce dernier n'existe quasiment plus. Si vous en découvrez un, votre ordinateur est un dinosaure dont la disparition est proche.). Ces cartes étendent les possibilités intrinsèques du PC.

✔ Besoin de mémoire ? Pourquoi ne pas en ajouter directement sur la carte mère. Reportez-vous au Chapitre 11.

✔ La plupart des cartes mères permettent de changer le microprocesseur. Je vous en parlerai ultérieurement.

Le microprocesseur

Au cœur de tout ordinateur vit le *microprocesseur*. C'est la puce principale de l'ordinateur. Si le logiciel est le cerveau de l'ordinateur, le microprocesseur est son centre nerveux. Il agit essentiellement comme un minuscule et rapide calculateur qui additionne, soustrait, multiplie et divise des valeurs stockées en mémoire.

Le microprocesseur traite avec des éléments externes de l'ordinateur. Ces éléments fournissent soit des *entrées*, soit des *sorties* (ou *E/S*, pour *entrées/sorties*). Les entrées sont des données à traiter qui entrent dans le microprocesseur. Les sorties sont les résultats obtenus que le microprocesseur génère et recrache.

Toute l'activité de l'ordinateur tourne en fait autour de ces entrées et sorties.

✔ La puce principale de l'ordinateur est le *microprocesseur*, qui est essentiellement une calculatrice dont le coût est inversement proportionnel à la taille.

✔ Le microprocesseur est également appelé *CPU* (*Central Processing Unit*, unité centrale de traitement). Les accros de l'informatique utilisent ce terme.

✔ Pour économiser votre salive, vous pouvez simplement dire *processeur*.

✔ Le microprocesseur ressemble à une petite bête carrée et plate munie d'une centaine de pattes en métal.

Appelez-le par son nom

Les premiers microprocesseurs partaient des numéros : 8088, 8086, 80286, 80386, 80486. Aujourd'hui, ils ont de vrais noms. Pour célébrer leur puissance, on aurait pu choisir Hercule ou Samson, mais ils s'appellent plutôt Pentium, Athlon, Duron ou Celeron.

Intel a préféré le terme *Pentium* au nombre 586 qui logiquement aurait dû succéder au 486. Le Pentium a engendré le Pentium Pro, suivi du Pentium MMX, puis du Pentium II, du Pentium III et enfin du Pentium 4. (Je passe les processeurs de type Itanium ou Xeon.)

Pentium : Processeur domestique haut de gamme du fondateur Intel.

Celeron : Version moins puissante du Pentium. Ce CPU intéresse principalement les ordinateurs de bureau domestiques d'entrée de gamme. Cela permet au consommateur de profiter d'une machine très correcte à faible prix.

Athlon : La firme AMD est un sérieux concurrent d'Intel, avec des processeurs plus économiques et tout aussi performants. Ce CPU est le concurrent direct du Pentium. Il ravit principalement ceux qui souhaitent monter une machine destinée aux jeux et au multimédia.

Duron : Equivaut au Celeron d'Intel.

> ✔ Intel reste le leader du marché des microprocesseurs. Cette firme a créé le 8088 qui équipait le premier PC IBM.

> ✔ La différence est ténue entre un processeur de marque Intel et un processeur AMD du même type. Personne ne vous oblige à préférer Intel à AMD et inversement. C'est plus une question de budget qu'autre chose, de prestige, mais sachez qu'un processeur Athlon à cadence équivalente se révèle parfois plus performant qu'un Pentium du fondateur Intel. Quoi qu'il en soit, Windows et toute la flopée de logiciels que vous y adjoindrez se satisferont des deux. Cependant, certaines applications sont optimisées pour les jeux de composants du Pentium 4 ou de l'Athlon XP. Lisez les revues spécialisées pour savoir dans quelle mesure cette optimisation justifie le choix de tel processeur plutôt que de tel autre. Cette fois, c'est vraiment le prix qui guidera votre choix.

Unités de mesure pour microprocesseur

Les microprocesseurs sont jugés sur leur vitesse. Non pas sur leur vitesse de déplacement, mais sur leur vitesse de calcul.

La montée en puissance des processeurs nous oblige aujourd'hui à parler de *gigahertz*, un giga équivaut à environ 1 000 mégas. La majorité des nouveaux ordinateurs établissent leur publicité sur des processeurs cadencés à 1,2, 1,7, ... GHz. A l'heure où vous lirez ces lignes, Intel aura lancé son Pentium 4 cadencé à 2,8 GHz.

La vitesse de calcul est mesurée en mégahertz (MHz). Plus le nombre de mégahertz est élevé, plus le processeur est rapide. Un Pentium 4 cadencé à 2,4 GHz est plus lent qu'un Pentium 4 à 3 GHz.

Comment identifier votre microprocesseur

Comment savoir quel microprocesseur est blotti au cœur de votre PC ? La méthode la plus simple consiste à cliquer avec le bouton droit de la souris sur l'icône Poste de travail située à l'angle supérieur gauche du bureau. Cette action affiche un menu.

Choisissez la dernière option (Propriétés) pour faire apparaître la boîte Propriétés système, qui ressemble beaucoup à la Figure 8.1.

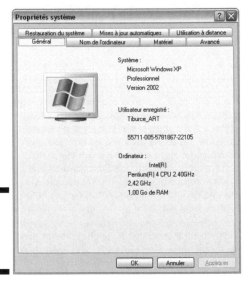

Figure 8.1 :
La boîte de
dialogue
Propriétés
système.

Le premier volet de la boîte de dialogue (Général) contient les informations concernant Windows, vous et votre PC. Il indique le type de microprocesseur installé sur votre PC et la quantité de mémoire (RAM) de votre système.

✔ Sur la Figure 8.1, l'ordinateur est un microprocesseur Pentium 4 à 2,42 GHz doté de 1 Go de mémoire.

✔ Si vous disposez d'un 486, vous lirez 486 ou bien 80486.

✔ Parfois, la boîte de dialogue Propriétés Système affiche le nom du fabricant ou de l'assembleur de votre PC.

Connecteurs d'extension

Pour ajouter des fonctionnalités à votre PC, la carte mère propose des connecteurs d'extension que l'on appelle aussi *slots d'extension*. Ils sont destinés à recevoir des *cartes d'extension* qui augmentent les possibilités de votre machine.

Le nombre de connecteurs d'extension varie en fonction du type de votre carte mère. Certains systèmes, comme les ordinateurs portables, n'ont pas de connecteurs supplémentaires comme les PC de bureau.

Les connecteurs d'extension sont déclinés en trois types : ISA, PCI et AGP.

ISA. Le plus ancien des connecteurs d'extension, ISA n'est pas le diminutif sympathique de votre petite amie Isabelle, mais l'acronyme de Industry Standard Architecture. Aujourd'hui, ce connecteur n'accepte que les très vieilles cartes d'extension à la norme ISA. En effet, l'avènement du PCI et des périphériques USB et Firewire a marqué la fin de l'ISA qui assurait un transfert relativement lent des données à traiter.

PCI. Le connecteur PCI est le plus répandu des connecteurs de nos PC modernes. Normalement, votre carte mère ne dispose plus de connecteur ISA, mais de un à six connecteurs PCI. Très rapide, ce connecteur permet d'étendre efficacement les possibilités de votre PC.

AGP. AGP est l'acronyme de Accelerated Graphics Port. Ce type particulier de connecteur est uniquement destiné aux cartes graphiques. La vitesse de transmission et de traitement des données est telle que les joueurs avertis ne sauraient s'en passer. Les ordinateurs plus anciens ne possèdent pas ce type de connecteur. Dans ce cas, la carte graphique doit être à la norme PCI et s'installer sur un port idoine. Aujourd'hui, certaines sociétés spécialisées dans la vidéo utilisent le connecteur AGP 8x pour installer une carte graphique faisant office de carte de capture Firewire, avec des fonctions de traitement en temps réel des effets vidéo.

✔ Le nombre de connecteurs PCI dépend du type et du prix de la carte mère.

✔ Pour plus de détails sur les cartes d'extension vidéo, consultez le Chapitre 12.

✔ Certaines cartes d'extension sont livrées avec des câbles. La majorité servent à relier la carte à des périphériques externes comme un boîtier de connexion audio (pour les cartes son) ou un boîtier de connexion vidéo (pour les cartes de capture vidéo).

What time is it please ?

La plupart des ordinateurs sont équipés d'une horloge interne. Cette horloge possède sa propre petite pile qui lui permet de fonctionner en permanence, que le PC soit branché ou non.

Pour connaître l'heure exacte, jetez un œil à la petite horloge située à l'extrémité droite de la barre des tâches.

✔ Le format de la date et de l'heure dépend de la configuration de votre PC. Windows affiche un format basé sur les sélections de la boîte de dialogue Paramètres régionaux (accessible via Démarrer/Panneau de configuration).

✔ Si l'heure n'apparaît pas, cliquez sur le bouton Démarrer avec le bouton droit de la souris. Dans le menu contextuel, choisissez Propriétés. Vous accédez à la boîte de dialogue Propriétés de la barre des tâches et du menu Démarrer. Dans l'onglet Barre des tâches, activez l'option Afficher l'horloge. Cliquez ensuite sur le bouton OK : l'horloge apparaît aussitôt à droite de la barre des tâches.

Est-il si important que mon ordinateur connaisse l'heure ?

Qu'est-ce que cela peut faire que l'ordinateur sache ou non quel jour on est ? Eh bien, dans la mesure où vos fichiers sont estampillés de l'heure *et* de la date, ces éléments fournissent des indications chrono-logiques très utiles. Par exemple, ils vous permettent de connaître la dernière version de deux fichiers identiques ou de deux fichiers dotés du même nom, stockés dans deux disques différents.

Petite mise à l'heure

Les ordinateurs font d'excellents outils à usages multiples, mais de bien piètres horloges. Après une semaine ou deux, il n'est pas rare que votre horloge interne se dérègle. Pas de panique, vous pouvez y remédier.

Régler l'horloge

Pour définir ou modifier la date et l'heure de votre PC, double-cliquez sur l'horloge dans la barre des tâches. La boîte de dialogue Propriétés de Date et heure apparaît, comme à la Figure 8.2.

Figure 8.2 :
La boîte de
dialogue
Propriétés de
Date et
heure.

Pour modifier les valeurs, utilisez les flèches de listes déroulantes.

Pour régler l'heure à la seconde près, utilisez la fonction de réglage automatique. Il suffit de cliquer sur l'onglet Temps Internet. Vous pouvez choisir le serveur dans la liste Serveur. Ensuite, cliquez sur Mettre à jour. Votre PC est alors réglé correctement sans plus de manipulation.

Le BIOS

La fonction principale du BIOS est la communication. Il permet au microprocesseur de contrôler les différentes composantes de votre ordinateur (l'écran, l'imprimante, le clavier, etc.) ou de dialoguer avec elles. Ces instructions ont été écrites par les fabricants de votre ordinateur et sont gravées de façon définitive sur les circuits BIOS soudés à la carte mère.

- ✔ BIOS se prononce *Bi-Oss*.

- ✔ BIOS est l'acronyme de Basic Input/Output System.

- ✔ Le BIOS fait démarrer votre ordinateur. En fait, vous voyez probablement un message le concernant chaque fois que vous allumez votre PC.

- ✔ En plus du BIOS principal, votre ordinateur possède peut-être d'autres BIOS : le BIOS vidéo et le BIOS du disque dur, par exemple, qui contrôlent l'un votre affichage graphique, l'autre votre disque dur. Votre interface réseau peut également posséder son propre BIOS. En règle générale, lorsque le terme BIOS est employé sans autre attribut, il s'agit du BIOS principal de votre PC.

L'alimentation (elle doit être bonne)

Pour que l'ordinateur et les cartes d'extension fonctionnent, il doit être alimenté électriquement. C'est le rôle de l'*alimentation* du PC.

- ✔ L'électricité vient du secteur (c'est-à-dire une prise murale de votre appartement).

- ✔ L'électricité alimente la carte mère qui elle-même alimente tous les autres circuits dont les slots d'extension AGP, PCI, voire ISA.

- ✔ L'alimentation fournit de l'électricité aux disques durs.

- ✔ Certains ventilateurs rafraîchissent l'intérieur de l'unité centrale.

- ✔ L'alimentation est le premier élément à se mettre en marche quand vous appuyez sur le bouton Marche/Arrêt (ou Power) de votre ordinateur.

L'alimentation est prévue pour lâcher. Quelquefois, elle surchauffe, mais elle n'explose pas. Elle rend l'âme en dégageant un peu de fumée, et c'est tout. Elle est réellement prévue pour protéger les délicats composants électroniques du PC. L'alimentation préfère se sacrifier plutôt que de mettre votre système en danger. Comme elle est facile à remplacer, c'est sans regret.

- ✔ L'alimentation est aussi la partie la plus bruyante de l'ordina-teur. Elle renferme un ventilateur qui lui permet de maintenir la température à des niveaux acceptables à l'intérieur de l'unité centrale. En effet, les composants électroniques génèrent de la chaleur lorsque des courants électriques les traversent, et, s'ils sont trop chauds, provoquent des erreurs. D'où la nécessité de ventiler.

✔ L'alimentation se remplace très facilement.

✔ La puissance des alimentations est calculée en *watts*. Plus vous possédez d'accessoires, de lecteurs, de mémoire, de cartes d'extension, etc., plus vous avez besoin de puissance dans votre alimentation. Les PC types possèdent des alimentations d'une puissance allant de 150 à 200 watts. Des systèmes plus puissants ont besoin d'une alimentation plus forte, entre 250 et 350 watts.

✔ Une manière de protéger votre alimentation (et votre ordinateur) est d'investir dans une protection antisurtension (parasurtenseur).

Chapitre 9

D'aventure en aventure, de port en port

* * *

Dans ce chapitre :

▶ Prise sur prise.

▶ Brancher le clavier et la souris.

▶ La révolution des ports et des périphériques USB.

▶ Tout sur le Firewire ou IEEE 1394.

▶ Les ports série.

▶ Les ports imprimante et autres matériels.

▶ Les ports des manettes de jeux (joystick).

▶ Les prises audio.

* * *

Si vous avez eu la curiosité de regarder au dos de l'unité centrale de votre PC, vous avez remarqué la présence de prises, de broches et d'emplacements divers dont l'utilité n'est pas immédiatement perceptible. Comme les emplacements d'extension de la carte mère, ces prises et ces broches permettent à votre système de s'agrandir par l'ajout de dispositifs variés.

Ce chapitre est donc consacré à ces divers emplacements de connexion. Ah oui ! Ces connecteurs sont le plus souvent appelés *ports*, comme ports de pêche ou ports de plaisance ; alors, larguez les amarres !

Toutes sortes de prises

Un grand nombre d'appareils externes utilisent les connecteurs de l'unité centrale pour communiquer avec votre ordinateur.

Certaines prises sont réservées à certains dispositifs particuliers, d'autres, comme les ports, peuvent recevoir différents types d'appareils.

La Figure 9.1 montre à quoi peut ressembler l'arrière de la plupart des PC. C'est là que sont rassemblées les prises les plus utilisées. Vous pouvez trouver d'autres types de connecteurs sur les cartes d'extension, mais le gros de la troupe est ici, en Figure 9.1. En voici la liste :

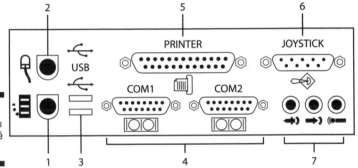

Figure 9.1 :
Les prises au dos de l'unité centrale.

1 Prise du clavier.

2 Prise de la souris.

3 Ports USB (généralement par deux).

4 Ports série (par deux aussi).

5 Port imprimante (port parallèle).

6 Port joystick (manette de jeux).

7 Connecteurs audio.

Les sections suivantes décrivent les différents dispositifs qui viennent se brancher sur ces connecteurs.

> ✔ Vous pouvez étendre les possibilités de connexion en ajoutant une carte d'extension. Vous pouvez par exemple ajouter un port USB par l'intermédiaire d'une carte dont le prix est d'environ 30 euros.

✔ Le port USB (Universal Serial Bus ou port universel) pourra un jour remplacer tous les autres ports actuels.

✔ Votre PC dispose peut-être d'une prise vidéo pour le moniteur. Elle est probablement située sur une carte d'extension.

✔ L'avènement du port Firewire ouvre la porte à des applications vidéographiques jusqu'alors réservées aux professionnels. L'heure de la vidéo numérique de M. Tout-le-Monde a enfin sonné.

✔ Un autre port assez répandu, mais non représenté Figure 9.1, permet de mettre des ordinateurs en réseau. Vous en saurez plus à ce sujet au Chapitre 18.

Le clavier et la souris branchés

Les connecteurs destinés au branchement du clavier ou de la souris sont identiques sur tous les PC. Bien que désignés spécifiquement pour clavier ou pour souris, ils sont interchangeables. L'ordinateur est suffisamment malin pour faire la différence.

✔ Bien que la prise pour clavier et la prise pour souris soient identiques, ne bravez pas la logique et respectez la désignation (généralement sous forme de petit dessin) de chacune des prises.

✔ Autrefois, les connecteurs pour clavier étaient de grande taille. Si vous employez encore un de ces claviers, vous pouvez acheter un adaptateur pour utiliser les nouvelles prises - bien plus petites.

✔ Certaines souris doivent se brancher sur le port série et non sur la prise souris. Si c'est le cas, utilisez le port 1.

✔ Certains claviers et souris se branchent sur le port USB. Vous voyez, la révolution USB est en marche.

✔ Enfin, le clavier et la souris prennent généralement place sur des ports PS2 dédiés. Ne vous trompez pas ! Bien que semblables, ces deux ports PS2 n'acceptent pas indifféremment la souris et le clavier. Leur couleur permet d'identifier le port PS2 souris et le port PS2 clavier. Des icônes estampillées facilitent l'identification du port destiné à chacun de ces périphériques.

La révolution USB

Le port USB est la prise polyvalente par excellence. Les appareils les plus divers peuvent être branchés dessus. Bientôt, le port USB aura remplacé tous les autres connecteurs.

A la différence des autres ports, l'USB est conçu pour accueillir, en chaîne, jusqu'à 127 périphériques différents.

Avant d'acheter un périphérique USB, vérifiez que votre ordinateur est doté d'un port adéquat. Regardez l'arrière de votre PC (reportez-vous à la Figure 1.3 du Chapitre 1 pour identifier ce port).

Si votre PC dispose de connecteurs USB, le monde de l'USB vous est désormais ouvert. Les périphériques qui s'y connectent sont légion aujourd'hui : des moniteurs, des haut-parleurs, des manettes de jeux, des scanneurs, des appareils photo numériques, des lecteurs de disquettes, des unités de stockage (disques durs), des modems, des graveurs, des lave-vaisselle, des grille-pain et des machines à laver. De plus en plus de périphériques se connectent en USB.

- Les ports USB remplacent parfois tous les autres ports du PC (clavier, souris, COM et imprimante).

- L'USB 2.0 est une évolution de l'USB. Il est plus rapide et offre un débit de données plus régulier. Cela permet d'avoir, en externe, des périphériques haut débit comme des lecteurs de CD-ROM ou de DVD, des disques durs et des graveurs. Si vous achetez un périphérique USB 2.0, vérifiez que vous disposez de connecteurs à cette norme.

Votre ordinateur a-t-il un port USB ?

 Avant de vous exciter sur les périphériques USB, vérifiez que votre ordinateur présente bien ce type de port. Il est symbolisé sur votre boîtier par l'icône représentée ci-contre.

En général, les ports USB se trouvent à l'arrière du boîtier, car ils sont soudés à la carte mère. Toutefois, les boîtiers modernes proposent des connecteurs USB en façade. Ils deviennent fonctionnels si et seulement si vous connectez leurs prises à des connecteurs spécifiques de la carte mère.

- USB signifie Universal Serial Bus, c'est-à-dire "port série universel".

✔ Les appareils USB sont livrés avec le câble particulier nécessaire au branchement.

✔ Si votre ordinateur ne possède pas de port USB, achetez une carte d'extension qui va ajouter cette nouvelle fonctionnalité à votre machine pour environ 20 euros.

Les câbles USB

Les périphériques USB se connectent aux ports USB via des câbles. La majorité d'entre eux sont fournis avec le câble en question. Par exemple, il est rare qu'une imprimante ne dispose pas du câble USB qui permet de la raccorder à l'ordinateur.

Ci-contre, vous avez deux connecteurs USB différents, légendés A et B. La plupart des câbles USB ont une extrémité A et une extrémité B. A se connecte au PC et B au périphérique.

Il existe aussi des câbles USB avec deux extrémités A et B. Ils sont utilisés comme rallonge USB pour éloigner le périphérique de l'unité centrale.

✔ Vous pouvez acheter des câbles USB sur Internet. Ils sont bien moins chers que dans les grandes surfaces.

✔ N'achetez pas un câble USB A-A ou B6B quand vous avez besoin d'un câble A-B.

Connecter un périphérique USB

Le port USB est prêt à dominer le monde. Contrairement aux autres ports du PC, le port USB est intelligent. Quand on y branche un périphérique, Windows le reconnaît instantanément et établit la procédure d'installation. Vous n'avez même pas besoin de réinitialiser le PC. Incroyable !

Par exemple, j'ai acheté une de ces caméras que l'on place au-dessus de l'écran. Après avoir connecté l'engin au port USB, sans débrancher le PC, Windows a instantanément reconnu la caméra et s'est occupé de la configuration logicielle. J'ai quand même dû installer le programme livré avec la caméra, mais toute cette opération a été moins compliquée que l'ouverture de l'emballage.

✔ Vous pouvez brancher et débrancher un matériel USB à tout moment selon vos besoins. Si vous avez un scanneur ou un joystick connectés, vous pouvez les débrancher et brancher votre caméra à la place. Sans aucun problème.

✔ Certains appareils USB n'ont pas besoin d'être reliés à une prise électrique. Ils sont alimentés directement par l'unité centrale. Par exemple, mon scanneur USB est relié au PC, et c'est tout. D'autres appareils, comme les moniteurs, nécessitent un câble d'alimentation séparé.

L'univers USB en expansion

La plupart des PC ont une paire de connecteurs USB. Vous avez donc la possibilité de brancher deux appareils USB. Si vous en possédez plus de deux, vous pouvez facilement débrancher les uns pour brancher les autres.

Si vous devez utiliser de nombreux appareils USB en même temps, vous avez plusieurs solutions. Vous pouvez ajouter deux ports ou quatre ports USB via une carte d'extension. Ou bien, encore mieux, vous pouvez acheter un *hub* USB, c'est-à-dire une prise multiple USB (voir la Figure 9.2). Ces *hubs* se nomment aussi *concentrateurs*.

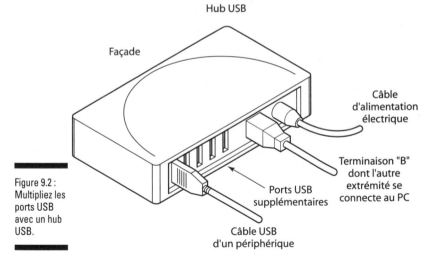

Hub USB

Façade

Câble d'alimentation électrique

Terminaison "B" dont l'autre extrémité se connecte au PC

Ports USB supplémentaires

Câble USB d'un périphérique

Figure 9.2 : Multipliez les ports USB avec un hub USB.

✔ Un concentrateur USB peut être alimenté par le câble USB ou par la prise de courant.

✔ Le nombre maximal d'appareils USB reliés à un même PC est de 127. Ce qui vous laisse tout de même une marge confortable.

✔ Certains appareils USB comportent à leur tour des prises USB. Certains claviers USB sont munis d'une prise USB où l'on peut brancher la souris.

✔ Certains périphériques USB comportent des connecteurs intégrés. C'est le cas des moniteurs auxquels le concentrateur USB permet de connecter de nombreux périphériques à cette norme. Certains claviers ont un port USB supplémentaire pour y connecter une souris.

Mieux que l'USB, le Firewire

Plus grand, plus beau, plus rapide est le port *Firewire*. Il existe en standard sur les configurations Macintosh et va bientôt faire une entrée fracassante dans l'univers des PC. On le connaît sous le nom de IEEE 1394, mais tout le monde vous comprendra si vous parlez de Firewire.

A la base, le port Firewire est une version améliorée de l'USB. On peut dire que c'est un port USB ultrarapide, permettant des transferts de données à une vitesse hallucinante. Il est idéal pour la vidéo numérique, la numérisation à très haute résolution d'images fixes et pour les périphériques de stockage externes comme les disques durs et les graveurs de CD-R/RW.

Pour le moment, le Firewire est moins répandu que l'USB, mais la démocratisation des caméscopes numériques, c'est-à-dire de la norme vidéo DV et mini-DV, va imposer la présence d'un tel port pour permettre à tout un chacun de monter ses vidéos sur un simple PC. Aujourd'hui, pour environ 30 euros, vous pouvez insérer une carte Firewire dans votre PC et disposer de plusieurs ports à cette norme. En plus, les cartes sont livrées avec des logiciels de montage vidéo rudimentaires qui permettent de faire ses premiers pas dans l'univers particulier du montage vidéo virtuel.

✔ Les ports Firewire sont identifiés par le symbole ci-contre.

✔ Les câbles Firewire sont différents des câbles USB.

✔ Il existe aussi des concentrateurs (hubs) Firewire.

✔ Vous pouvez chaîner jusqu'à 64 périphériques Firewire (contre 127 en USB).

> ✔ Je possède un disque dur et un graveur Firewire. Ce fut un plaisir de les installer sans ouvrir le PC et de disposer de périphériques bien plus rapides que leurs homologues USB.

Les ports série ou ports COM

Après le port USB, le port série est le plus polyvalent des connecteurs. Il peut accueillir une grande variété d'appareils, ce qui explique son nom, port *série*, plus générique que port ceci ou port cela.

Un port série accepte généralement les périphériques suivants : modems, imprimantes, souris, et à peu près tout élément qui requiert une communication bidirectionnelle. La plupart des PC sont équipés de deux ports série.

L'appareil le plus courant relié au port série est le modem externe. Pour cette raison, le port série est aussi appelé *port COM*, comme *communication*.

> ✔ La plupart des PC ont une paire de ports série appelés COM1 et COM2.

> ✔ Un port série est parfois appelé *port modem* ou port RS-232.

> ✔ Contrairement au port USB, vous ne pouvez brancher qu'un seul appareil à la fois. Par chance, les appareils reliés au port série sont ceux qui nécessitent une connexion permanente : modem, scanneur, souris.

Versatilité du port imprimante

Croyez-moi si vous voulez, le port imprimante est l'endroit où vous branchez votre imprimante. L'une des deux extrémités du câble de l'imprimante se branche sur l'imprimante et l'autre à l'arrière du PC. Ces connecteurs sont différents, de sorte qu'il est impossible de vous tromper lors du branchement.

Le port imprimante autorise également une connexion à vitesse élevée pour d'autres appareils externes. On peut l'utiliser pour brancher un lecteur de CD-ROM, de CD-R, de DVD et/ou un lecteur Zip ou Jaz.

Lorsque le port imprimante sert de connecteur rapide pour un autre appareil, la liaison avec l'imprimante elle-même passe par cet appareil. Sur la Figure 9.3, le câble de l'imprimante relie le PC à l'appareil externe, puis un second câble relie l'appareil à l'imprimante.

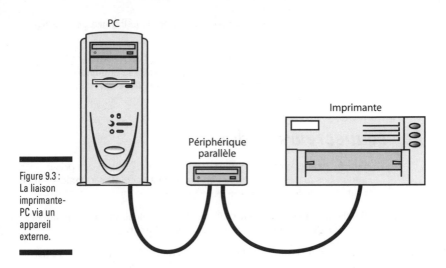

PC

Imprimante

Périphérique
parallèle

Figure 9.3 :
La liaison
imprimante-
PC via un
appareil
externe.

Le recours au port imprimante est une solution économique permettant de relier un appareil externe à votre PC.

✔ Le branchement de l'imprimante via un appareil externe n'interfère pas sur le travail d'impression.

✔ Si vous avez besoin de connecter plusieurs appareils sur un même port imprimante, c'est possible à l'aide d'un adaptateur appelé *switch*. Assurez-vous d'abord que vos appareils peuvent fonctionner à travers ce switch.

✔ Ces ports sont également connus sous le nom de *ports parallèles*.

✔ Le Chapitre 15 est totalement consacré aux imprimantes.

Le port joystick ou les joies de la manette de jeux

Incroyable mais vrai ! L'une des premières options d'extension du PC IBM était un port joystick. IBM l'appelait plus savamment *port analogique-numérique*. Néanmoins, ce port était bel et bien prévu pour le branchement d'un joystick.

✔ La connexion d'une manette de jeu est une chose. Pour que Windows et les programmes de jeux communiquent bien ensemble, vous devez les configurer via le Panneau de configuration.

✔ En plus du joystick, on peut y brancher un instrument MIDI. On utilise pour cela une interface qui permet la connexion du câble MIDI à cinq broches. Cette interface est livrée avec la plupart des claviers MIDI.

Les connecteurs audio

Depuis 1995 environ, la plupart des PC sont livrés avec des prises audio. Ces prises servent à la connexion des enceintes, du micro ou de tout autre accessoire de son et de musique.

 Sortie haut-parleur : Pour relier le PC à des enceintes ou à un ampli. Certains PC sont livrés avec des enceintes intégrées.

 Prise micro : Pour brancher... le micro du PC. Vous pouvez enregistrer votre propre voix et l'utiliser dans certains programmes.

 Prise Line-in : Peut être connectée à n'importe quel élément de la chaîne hi-fi pour importer des sons dans votre PC.

Ne paniquez pas si votre PC ne dispose pas de connecteurs audio. Vous les trouverez sur les cartes d'extension audio ou la carte de décodage livrée avec certains lecteurs de DVD. En effet, les cartes mères disposant de circuits audio intégrés évitant l'ajout d'une carte son restent des exceptions.

Chapitre 10

C'est la même chanson mais pas le même disque !

*L*e système d'exploitation, les logiciels, votre travail, tout cela passe par un lecteur de disques. Il était donc normal d'y consacrer un chapitre entier. Nous verrons ici l'aspect matériel. Pour connaître les rapports entre les lecteurs de disques et Windows lisez les chapitres de la deuxième partie de ce livre.

Chaque lecteur de disques a sa spécialité

Au commencement était la disquette.

En réalité, lorsque les premiers micro-ordinateurs firent leur apparition, le principal moyen de stockage était un lecteur de cassettes avec des cassettes particulières. Puis vint le lecteur de disquettes, plus rapide et plus fiable.

Enfin le disque dur, toujours présent, vit son prix diminuer, et tous les PC l'ont adopté. Ensuite, le lecteur de CD-ROM est arrivé, d'abord gadget multimédia, il est aujourd'hui indispensable au PC.

Il existe une grande variété de lecteurs de disques, dont le nom et l'usage sont indiqués dans la liste ci-dessous.

✔ **Les lecteurs de disquettes.** Un lecteur de disquettes avale des disquettes dont la capacité est le plus souvent de 1,44 Mo. C'est suffisant pour faire des sauvegardes de vos documents et les transporter d'un ordinateur à un autre. Il y a une dizaine d'années, on trouvait les logiciels sur disquettes. Aujourd'hui, on les trouve sur CD-ROM.

✔ **Le disque dur.** C'est l'élément essentiel pour le stockage à long terme. Le disque dur emmagasine des gigaoctets d'informations, plus qu'il n'en faut pour Windows, vos logiciels et toutes les données que vous pouvez créer. Contrairement aux disquettes, vous ne pouvez pas emporter un disque dur. Mais c'est sans importance, car il y a d'autres moyens pour transférer les dossiers d'un disque dur dans un autre ordinateur.

✔ **Les lecteurs de CD-ROM.** Les lecteurs de CD-ROM avalent des disques qui ont l'air de CD audio. Les CD-ROM peuvent contenir des mégaoctets d'informations, et la plupart des logiciels actuels sont livrés sur CD-ROM. Le seul inconvénient du CD-ROM est que vous ne pouvez pas y enregistrer vos données. Les lettres *RO*, de *ROM*, signifient *Read-Only*, lecture seule. Mais ce n'est pas un problème, car la plupart des gens n'ont pas besoin d'enregistrer une aussi grande quantité de données en une seule fois.

✔ **Les lecteurs de DVD.** Présent en standard sur de nombreux PC, le lecteur de DVD-ROM sait lire les CD-ROM. La différence est qu'un DVD-R peut contenir beaucoup plus d'informations qu'un CD-R. Un DVD équivaut à 20 CD.

✔ **Les lecteurs de ZIP.** Le lecteur de disques ZIP est vendu en option avec de nombreux ordinateurs. Un disque ZIP s'utilise comme une disquette, sauf qu'il peut contenir 100 à 250 Mo de données, soit l'équivalent de 75 disquettes. Les nouveaux modèles peuvent lire des disquettes de 750 Mo.

Au pays des merveilles des disquettes

Si la description du lecteur de disquettes est d'un intérêt limité, la disquette elle-même mérite quelque attention.

Permettez-moi de vous donner quelques informations rébarbatives : la disquette a un format de 3 pouces 1/2 (89 mm) ; elle est dite de *haute densité*. Elle peut être *formatée IBM*, être *DS* ou *HD*. C'est la même, et c'est la seule que vous puissiez utiliser sur votre PC.

Voici quelques considérations sur les disquettes :

- ✔ Il est tentant d'utiliser les disquettes comme sous-verre. Ne le faites pas ! Du liquide peut couler sous la languette de métal et endommager la disquette.

- ✔ La plupart des PC ont des lecteurs de disquettes destinés à avaler des disquettes 3 pouces 1/2 d'une capacité de 1,44 Mo.

- ✔ N'hésitez pas à acheter des disquettes sans marque vendues en paquet de 25 ou 50.

- ✔ Il ne vous en coûtera que quelques euros de plus si vous achetez des disquettes préformatées. Vous éviterez de perdre votre temps à formater les disquettes avant usage.

- ✔ Les disquettes étiquetées *IBM* ne sont pas réservées aux ordinateurs de la marque IBM. Elles sont utilisables sur n'importe quel PC.

- ✔ Eloignez vos disquettes de toutes les sources de rayonnement magnétique : téléphone, haut-parleurs, téléviseur, porte-trombones aimantés, ventilateurs de bureau, amplis de guitares électriques ou la planète Jupiter, pour ne citer que les plus courantes.

- ✔ Ne posez pas de livres ou autres charges lourdes sur vos disquettes. La pression pourrait incruster de petites particules de poussière à l'intérieur du disque.

- ✔ Evitez les températures extrêmes. Ne laissez pas vos disquettes sur la plage arrière de votre voiture ni sous le pare-brise. Et, même si cette idée novatrice vous vient, ne stockez pas vos disquettes dans le congélateur.

- ✔ Ne posez pas vos doigts sur le disque lui-même, manipulez les disquettes uniquement par leur enveloppe protectrice. Ne huilez pas vos disquettes, même si elles font un drôle de bruit en tournant. Le problème vient du lecteur, qu'il est également déconseillé de huiler.

- ✔ Si vous voulez expédier une disquette par La Poste, utilisez une enveloppe spéciale. Non, ne pliez pas la disquette pour la faire entrer dans une enveloppe ordinaire.

Insérer et éjecter une disquette

Pour utiliser une disquette, vous devez l'insérer dans le lecteur homonyme de votre PC. Insérez toujours la disquette étiquette visible. Dès l'insertion, le lecteur peut émettre un bruit. Il initialise la disquette.

Pour éjecter une disquette, appuyez sur le bouton situé en façade du lecteur. Prenez la disquette et sortez-la délicatement. Placez-la dans un endroit sûr.

✔ Attendez que le témoin de lecture soit éteint avant de retirer une disquette de son lecteur.

✔ Avant d'éjecter la disquette, vérifiez qu'aucun de ses fichiers n'est en cours d'utilisation. Sinon, Windows vous demandera d'insérer la disquette pour y sauvegarder les modifications.

✔ N'insérez jamais une disquette dans un lecteur Zip.

Le disque dur

Au début de l'informatique domestique, il n'y avait pas de disque dur. Quand ce périphérique de stockage fit son apparition, nous étions bien content de posséder des disques durs de 4 Go... pour 4 000 francs !

Je sais, ces considérations d'un autre âge ne laissaient pas présumer l'existence proche des disques durs de 120 Go à moins de 100 euros. Je me souviens que les premiers disques durs de 1 Go coûtaient 10 000 francs (soit 1 524 euros).

Aujourd'hui, il est impossible de concevoir l'informatique sans disque dur. Au regard de la place prise par Windows et des applications que vous installerez, il faut au moins un disque dur de 10 Go. Comme vous n'en trouverez pas à l'état neuf, vous opterez pour un disque dur d'au moins 30 Go et, si vous avez quelque 100 euros en poche, vous irez jusqu'à 120 Go.

Le Chapitre 11 étudie en détail les notions de mégaoctets et de gigaoctets.

Le disque dur d'un point de vue technique

Le disque dur est la principale unité de stockage de la plupart des PC. C'est un élément interne, installé dans le boîtier du PC. A l'extérieur, on peut généralement voir un témoin lumineux clignoter lorsque le lecteur entre en fonction. Le disque dur est un objet hermétiquement clos. Son étanchéité le met à l'abri de l'air ambiant. Le mécanisme qui lit et écrit les données doit être extrêmement précis pour que la fiabilité du disque soit assurée.

A l'intérieur du lecteur se trouve le disque dur. La plupart des lecteurs comportent deux ou plusieurs disques empilés sur le même axe. Un dispositif appelé *tête de lecture* est monté sur un bras mobile qui lui donne accès simultanément aux deux faces de chaque disque. La Figure 10.1 tente de représenter ce concept.

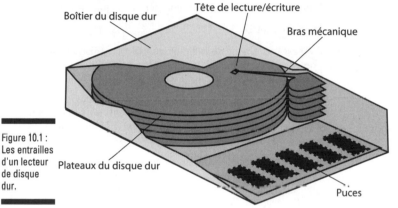

Figure 10.1 :
Les entrailles d'un lecteur de disque dur.

Autant de lettres que d'unités

Par exemple, un disque dur C de 120 Go peut être divisé en trois partitions de 40 Go chacune. Vous avez alors trois lecteurs *logiques* C, D et E. Windows les gère comme s'il s'agissait de lecteurs indépendants les uns des autres. Ainsi, vous pouvez formater une partition sans porter atteinte aux autres.

Seuls les spécialistes peuvent jouer avec les partitions. De ce fait, si votre disque dur est partitionné par votre vendeur, n'y touchez pas. Il existe des programmes capables de gérer les partitions en les redimensionnant sans effacer leur contenu. Cependant, la logique d'utilisation de ces applications n'est pas à la portée des néophytes ; donc, abstenez-vous !

Les lecteurs vedettes (CD-ROM et DVD)

Les lecteurs de CD-ROM sont apparus au milieu des années 90. Un CD-ROM peut contenir des centaines de mégaoctets de données, ce qui en fait un support idéal pour la diffusion de tout type d'informations, y compris logiciels et encyclopédies, et CD audio. Le cousin le plus rapide et le plus volumineux du CD-ROM se nomme le *DVD*. Un lecteur de DVD informatique est capable de lire les CD-ROM et les DVD vidéo. Dans ce domaine, le "V" de DVD ne signifie pas vidéo, mais *versatile*.

✔ Le *RO* de CD-ROM signifie Read-Only, c'est-à-dire *lecture uniquement*. Sur un CD-ROM on ne peut lire que les données. Vous ne pouvez donc ni les modifier ni en ajouter de nouvelles.

✔ Idem pour les DVD-ROM !

✔ DVD est l'acronyme de Digital Versatile Disc (disque numérique polyvalent) ou Digital Video Disc quand il contient des données vidéo compatibles avec les lecteurs de DVD de salon.

✔ Le lecteur traditionnel. Ces lecteurs avalent des CD qui peuvent contenir 640 Mo de données ou l'équivalent de 74 minutes de musique. Certains CD-R permettent d'enregistrer 80 minutes de musique.

✔ Sur DVD, la technologie actuelle permet d'enregistrer jusqu'à 4 Go d'informations sur un disque (contre 600 Mo pour un CD-R). Bientôt, il sera possible d'enregistrer jusqu'à 17 Go de données sur des disques DVD double couche double face.

✔ La vitesse d'un lecteur de CD-ROM se détermine avec un facteur multiplicateur. Ainsi, un lecteur dit 52x est un lecteur capable de lire 52 fois plus vite que la vitesse initiale des premiers lecteurs de CD-ROM, qui plafonnait à 150 Ko/seconde. Donc, un lecteur 52x lit 52 x 150 Ko/s = 7 800 Ko/s.

✔ Quand un lecteur affiche trois vitesses différentes, voici ce que vous devez comprendre :

  • La première vitesse concerne l'écriture des CD-R.

  • La deuxième indique l'écriture/réécriture des CD-RW.

  • La troisième indique la vitesse de lecture des disques.

✔ Les lecteurs de CD-ROM lisent les CD audio et les CD de données, y compris les CD-R que vous gravez.

✔ Des graveurs spéciaux permettent de créer CD-R/RW et DVD-R/-RW ou +R/+RW. On assiste aujourd'hui à une démocratisation des graveurs de DVD dits *universels* capables de graver tous les supports existants.

Insérer un CD ou un DVD

Vous pouvez insérer un CD ou un DVD de deux manières. Tout dépend du type de lecteur que vous possédez :

A tiroir : Ce sont les lecteurs les plus répandus. Pour devez appuyer sur un bouton d'éjection situé en façade de l'appareil pour ouvrir un tiroir. Déposez le disque étiquette visible, et soit vous appuyez de nouveau sur le bouton, soit vous poussez délicatement le tiroir.

A fente : Ce type de lecteur n'a pas de tiroir mais une fente. Il suffit d'insérer le disque dans la fente pour qu'il soit littéralement avalé par le lecteur.

Une fois que le disque est dans le lecteur, vous l'utilisez comme n'importe quel disque de votre ordinateur :

✔ En général, le disque s'insère étiquette vers le haut.

✔ L'exception à la règle ci-dessus concerne les DVD double face. Ils fonctionnent comme un disque vinyle. Il suffit de le retourner pour lire chaque face du DVD.

Ejecter un CD ou un DVD

Voici comment éjecter un CD-ROM ou un DVD :

1. **Ouvrez le Poste de travail.**

2. **Cliquez sur l'icône du lecteur de CD-ROM ou de DVD.**

3. **Cliquez sur Fichier/Ejecter.**

    Le disque sort du lecteur.

✔ Cliquez sur l'icône du lecteur avec le bouton droit de la souris. Dans le menu contextuel, choisissez Ejecter.

✔ Vous pouvez éjecter le disque en appuyant sur le bouton idoine du lecteur. Toutefois, cette méthode n'assure pas que Windows en a fini avec le disque. Pour éviter des messages d'erreur, suivez les étapes indiquées ci-dessus.

✔ En cas d'urgence, par exemple quand votre ordinateur se bloque et que vous devez l'arrêter, éjectez le CD ou le DVD à l'aide d'un trombone. Faites glisser son extrémité dans le petit trou situé en façade du lecteur. Appuyez fermement pour dégager le tiroir ou extraire le disque de la fente.

Exécuter un programme depuis un CD-ROM

La plupart des logiciels que vous installez depuis le CD-ROM copient le contenu du disque sur votre disque dur. Dans d'autres cas, comme les jeux et les titres multimédias tel Encarta, des informations restent sur le CD-ROM. Cela préserve de l'espace disque, mais vous devez insérer le CD à la demande.

De nombreuses applications permettent d'installer tout le contenu du CD sur le disque dur. Si vous disposez d'un espace disque conséquent, réinstallez Encarta en choisissant une installation complète. Sachez cependant que la lutte contre les copies nécessite souvent d'insérer le CD-ROM d'origine pour identifier sa provenance. La lutte contre les pirates n'en finit pas !

Enfin, certains CD-ROM sont dits *bootables*, c'est-à-dire qu'ils démarrent l'ordinateur ou du moins une procédure d'installation comme s'il s'agissait de véritables disques durs. Par exemple, Windows XP Professionnel peut démarrer depuis un lecteur de CD ou de DVD, et lancer une procédure de formatage du disque dur, puis d'installation du système d'exploitation.

Des PC de marques sont souvent livrés avec un CD-ROM de restauration du système qu'il faut insérer en cas de panne grave du système. Au redémarrage, le lecteur de CD démarre un utilitaire du disque qui réinstalle les composants vitaux du système d'exploitation afin de récupérer un ordinateur en pleine santé.

Les disques Zip

Les lecteurs Zip sont très répandus. Ils sont quelquefois livrés en option avec certains PC, et à tout moment vous pouvez ajouter un lecteur Zip interne ou externe à votre ordinateur.

Un disque Zip a une capacité de 100, 250 ou 750 Mo selon le modèle de lecteur. Cela équivaut à un nombre impressionnant de disquettes ordinaires. Les disques Zip sont une solution idéale pour échanger de grandes quantités de données entre ordinateurs, ou pour les sauvegarder. Son format est de 4 pouces, à peine plus grand qu'une disquette standard.

Ces disques amovibles de grande capacité sont idéaux pour effectuer des sauvegardes, stocker des fichiers pour une longue durée ou transférer des fichiers entre deux ordinateurs.

> ✔ Les lecteurs Zip sont rarement livrés en standard avec les PC.

> ✔ Vous pouvez avoir plusieurs lecteurs Zip dans un même ordinateur.

> ✔ Les lecteurs Zip 100 Mo ne peuvent lire que des disques de cette capacité. Pour lire et écrire sur un disque de 250 Mo, vous devez posséder un lecteur Zip de cette capacité. Enfin, les lecteurs 750 Mo savent lire et écrire sur les trois types de disques.

> ✔ Les disques Zip permettent de déplacer de grandes quantités d'informations d'un ordinateur à un autre.

> ✔ Les disques Zip sont chers. Achetez-les en version *bulk* ou en grande quantité. Comme vous êtes sur PC, vérifiez que les disques sont bien formatés PC et non Mac.

Chapitre 11

La mémoire dans la peau

A l'instar du disque dur, la mémoire RAM (Random Access Memory, mémoire à accès sélectif) est un emplacement où l'ordinateur stocke des informations. Mais, à l'inverse du disque dur, c'est là que le véritable travail s'accomplit. Pour bien comprendre, imaginez la RAM comme étant la surface d'un bureau et le disque dur ses rangements (tiroirs, dossiers, fichiers, etc.). Plus vous avez de place pour sortir et étaler votre matériel de travail (vos programmes), plus vous pouvez travailler rapidement. Et ce n'est pas tout : plus vous avez de mémoire, plus l'ordinateur est capable d'exécuter de grandes tâches telles que traiter des images, des animations, du son et de la musique.

Qu'est-ce que la mémoire ?

Tous les ordinateurs ont besoin de mémoire. C'est là que le travail se fait. Le microprocesseur est capable d'enregistrer des informations, mais jusqu'à un certain point seulement. Ensuite, il a besoin de mémoire supplémentaire, tout comme les êtres humains ont besoin de carnets de notes et de bibliothèques.

✔ Plus vous avez de mémoire, mieux vous travaillez. Avec une capacité mémoire importante, vous pouvez travailler sur de grands documents ou de grandes feuilles de calcul, et profiter des applications qui utilisent des images et du son.

✔ Le terme RAM est souvent utilisé pour parler de la mémoire. C'est la même chose. RAM est l'acronyme de Random Access Memory, c'est-à-dire *mémoire à accès aléatoire*.

Utiliser de la mémoire

La mémoire est un espace de stockage temporaire. En d'autres termes, les applications s'y chargent, Windows par exemple, et elles y placent les données à traiter. Comme la mémoire est très rapide, le traitement effectué par le CPU est d'autant plus efficace.

Par exemple, lorsque vous créez un document à l'aide de votre traitement de texte, chaque caractère que vous tapez est enregistré dans un endroit spécifique de la mémoire. Lorsque vous avez terminé, vous devez sauvegarder le document entier sur disque de façon permanente. Ensuite, vous pouvez le recharger sur la mémoire pour que le microprocesseur le traite de nouveau.

Le seul petit problème avec la mémoire est qu'elle constitue un lieu de rangement volatil. Chaque fois que vous éteignez l'ordinateur, le contenu de sa mémoire se vide (comme si la femme de ménage jetait tout ce qui traînait sur votre bureau). Tout va bien si vous avez préalablement enregistré vos documents sur disque (rangé vos affaires dans les tiroirs du bureau) ; dans le cas contraire, tout est perdu.

Mesure de la mémoire

La mémoire est mesurée en *octets*. Un *octet* peut être comparé à un caractère, une lettre d'un mot. Par exemple, le mot "spatule" est composé de sept octets.

Une demi-page de texte contient à peu près 1 000 octets. Pour que ce nombre soit plus facile à mémoriser, les accros de la micro remplacent *mille* par *kilo*, ce qui donne 1 *kilo-octet* ou 1K, ou encore 1 Ko.

Un mégaoctet correspond à 1 000 Ko ou un million d'octets. L'abréviation Mo (ou M) signifie *méga*. Aussi 128 Mo signifie cent vingt-huit mégaoctets de mémoire.

De nombreux termes intéressants gravitent autour de la planète mémoire. Les plus essentiels font référence à sa dimension (voir le Tableau 11.1).

Tableau 11.1 : Unités de mesure.

Terme	Abréviation	Environ	Exactement
Octet		1 octet	8 bits
Kilo-octet	K ou Ko	1 000 octets	1 024 octets
Mégaoctet	M ou Mo	1 000 000 d'octets	1 048 576 octets
Gigaoctet	G ou Go	1 000 000 000 d'octets	1 073 741 824 octets
Téraoctet	T ou To	1 000 000 000 000 octets	1 099 511 627 776 octets

Au-dessus du mégaoctet se trouve le *gigaoctet*. Comme vous pouvez le deviner, ce terme désigne un milliard d'octets, ou à peu près 1 000 mégaoctets. Le téraoctet correspond à un million de mégaoctets, ou 10 puissance 12 octets, bref suffisamment de RAM pour affaiblir les lumières de votre appartement lorsque vous démarrez votre PC.

Bavardage supplémentaire à propos de la mémoire :

✔ Le terme *giga* vient du grec *gigas* qui signifie *géant*.

✔ Le terme *tera* vient également du grec et signifie *monstre*.

✔ Un emplacement spécifique dans la mémoire de votre ordinateur est appelé *adresse*.

✔ La quantité de stockage d'un disque dur se mesure également en octets.

✔ Un PC fonctionnant sous Windows XP nécessite au moins 256 Mo de mémoire.

✔ Les disques durs proposent en général 60 à 120 *gigaoctets* d'espace libre.

La mémoire de votre PC

La mémoire de votre PC se trouve sur la carte mère, très près du microprocesseur, sous forme de minuscules connecteurs. Cette mémoire est appelée *DRAM*. Les supports des connecteurs, ou broches, sont des barrettes en fibre de verre. Selon le format adopté, ces barrettes sont dites de type SIMM ou de type DIMM. Une barrette a la taille d'un peigne de poche (Figure 11.1).

Figure 11.1 : Une barrette DIMM.

Chaque barrette DIMM contient 64, 128, 256, 512 Mo et 1 Go de mémoire. Ces barrettes sont enfichées dans des emplacements adéquats sur la carte mère. Ces emplacements sont prévus pour recevoir un type particulier de barrette, par exemple des DIMM de 128 Mo.

- ✔ DRAM signifie Dynamic Random-Access Memory. C'est le type de mémoire le plus répandu sous la forme de SDRAM.

- ✔ La dernière génération de mémoire se nomme la DDRAM. Infiniment plus rapide pour traiter les informations que la SDRAM, elle habite la majorité des nouveaux PC.

Quiz sur la mémoire

A priori, votre cerveau dispose de la mémoire suffisante à toute votre vie. Même si nous nous souvenons de moins en moins de choses à mesure que nous avançons en âge, les scientifiques assurent que notre mémoire reste intacte. Des expériences réalisées sous hypnose ont permis d'arriver à une telle conclusion.

Votre ordinateur a vraiment des trous de mémoire. Chaque programme ouvert s'accapare un morceau de la mémoire RAM. Des données y sont traitées avec soin, mais dès que l'ordinateur est éteint ou que vous fermez un programme sans enregistrer votre travail, tout est perdu.

"Combien de mémoire y a-t-il dans ce PC ?"

Cette information peut être un mystère pour vous, mais pas pour votre PC. La réponse se trouve dans la boîte de dialogue Propriétés Système. Avec le bouton droit de la souris, cliquez sur l'icône du Poste de travail. Dans le menu contextuel, choisissez Propriétés. Vous accédez à la boîte de dialogue représentée Figure 11.2.

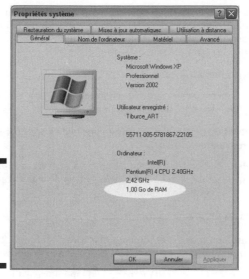

Figure 11.2 :
Cet ordinateur dispose de 1 Go de mémoire RAM.

La quantité de mémoire s'affiche sous le type de microprocesseur utilisé.

Votre PC a-t-il suffisamment de mémoire ?

Connaître la quantité de mémoire disponible est une chose, savoir si elle est suffisante en est une autre.

La quantité de mémoire de votre PC dépend de deux choses. La première, et la plus importante, concerne la quantité de mémoire nécessaire pour faire tourner correctement vos programmes. Certaines applications, graphiques notamment, exigent énormément de mémoire à cause de la taille des images à traiter. En dessous de 128 Mo (il est conseillé d'avoir au moins 256 Mo), point de salut. S'ajoute à cela la quantité nécessaire à Windows pour tourner sans difficulté.

La seconde chose concerne le coût. La mémoire coûte de l'argent. Même si la mémoire a une valeur fluctuante, il n'en reste pas moins que son prix a largement diminué ces derniers mois.

Pour savoir si votre PC a suffisamment de mémoire :

1. **Exécutez plusieurs programmes (trois ou quatre).**

   Par exemple, démarrez Microsoft Word, Excel et un programme graphique aussi gourmand en mémoire que Photoshop. Exécutez aussi des programmes moins exigeants comme Internet Explorer et Outlook Express.

2. **Appuyez sur Alt+Echap.**

   Ce raccourci clavier permet de basculer d'un programme à un autre. Ecoutez bien votre disque dur.

3. **Répétez l'étape 2 jusqu'à ce que vous ayez basculé vers tous les programmes ouverts.**

Si vous l'entendez émettre du bruit comme s'il écrivait des informations, c'est qu'il utilise la mémoire virtuelle. C'est le signe objectif que votre machine manque de mémoire.

Fermez tous les programmes ouverts.

- ✔ Aujourd'hui, tous les PC doivent disposer d'au moins 256 Mo de mémoire pour faire fonctionner correctement Windows XP.

- ✔ Le signe le plus objectif du manque de mémoire est la lenteur relative de votre PC à traiter des informations. En effet, comment traiter rapidement une image de 128 Mo quand on dispose de 128 Mo de mémoire RAM ?

- ✔ Pas assez de mémoire ? Ajoutez-en grâce à la savante lecture de la section "Ajouter de la mémoire dans votre PC ".

Qu'est-ce que la mémoire virtuelle ?

Il est presque impossible de se trouver à court de mémoire, malgré la quantité limitée présente sur votre ordinateur. Cela tient au fait que Windows utilise une technique particulière pour permettre le traitement des informations quand la mémoire s'avère insuffisante. Windows utilise l'espace libre de vos disques durs comme mémoire dite "virtuelle ".

Sous Windows, chaque programme utilise une partie de la mémoire. Cette partie est faible, ce qui permet d'utiliser plusieurs programmes simultanément. Mais, quand un programme exige plus de mémoire que n'en dispose physiquement votre machine, Windows sollicite la mémoire virtuelle.

Cette mémoire est définie automatiquement. Ne vous en préoccupez pas. Vous remarquerez un ralentissement général des performances de votre PC quand un ou plusieurs programmes utilisent la mémoire virtuelle.

✔ Les personnes qui travaillent avec des applications graphiques ont besoin de plus de mémoire que les autres. Les stations graphiques disposent au moins de 512 Mo de RAM.

✔ Windows affichera rarement "Mémoire insuffisante". La mémoire virtuelle entre en jeu. Regardez le témoin d'activité de votre disque dur clignoter à outrance pour vous en convaincre.

✔ Pour éviter la mémoire virtuelle et ses inconvénients, rajoutez de la mémoire RAM dans votre PC.

Qu'est-ce que la mémoire vidéo ?

La mémoire utilisée par le système vidéo de votre PC est connue sous le nom de *mémoire vidéo*. On parle ici des puces qui se trouvent sur la carte graphique de votre ordinateur. Cette mémoire permet d'afficher plus de couleurs, des résolutions impressionnantes, des graphiques 3D et, surtout, de faire tourner des jeux hallucinants.

Il est parfois possible d'augmenter la mémoire vidéo de votre PC. Bien souvent, cette augmentation se traduit par le changement pur et simple de votre carte graphique pour un modèle supérieur.

Ajouter de la mémoire dans votre PC

Il n'existe aucun dopant pour redonner un peu d'ardeur à votre PC. En revanche, vous pouvez "gonfler" sa mémoire et le rendre plus rapide en lui ajoutant des barrettes de RAM.

Ajouter de la mémoire à un ordinateur est aussi simple que d'assembler des Lego. La seule différence est qu'un jeu de RAM coûte plus cher.

Augmenter la mémoire d'un ordinateur implique cinq étapes complexes et rébarbatives :

1. **Définissez la quantité de RAM que vous devez ajouter.**

   Par exemple, votre système est équipé de 256 Mo de RAM et au moins 128 Mo sont nécessaires pour utiliser un programme particulier. Ajoutez 128 Mo et même plus si vos finances vous le permettent. Il existe des barrettes de 256 Mo.

Windows XP fonctionne sans souci avec 256 Mo de mémoire. Toutefois, si vous utilisez des applications gourmandes en mémoire ou créez des projets nécessitant l'utilisation simultanée de plusieurs logiciels, il faudra investir dans 512 Mo à 1 Go de mémoire RAM.

2. **Définissez la quantité de RAM que vous pouvez installer.**

3. **Achetez.**

4. **Payez quelqu'un pour faire le travail.**

   Vous pouvez le faire vous-même, mais à votre place je m'adresserais à quelqu'un d'expérimenté.

5. **Réjouissez-vous.**

Dès que la mémoire supplémentaire est installée, vous pouvez vous en vanter auprès de vos amis. Autrefois, pour impressionner votre entourage, il vous fallait 640 Ko de RAM. Ensuite, pour ne pas perdre la face, il fallait au moins 4 Mo sur un 386. Aujourd'hui, il faut au moins 256 Mo pour garder l'estime de vos proches.

✔ Les barrettes de mémoire sont disponibles en plusieurs tailles différentes : 64, 128, 256, 512 Mo et 1 Go.

✔ Une autre nouvelle qui pourra vous étonner : vous pensez peut-être que pour augmenter votre système de 256 Mo de RAM à 512 Mo il vous suffit d'installer une barrette de 256 Mo ? Eh bien non ! Il est probable que vous soyez obligé d'acheter la totalité des 512 Mo. Cela dépend des emplacements de mémoire disponibles dans votre PC et des capacités acceptées.

Chapitre 12
Gloire à l'affichage

. . . .

Dans ce chapitre :

▶ Le guide de base des moniteurs et cartes graphiques.

▶ Régler votre moniteur.

▶ Régler la résolution et le nombre de couleurs.

▶ Changer de papier peint.

▶ Ajouter un économiseur d'écran.

▶ Utiliser un thème.

. . . .

Si votre PC était une personne, le moniteur tiendrait lieu de visage. Ce chapitre parle du visage de votre ordinateur, et des talents de maquilleur exercés par Windows pour le rendre séduisant.

Moniteur ou écran ?

Est-ce un moniteur ? Est-ce un écran ? C'est en tout cas cet appareil posé à côté ou au-dessus de l'ordinateur et qui ressemble bigrement à un poste de télévision.

Le *moniteur* c'est la boîte. Il contient un tube cathodique, comme un téléviseur. Le moniteur peut tomber par terre et se casser, pas l'écran.

Parce que l'*écran* est l'image qui apparaît dans le moniteur. Sur la partie en verre ou sur le revêtement plastique d'un moniteur LCD. L'écran contient le bouton Marche/Arrêt du moniteur et quelques boutons de réglage.

L'*affichage* est l'information qui apparaît à l'écran. Tous ces termes prêtent à confusion, car vous pouvez dire "Mon écran dit que l'ordinateur ne m'aime pas" et cela signifie "Mon moniteur dit que l'ordinateur ne m'aime pas", ou même "L'affichage indique ô combien l'ordinateur me déteste". En d'autres termes, l'ordinateur ne vous aime pas !

Moniteur plus carte graphique

La Figure 12.1 illustre les rapports entre moniteur et carte graphique. La carte graphique est soit partie intégrante de la carte mère, soit, dans la plupart des cas, une carte d'extension.

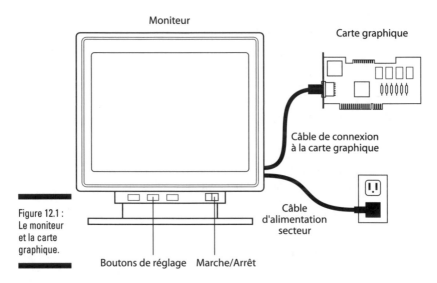

Moniteur

Carte graphique

Câble de connexion à la carte graphique

Figure 12.1 : Le moniteur et la carte graphique.

Câble d'alimentation secteur

Boutons de réglage   Marche/Arrêt

La carte graphique est plus importante que le moniteur. Elle détermine le nombre de couleurs que vous voyez et la qualité des images graphiques qui apparaissent sur votre moniteur.

Votre moniteur chéri

Le moniteur d'un PC est un véritable périphérique. Vous pouvez acheter d'une part l'unité centrale, et d'autre part le moniteur qui vous convient. Il existe de nombreux modèles, présentant des caractéristiques différentes selon la marque, mais ils ont tous la même fonction : afficher les informations générées par l'ordinateur.

L'aspect physique

Le moniteur est doublement branché. D'un côté, il est relié à la prise murale pour l'alimentation électrique ; de l'autre, il est relié par un câble vidéo au connecteur de la carte graphique à l'arrière de l'unité centrale.

Le bouton Marche/Arrêt du moniteur est le plus souvent sur la façade avant, du côté droit. (Encore une manifestation de la vaste conspiration antigauchers.)

La façade du moniteur comporte d'autres boutons servant à contrôler l'affichage. Nous les verrons en détail un peu plus loin dans ce chapitre.

Certains moniteurs affichent des messages lorsque vous les allumez avant l'unité centrale (le moniteur ne reçoit pas de signal de la part du PC). Le message peut être Invalid Sync ou No Signal, ou Vérifiez la connexion. Pas de problème, le moniteur s'allume dès que l'unité centrale démarre.

L'aspect technique

On utilise souvent un jargon absurde pour décrire les caractéristiques du moniteur. Pourtant, deux notions sont réellement indispensables : la taille de l'écran et la taille du *pitch*.

✔ **Taille de l'écran :** C'est la dimension de la diagonale de l'image sur votre écran coin à coin. Plus les écrans sont grands, plus ils sont onéreux. Les tailles standards sont 15, 17, 19 et 21 pouces. Les plus en vogue sont les 17 pouces.

✔ **Taille du pitch** ou **Pas de masque :** C'est l'écart entre deux points ou *pixels* sur l'écran. Cette distance est mesurée centre à centre. Plus les points sont proches, meilleure est la qualité de l'image. Un pitch de 0,28 mm, c'est bien ; un pitch de 0,26 ou 0,25 mm, c'est encore mieux.

✔ **Entrelacé/non entrelacé :** Sur un moniteur *non entrelacé*, il n'y a qu'une image au lieu de deux qui se succèdent. Cela évite le scintillement au détriment d'une image moins précise, mais pour le plus grand confort de vos yeux.

✔ **Ecran plat :** Tous les moniteurs LCD sont plats, mais certains CRT ont un tube plat. On considère alors qu'un moniteur est plat quand son écran, c'est-à-dire la surface en verre, est plat et non bombé. Toutefois, ce n'est pas du tout la même chose qu'un écran LCD.

Régler l'affichage

Si votre moniteur est pourvu d'une rangée de boutons, c'est que chaque bouton règle un aspect de l'affichage (Figure 12.2). Souvent, deux boutons à part, plus (+) et moins (-), servent au réglage sélectionné. Par exemple, pour régler le contraste, on presse le bouton contraste, puis le bouton plus ou moins. Et vous voyez ce qui se passe sur l'écran.

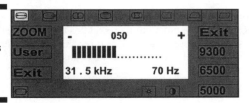

Figure 12.2 : Les commandes de réglage d'un moniteur.

Certains moniteurs ont très peu de boutons et affichent les fonctions de réglage à l'écran. La Figure 12.3 vous en montre un exemple. Notez les icônes décrivant les différents réglages.

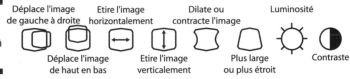

Figure 12.3 : Un exemple de réglages à l'écran.

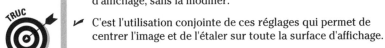

✔ Le réglage à l'écran vient se superposer à l'image en cours d'affichage, sans la modifier.

✔ C'est l'utilisation conjointe de ces réglages qui permet de centrer l'image et de l'étaler sur toute la surface d'affichage.

✔ Les moniteurs peuvent aussi afficher des informations sur la fréquence, par exemple 31 KHz/60 Hz, au moment où le mode d'affichage change. C'est le cas lorsque vous lancez certains jeux.

✔ Certains moniteurs sont capables de mémoriser vos réglages préférés, sans aucune intervention de votre part.

Les cartes graphiques

La carte graphique est la partie cachée du système d'affichage de votre PC. C'est une carte d'extension qui se trouve sur la carte mère de votre unité centrale. Elle permet d'afficher à l'écran les textes et les images de votre ordinateur.

Il y a toute une gamme de cartes graphiques, destinées aux professionnels du graphisme, aux fans de jeux vidéo ou à vous et moi. Voici en gros ce qu'il faut savoir :

✔ L'élément essentiel est la mémoire vidéo (RAM vidéo). La plupart des cartes disposent désormais d'au moins 32 Mo de mémoire vidéo, souvent 64, et jusqu'à 256 Mo pour les plus performantes et les plus chères.

✔ La résolution de l'affichage dépend directement de la quantité de mémoire vidéo.

✔ Couleurs et résolution sont les maîtres mots en matière d'affichage. On se réfère au nombre de couleurs qui peuvent être affichées, de 256 jusqu'à un milliard. La résolution caractérise la finesse de l'image. Elle se quantifie en nombre de points (ou pixels) contenus dans la largeur et la hauteur d'un écran. Plus il y a de pixels, plus grande est la résolution et plus l'image est fine.

✔ Certaines cartes graphiques sont prévues pour un affichage 3D. Cela n'est utile que lorsque votre programme est lui aussi prévu pour s'afficher en 3D.

✔ On assiste à une montée en puissance des cartes disposant de leur propre processeur graphique ou GPU (graphics processing unit). Ces périphériques peuvent réellement augmenter les performances graphiques, mais aussi le prix de la carte. Ce système est utilisé par certains constructeurs de cartes d'acquisition pour calculer, en temps réel, les effets 3D des logiciels de montage vidéo virtuel ainsi que les incrustations sur plusieurs couches.

✔ Si vous avez un lecteur de DVD, la carte graphique doit inclure un décodeur qui vous permet de bénéficier de la qualité DVD. Vous pouvez éventuellement connecter votre écran de télévision pour voir les choses en grand. Ces cartes disposent de sorties S-Vidéo pour afficher les images du DVD sur une télévision.

Régler votre moniteur

Vous pouvez non seulement jouer avec les boutons situés à l'avant (ou à l'arrière) de votre moniteur pour régler la luminosité et le contraste, mais également modifier toute une panoplie de paramètres d'affichage grâce à Windows et à son Panneau de configuration.

L'icône à utiliser pour personnaliser votre affichage réside dans le Panneau de configuration. Les sections suivantes expliquent ce que vous pouvez y faire.

Invoquer la boîte de dialogue Propriétés d'affichage

Voici comment modifier la résolution d'affichage de votre moniteur :

1. **Cliquez sur le bureau avec le bouton droit de la souris.**

2. **Choisissez Propriétés.**

   Vous accédez à la boîte de dialogue Propriétés de Affichage, comme le montre la Figure 12.4.

Figure 12.4 :
La boîte de
dialogue
Propriétés de
Affichage.

Vous pouvez accéder à cette boîte de dialogue en double-cliquant sur l'icône Affichage du Panneau de configuration.

Certaines boîtes de dialogue Propriétés d'affichage ont des onglets spécifiques à la carte graphique installée dans le PC. Par exemple, si vous possédez une carte ATI, l'installation de son pilote aura certainement ajouté des onglets qui permettent des réglages avancés de la carte. Le néophyte ne les comprend pas !

Ajuster la résolution et les couleurs

Ouvrez la boîte de dialogue Propriétés de Affichage en suivant les étapes précédemment décrites. Cliquez sur l'onglet Paramètres pour afficher les options correspondantes. Ce qui apparaît sur votre écran doit ressembler à la Figure 12.5.

Figure 12.5 :
Le volet
Paramètres
de la boîte de
dialogue
Propriétés de
Affichage.

Vous devez commencer par sélectionner les couleurs, depuis 16 couleurs jusqu'à 16 bits ou 32 bits. (Cela peut varier en fonction des cartes graphiques.) Sélectionnez ensuite la résolution. Le moniteur miniature illustre aussitôt votre choix. Si vous optez pour une résolution plus élevée, ne soyez pas surpris de voir le nombre de couleurs diminuer. Ces deux paramètres sont liés, au cas où vous ne l'auriez pas compris.

✔ Si vous êtes l'heureux propriétaire d'un écran 19 à 21 pouces, faites tourner Windows en plus de 1 024 x 768. Cette résolution affiche bien plus d'informations en même temps et utilise des millions de couleurs. La plupart des logiciels peuvent ensuite afficher une police plus grande (que vous ajustez généralement via une commande de type *Zoom*) pour équilibrer le tout.

Seules les applications graphiques et la retouche d'images nécessitent un affichage en millions de couleurs.

✔ Certains moniteurs LCD ont une résolution limitée à 800 x 600 ou 1024 x 768.

✔ Certains jeux modifient automatiquement la résolution de l'écran lorsqu'ils sont lancés. Pas de problème, la résolution d'origine est rétablie en quittant le jeu.

Changer l'arrière-plan (le papier peint)

L'arrière-plan, ou *papier peint*, est ce que vous voyez lorsque vous regardez le bureau. Il peut s'agir d'un motif, d'une jolie image ou de toute autre chose que cette ennuyeuse façade vert-de-gris proposée par Windows.

Ouvrez la boîte de dialogue Propriétés de Affichage à l'aide des instructions précédentes et cliquez sur l'onglet Bureau pour afficher les options correspondantes (configuration de la Figure 12.6).

Figure 12.6 : Sélectionnez un papier peint dans cette boîte de dialogue.

Deux solutions vous sont offertes pour placer une image sur le bureau. Vous pouvez soit sélectionner un motif, soit une image (appelée *papier peint*).

Les différents motifs et graphiques disponibles se trouvent dans la liste Arrière-plan de la boîte de dialogue. Ils sont tous plus ennuyeux les uns que les autres. Si l'image est assez grande, elle pourra recouvrir la totalité de l'écran. Dans le cas contraire, vous pouvez utiliser l'option Mosaïque pour dupliquer l'image sélectionnée sur toute la surface du bureau. Les options d'affichage se trouvent dans la liste Position.

Pour appliquer le nouveau papier peint, cliquez sur OK. Vous fermez ainsi la boîte de dialogue Propriétés de Affichage.

Utiliser un écran de veille (économiseur)

Dans le passé, lorsque vous laissiez un moniteur allumé trop longtemps, cela pouvait détériorer le phosphore, cette pellicule intérieure qui recouvre l'écran. A force d'afficher une image fixe, celle-ci se gravait dans le phosphore. Des images de tableur venaient hanter les utilisateurs de PC, même quand l'ordinateur était éteint.

Pour éviter ce problème, vous pouviez faire tourner des écrans de veille ou *économiseurs d'écran*. Ces programmes spéciaux effaçaient provisoirement l'écran après un délai prédéterminé (en général, quand vous n'aviez pas touché le clavier pendant plusieurs minutes) et affichaient à la place des images mobiles.

Aujourd'hui, les moniteurs ne connaissent plus ce problème. Les écrans de veille, eux, sont toujours là, surtout comme distraction. (Et aussi comme protection d'accès à votre PC, si vous utilisez un mot de passe. Vous en saurez plus dans quelques lignes.)

Ouvrez la boîte de dialogue Propriétés de Affichage en suivant les étapes décrites plus haut dans ce chapitre. Cliquez sur l'onglet Ecran de veille pour afficher les options correspondantes. Votre boîte de dialogue devrait ressembler à celle de la Figure 12.7.

Cliquez sur le bouton Paramètres pour effectuer quelques réglages sur l'écran sélectionné.

Cliquez sur le bouton Aperçu pour tester ses effets. (Déplacez la souris pour désactiver l'écran de veille.)

Dans le champ situé entre les termes "Délais" et "minutes", saisissez le délai d'attente qui doit précéder le déclenchement de l'écran de veille.

Figure 12.7 :
L'onglet
Ecran de
veille de la
boîte de
dialogue
Propriétés de
Affichage.

✔ Pour désactiver l'écran de veille via votre clavier, vous pouvez appuyer sur n'importe quelle touche, mais utilisez de préférence la touche Ctrl. Cette dernière n'affectera pas l'application qui se cache derrière votre économiseur d'écran.

✔ Une autre façon de congédier l'écran de veille consiste à taper du poing sur votre bureau. Ce petit geste vous défoulera tout en faisant sursauter votre souris, qui désactivera l'écran de veille.

✔ Windows XP ne propose pas une protection directe par mot de passe quand vous quittez le mode écran de veille. Au lieu de cela, il permet d'activer l'option A la reprise, afficher l'écran d'accueil. Ainsi, si vous avez défini un accès à Windows XP protégé par mot de passe, il faudra le saisir pour retourner dans la session Windows que vous avez quittée du fait de l'écran de veille. C'est le mot de passe nécessaire à l'ouverture de votre compte d'utilisateur.

✔ Méfiez-vous des écrans de veille téléchargés sur Internet. La plupart sont des écrans normaux, mais certains sont des bannières publicitaires impossibles à désinstaller ou à supprimer.

Tout définir avec un thème

Plutôt que de tout ajuster manuellement, vous pouvez utiliser des thèmes pour configurer l'aspect graphique et sonore de votre PC. Il suffit pour cela d'ouvrir l'onglet Thèmes de la boîte de dialogue Propriétés de Affichage.

Dans la liste Thème, sélectionnez un ensemble de réglages prédéfinis. Un aperçu montre de quelle manière le thème affecte l'affichage graphique du bureau. Le thème modifie le style des fenêtres, le texte, les couleurs, l'arrière-plan et l'écran de veille.

Vous pouvez créer votre propre thème et le sauvegarder sur disque. Après avoir configuré tous les paramètres, cliquez sur le bouton Enregistrer sous de l'onglet Thèmes (boîte de dialogue Propriétés de Affichage). Dans le dossier Mes documents, je vous conseille de créer un dossier Thèmes. Ensuite, nommez votre thème et enregistrez-le dans ce nouveau dossier.

✔ L'avantage d'enregistrer votre propre thème est de pouvoir le rappeler immédiatement depuis l'onglet Thèmes de la boîte de dialogue Propriétés de Affichage.

✔ Les thèmes définissent également l'environnement sonore de votre PC (voir le Chapitre 17) et l'aspect des pointeurs de la souris (voir le Chapitre 13).

Chapitre 13

Il y a une souris dans la maison !

. . . .

Dans ce chapitre :

▶ Comprendre la souris.

▶ Utiliser les boutons de la souris.

▶ Les souris sans fil et les souris optiques.

▶ Utiliser la souris.

▶ Pointer, cliquer, double-cliquer et déplacer.

▶ Ajuster la souris sous Windows.

▶ Changer le pointeur de la souris.

▶ Utiliser une souris pour gaucher.

. . . .

L e PC n'a pas toujours été cette machine dotée d'une interface conviviale et d'une souris. Non, ces souris, considérées comme des gadgets amusants, étaient réservées aux Macintosh et ne pouvaient être associées aux ordinateurs plus sérieux d'IBM. Aujourd'hui, tous les fabricants livrent leurs ordinateurs avec une souris. Rares sont ceux qui ne possèdent pas encore ce petit animal sur leur bureau. Certaines souris sont amusantes, comme les modèles distribués par Logitech. D'autres (comme celles d'IBM) sont exclusivement réservées aux affaires sérieuses. Quelle que soit sa forme, une souris est un outil extrêmement pratique, tout particulièrement si vous utilisez un système d'exploitation graphique tel que Windows.

Une souris dans la maison !

Une souris ressemble à une savonnette qui aurait avalé une boule, avec, sur le dessus, au moins deux boutons. Elle est reliée à l'arrière de l'ordinateur par un fil qui peut être pris, à la nuit tombée, pour la queue d'une souris. La Figure 13.1 illustre une souris ordinaire.

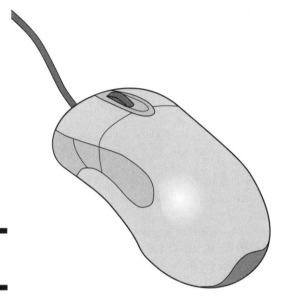

Figure 13.1 :
Une souris
commune.

Vous avez besoin d'une souris, surtout dans les systèmes d'exploitation à interface graphique comme Windows. La souris est la compagne idéale du clavier. Ce duo est fondamental pour travailler correctement sous Windows. En terminologie informatique, une souris est un *périphérique de pointage*.

La souris de base

Il existe de nombreuses espèces de souris. A part le modèle courant, il existe quelques variantes, dont celle à infrarouge, celle sans boule ou celle en forme de stylo. Cette section analyse l'anatomie d'une souris classique.

Les boutons standard : Une souris pour PC a deux boutons : le gauche et le droit. Le bouton gauche tombe pile sous l'index. On s'y réfère en tant que bouton *principal*. C'est lui qui exécute l'action de *cliquer*. Lorsque vous devez appuyer sur l'autre bouton, on parle de *clic-droit*.

Le bouton-roulette : Il se situe entre les deux boutons précités. Ce bouton a deux fonctions. D'abord, il sert à faire défiler le contenu d'une application comme les pages écrites dans un programme de traitement de texte. Ensuite, il fait office de troisième bouton dont vous pouvez programmer l'action quand vous appuyez dessus (au lieu de le faire rouler).

Les autres boutons : Des souris spécifiques embarquent plusieurs autres boutons comme la souris Microsoft Trackball optique qui en propose quatre. Ces boutons sont programmables par le pilote IntelliMouse. Par exemple, j'ai programmé un bouton qui effectue un double clic quand on appuie dessus.

Souris optique ou souris mécanique

Dernière technologie mise au service de la souris. Elle n'a pas de boule, ce qui permet de l'utiliser sur n'importe quelle surface. Inutile d'utiliser un tapis de souris.

La souris mécanique traditionnelle utilise une boule qui frotte sur des contacteurs pour imprimer un mouvement au pointeur de la souris.

La souris optique n'a aucune partie mobile. Elle utilise des détecteurs LED pour sentir le déplacement sur la surface où elle repose. Ce déplacement est traduit en informations qui déplacent le pointeur de la souris dans la bonne direction et la bonne distance à l'écran.

Comme les souris optiques n'ont pas de parties mécaniques, leur longévité est plus longue et elles sont plus faciles à nettoyer. Ce type de souris fonctionne sur n'importe quelle surface non réfléchissante.

La souris sans fil

Nous voulons des ordinateurs sans fil ! Il y en a assez de toutes ces connexions filaires qui nous pourrissent la vie et la vue ! Le clavier et la souris sont les premiers périphériques à être apparus sans fil. Les souris de cette famille sont de deux types.

La souris sans fil infrarouge (IR) : Ce type de souris fonctionne si et seulement si aucun obstacle ne vient perturber cette liaison. C'est le même principe que la télécommande de votre téléviseur. Si les batteries sont à plat ou que quelque chose coupe le rayon, l'engin ne fonctionne plus !

La souris sans fil à fréquence radio (RF) : Contrairement à la souris infrarouge, la fréquence radio supporte les obstacles du moment que la distance entre l'émetteur et le récepteur n'est pas trop importante. Vous placez des piles dans le récepteur, qui est souvent connecté au port PS2 de l'ordinateur, et dans l'émetteur, c'est-à-dire la souris elle-même.

Utiliser votre souris

La souris d'un PC commande un pointeur (aussi appelé *curseur*) à l'écran. Lorsque vous déplacez la souris en la faisant rouler sur votre bureau, le pointeur se déplace de la même manière à l'écran. Si vous la dirigez vers la droite, le pointeur se dirigera vers la droite. Si vous la faites tourner en rond, le pointeur fera de même. Faites tomber la souris et vous entendrez un "Aïe !" en provenance du PC. (Non, je plaisante.) Pour utiliser une souris, vous devez commencer par la tenir correctement. Vous la coincez dans votre paume et laissez reposer votre index et votre majeur sur les deux boutons (ou plus) situés au-dessus. Il n'y a aucune raison de vous crisper, prenez-la avec douceur et tout ira bien.

✔ Inutile de vous crisper sur la souris... elle ne va pas se sauver !

✔ La plupart des utilisateurs coincent la souris dans leur paume et positionnent leur pouce sur le côté gauche et l'annulaire sur le côté droit, laissant l'index et le majeur libres d'agir sur les boutons situés au-dessus.

✔ La première fois qu'un utilisateur tient une souris, il la déplace généralement en cercles, histoire de voir les jolis ronds qu'elle dessine à l'écran. Cette manie ne disparaît qu'avec le temps (et encore, pas toujours).

✔ Lorsque le fil de la souris est emmêlé, soulevez-la et faites un mouvement sec du poignet comme un coup de fouet.

✔ La meilleure méthode pour utiliser une souris est de jouer à un jeu de cartes livré avec Windows comme le Solitaire ou FreeCell.

Pointer

Si l'on vous demande de "pointer" à l'aide de la souris sur un objet précis, cela signifie que vous devez déplacer la souris sur votre bureau pour positionner le curseur à l'écran de sorte qu'il pointe sur cet objet.

Ne pointez pas la souris en l'air en direction de votre écran, comme s'il s'agissait d'une télécommande, cela ne marche pas.

Cliquer

Cliquer est le terme employé par la plupart des programmes. Il signifie pointer sur un objet de l'écran et appuyer sur le bouton de la souris.

Par exemple, vous pouvez lire, "Cliquez sur le bouton OK". Voici ce que vous devez faire :

1. **Dans la boîte de dialogue, localisez le bouton où sont inscrites les lettres O et K, qui font bien OK.**

2. **Déplacez votre souris sur son tapis de manière à placer le petit curseur (ou pointeur de la souris) sur le bouton OK.**

3. **Avec votre index, appuyez sur le bouton de la souris.**

   Vous entendez un tout petit *clic* quand vous appuyez puis relâchez ledit bouton. Immédiatement, le bouton OK réagit en entérinant votre choix et en fermant la boîte de dialogue.

Vous cliquez avec le bouton *gauche* de la souris, c'est-à-dire le bouton principal.

> ✔ Pour cliquer, appuyez sur le bouton et relâchez-le. Ne le tenez pas enfoncé en permanence. (En fait, cela fait deux clics – le premier lorsque vous "cliquez" et le second lorsque vous relâchez le bouton. Votre oreille est-elle aussi sensible ?)

> ✔ Vous pouvez également cliquer pour *sélectionner* un objet. Dans ce cas, l'instruction est "Cliquez pour sélectionner" ou "Sélectionnez l'icône du lecteur C".

> ✔ Il arrive parfois que l'on vous demande de cliquer tout en appuyant sur une touche spécifique du clavier. La touche Ctrl, par exemple, est une habituée de ce type de combinaison.

Double-cliquer

Double-cliquer signifie appuyer sur le bouton de la souris deux fois de suite. Sous Windows, vous double-cliquez pour ouvrir quelque chose.

> ✔ Le temps d'arrêt entre les deux clics peut varier légèrement, mais il est toujours très court.

🖉 Essayez de ne pas bouger la souris entre les deux clics ; ceux-ci doivent être effectués au même endroit.

🖉 Cliquer et double-cliquer sont deux opérations différentes. Si l'on vous demande de "cliquer", vous devez appuyer sur le bouton gauche de la souris une fois. Pour double-cliquer, vous devez appuyer sur ce même bouton deux fois.

🖉 Si, en cliquant deux fois, rien ne se passe, il se peut que vous ne cliquiez pas assez vite. Essayez de procéder aussi vite que possible. Si la vitesse exigée est trop rapide pour vous, elle peut être réglée. Voyez la section "Le double clic ne fonctionne pas !" plus loin dans ce chapitre.

Faire glisser la souris

Faire glisser la souris ne signifie pas l'équiper de patins spéciaux, mais la déplacer tout en maintenant enfoncé le bouton gauche pour sélectionner des objets ou les déplacer (cela dépend du programme). Voici exactement comment procéder :

1. **Pointez le curseur de la souris sur l'objet que vous voulez déplacer.**

2. **Appuyez et maintenez le bouton de la souris enfoncé.**

   Il s'agit du bouton gauche. Appuyez et maintenez le bouton enfoncé, mais ne cliquez pas ! Cette action a pour effet de "saisir" l'objet visé par le curseur de l'écran.

   Dans certains programmes, il faut cliquer une seconde fois pour pouvoir déplacer l'objet saisi. Pour ceux-là, l'étape suivante de la procédure aura pour effet de *sélectionner* (et non pas de déplacer) les éléments sur lesquels glisse le curseur, en dessinant une marquise de sélection (une bande noire rectangulaire) autour de ces éléments.

3. **Faites glisser la souris vers un nouvel endroit.**

   L'opération *glisse* est en fait une opération *déplacement* ; vous commencez à un endroit de l'écran et déplacez (faites glisser) l'objet visé vers un autre endroit.

4. **Relâchez le bouton de la souris.**

   Soulevez votre index légèrement. La prise est déposée.

Quand vous relâchez le bouton de la souris, vous relâchez également tout ce que vous étiez en train de déplacer.

✔ Vous pouvez utiliser cette méthode pour sélectionner un groupe d'objets. Dans ce cas, en glissant vous dessinez un rectangle autour des éléments à sélectionner.

✔ Dans de nombreux programmes de dessin, faire glisser la souris a pour effet de créer une image à l'écran. Dans ce cas, cette opération peut être assimilée au dessin avec une plume ou un pinceau.

✔ Si l'on vous demande d'appuyer sur une touche tout en faisant glisser votre souris, par exemple la touche Ctrl ou la touche Maj, vous devez appuyer sur cette touche *avant* de faire glisser la souris.

Effectuer quelques réglages

Quelque part dans le Panneau de configuration de Windows sommeille l'icône Souris qui, d'un double clic, ouvre la boîte de dialogue Propriétés de Souris, illustrée Figure 13.2.

Note du traducteur : Le contenu de cette boîte de dialogue varie en fonction du type de souris raccordé à votre ordinateur. Ici, la Figure 13.2 montre la boîte de dialogue de configuration d'une souris Microsoft Trackball optique. La vôtre sera différente, mais les grands principes de réglage restent les mêmes.

Figure 13.2 :
La boîte de dialogue Propriétés de souris.

Les sections suivantes décrivent quelques petites bricoles que vous pouvez y faire.

Gérer le pointeur de la souris

Vous n'êtes pas otage du pointeur de souris par défaut proposé par Windows. Vous pouvez choisir un type de pointeur différent en cliquant sur l'onglet Pointeurs représenté Figure 13.3.

Figure 13.3 : Choisissez un type de pointeur.

Ouvrez la liste Modèle pour sélectionner un type de pointeur. Dès que vous avez effectué une sélection, Windows actualise les pointeurs affichés dans la liste Personnaliser. Mais là encore vous n'êtes pas prisonnier de tous les pointeurs. Voici comment les modifier individuellement :

1. **Dans la liste Personnaliser, cliquez sur le pointeur à modifier.**

2. **Cliquez sur le bouton Parcourir.**

    La boîte de dialogue du même nom apparaît. Elle affiche tous les pointeurs stockés dans le dossier Cursors.

3. **Sélectionnez un pointeur de remplacement.**

4. **Regardez son aspect et son comportement dans la zone Aperçu.**

   Notez que tous les pointeurs ne sont pas animés, et que certains sont plus grands que d'autres.

5. **Une fois le pointeur sélectionné, validez votre choix par un clic sur le bouton Ouvrir.**

   Vous revenez dans la boîte de dialogue Propriétés de Souris.

6. **Répétez ces étapes pour sélectionner d'autres pointeurs correspondant à des situations de travail sous Windows.**

7. **Cliquez sur OK quand toutes les substitutions sont terminées.**

La manière la plus rapide de changer tous les pointeurs en une seule opération consiste à choisir un modèle.

✔ Si vos nouveaux pointeurs vous plaisent, faites-en un modèle en cliquant sur le bouton Enregistrer sous. Donnez un nom et stockez ce modèle sur votre disque dur.

✔ Si les différents pointeurs ne vous plaisent pas, Windows permet d'en télécharger sur Internet. Utilisez votre moteur de recherche préféré et saisissez "fichiers curseurs" dans le champ de la recherche.

✔ Vous pouvez créer vos propres curseurs ! Il existe des programmes gratuits qui prennent en charge l'opération. Toujours dans un moteur de recherche, saisissez "logiciel de création de curseur" pour trouver de nombreux utilitaires se rapportant à la création de pointeurs de souris.

J'ai perdu le pointeur de ma souris !

Cela arrive à tout le monde. Heureusement, la boîte de dialogue Propriétés de Souris a des options qui localisent un pointeur subitement devenu invisible, comme le montre la Figure 13.4.

✔ L'option *traces* permet d'avoir une espèce de fantôme qui suit la souris. Ces traces permettent de bien identifier la direction du déplacement mais aussi de retrouver un pointeur disparu.

✔ La touche de localisation Ctrl crée une onde radio révélant la position du pointeur.

✔ L'option Alignement permet de gagner du temps dans les boîtes de dialogue. En effet, le pointeur se positionne automatiquement

Figure 13.4 :
Plusieurs
moyens de
trouver un
pointeur
capricieux.

sur l'option par défaut desdites boîtes. Par exemple, si une boîte de dialogue contient les boutons Oui, Non et Annuler, et que Windows espère la réponse Oui, le pointeur de la souris se positionne automatiquement sur le bouton Oui. A vous d'entériner ou non cette option.

✔ Si vous affichez Windows dans une résolution importante, par exemple 1 600 x 1 200, envisagez d'utiliser le modèle de pointeur Grande taille. Vous déplacerez plus facilement les différents curseurs et aurez moins de risque de les perdre de vue.

Je suis gaucher et les boutons sont inversés !

Eh, les gauchers ! N'avez-vous pas l'impression de vivre dans un monde dominé par les droitiers ? Si vous ne supportez pas l'idée de devoir manipuler une souris de la main droite, pas de problème. Vous pouvez renverser la situation et même installer votre souris à gauche du clavier.

Ouvrez la boîte de dialogue Propriétés de Souris en suivant la procédure décrite plus haut dans ce chapitre. Dans le volet Boutons, cliquez sur le bouton radio Gaucher ou inversez les actions des boutons proposées par le pilote de votre souris. Cette opération bascule virtuellement les boutons dans la mémoire de Windows : les tâches propres au bouton gauche sont alors réalisées par le bouton droit et vice versa.

Chapitre 14

A vos claviers

. . . .

Dans ce chapitre :

▶ Le clavier.

▶ Les touches importantes.

▶ Localiser les touches.

▶ Localiser la touche d'aide.

▶ Utiliser les touches Maj.

▶ Les touches Windows.

. . . .

Rien ne vaut un clavier dont les touches s'enfoncent délicatement sous une légère pression des doigts, peut-être même en renvoyant quelques "clapatap-tap-tap" d'accompagnement. Un clavier qui émet des cliquetis lorsque vous tapotez conforte l'impression de beaucoup travailler. Si seulement les souris pouvaient être plus bruyantes !

Evidemment que votre PC a besoin d'un clavier !

Votre clavier est la voie de communication directe entre vous et l'ordinateur. Un PC n'a pas d'oreilles. Vous pouvez toujours essayer de crier, d'agiter les bras, il ne voit ni n'entend rien. Pour communiquer avec lui, vous devez taper ce que vous voulez lui dire sur son clavier.

Le clavier standard

La Figure 14.1 illustre un clavier PC type, qui contient 104 touches. (Vous pouvez vérifier, si vous avez du temps à perdre.)

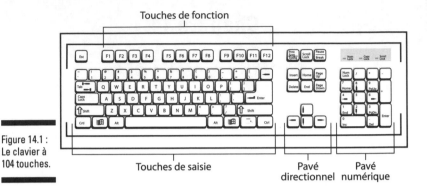

Figure 14.1 :
Le clavier à
104 touches.

Composition classique d'un clavier

Un clavier peut être divisé en quatre parties principales (reportez-vous à la Figure 14.1 pour les localiser).

Les touches de fonction : Ces touches se trouvent au-dessus du clavier alphabétique et sont identifiées par la lettre F suivie d'un nombre : F1, F2, F3, etc., jusqu'à F12.

Les touches alphanumériques de saisie : Ce sont les mêmes touches que sur les machines à écrire. Elles comprennent les lettres, les nombres et les symboles de ponctuation.

Les touches de déplacement du curseur (pavé directionnel) : Elles sont divisées en deux parties : les "flèches", qui permettent de déplacer le curseur sur l'écran dans le sens de la flèche, et les touches Inser, Suppr, Pge Préc., Pge Suiv., Origine et Fin, qui sont regroupées au-dessus de ces quatre touches.

Le pavé numérique : Le pavé numérique ressemble aux touches d'une calculatrice. Vous pouvez le verrouiller pour qu'il n'affiche que des chiffres. Sinon, il se comporte également comme le pavé directionnel.

Le pavé numérique a une double personnalité. Il peut générer des nombres ou dupliquer les touches de déplacement du curseur. Lorsque vous appuyez sur la touche Num Lock ou Verr. Num, le pavé numérique est en mode de saisie de chiffres. Sinon, il ignore les chiffres et répond selon les flèches indiquées par ses touches. Ainsi, il dispose des mêmes touches que le pavé directionnel auxquelles s'ajoutent les touches PgUp et PgDn, Fin, Origine (Home), Inser et Suppr.

Les touches particulières

Votre clavier est un divertissement rempli de boutons – certains sont très connus, d'autres mystérieux, voire inexistants.

Où est passée la "n'importe quelle touche" ?

Bien souvent, vous lirez des messages ou des guides d'utilisateurs qui demandent d'"appuyer sur n'importe touche". Mais où se trouve cette touche ?

La notion de *n'importe quelle touche* se réfère à une touche quelconque de votre clavier. Par mesure de sécurité optimale, appuyez sur la barre d'espacement.

La toute-puissante touche Entrée

Tous les claviers de PC ont une touche libellée Entrée. Une autre, située sur le pavé numérique, est libellée Enter. Elles remplissent toutes deux la même fonction.

Appuyez sur la touche Entrée quand les manuels vous le demandent.

✔ Appuyer sur la touche Entrée équivaut à cliquer sur le bouton OK d'une boîte de dialogue.

✔ Dans votre logiciel de traitement de texte, appuyez sur Entrée pour créer un nouveau paragraphe.

✔ Dans un navigateur web, appuyez sur la touche Entrée après avoir saisi l'adresse d'un site ou d'une page de l'Internet.

✔ N'appuyez pas sur Entrée après avoir rempli le champ d'une boîte de dialogue. Utilisez la touche Tab pour passer d'un champ à un autre. Cette règle s'applique aux programmes de bases de données et aux champs des formulaires d'une page web ou autre.

✔ Il n'y a pas de touche Return sur le clavier d'un PC.

La touche de tabulation

La touche de tabulation a un double usage sur votre PC.

Comme avec la touche Tab (tabulation) de votre vieille machine à écrire, appuyer dessus positionne le curseur sur le taquet de tabulation suivant.

La touche Tab sert également à déplacer rapidement le curseur à l'intérieur des boîtes de dialogue.

✔ Histoire de brouiller les cartes, cette touche n'est pas toujours signalée par les lettres TAB, mais par deux flèches (l'une dirigée vers la gauche, l'autre vers la droite). Curieux, non ?

✔ En fait, la touche va dans les deux sens, car il est possible de remonter dans la hiérarchie des champs en appuyant simultanément sur Maj+Tab.

✔ Votre PC considère la touche Tab comme un seul caractère, appelé, en toute logique, *caractère de tabulation*. Aussi, si vous pressez la touche Suppr devant une tabulation, vous l'effacez d'un coup, non pas espace après espace.

Où est passée la touche "Aide" ?

Lorsque vous avez besoin d'aide sous Windows, utilisez la touche F1. F1 égale Aide. Si votre mémoire est déjà trop encombrée, écrivez ces quatre lettres sur un petit carré de papier et collez-le sur la touche F1.

Le verrouillage

Trois touches servent à modifier le fonctionnement général du clavier :

Verr Maj : Cette touche a la même fonction que Maj, si ce n'est qu'elle évite les crampes de votre petit doigt. Une fois verrouillée, tout ce que vous tapez apparaît en lettres capitales. Pour revenir aux minuscules, appuyez de nouveau sur cette touche.

Verr Num : Pressez cette touche et le pavé numérique à droite du clavier produira exclusivement des chiffres. Pressez de nouveau et il permute en touches de déplacement du curseur (pour déplacer le point d'insertion à l'écran).

Arrêt Défil : Cette touche n'a aucune raison d'être. J'ai vu autrefois certains tableurs sous DOS l'utiliser, mais plus aucun programme ne s'en sert aujourd'hui. Qu'elle repose en paix !

✔ Le verrouillage des touches Maj, Num et Défil est signalé par un voyant lumineux.

✔ La touche Caps Lock (verrouillage des majuscules) n'affecte que les touches de A à Z.

✔ Sur la plupart des ordinateurs, la touche Num Lock est active au démarrage.

✔ Si vous saisissez **Ce Texte Ressemble A Une Note De Service** et que s'affiche cE tEXTE, rESSEMBLE, a, uNE, nOTE, dE, sERVICE, c'est que la touche Caps Lock est active. Appuyez dessus pour revenir à la normale.

✔ Si vous appuyez sur la touche Maj quand les majuscules sont verrouillées, les lettres retrouvent leur état initial de minuscules.

Les touches à bascule

Plusieurs touches agissent comme une bascule, une sorte de bouton Marche/Arrêt. Appuyer sur la touche une fois active la fonction, appuyer de nouveau la désactive. Il s'agit des touches Majuscule, Ctrl et Alt.

Majuscule (Maj) : Elle fonctionne comme sur une machine à écrire. Lorsque vous la pressez, elle permet d'obtenir non seulement les lettres majuscules, mais aussi les chiffres qui se trouvent sur la partie supérieure du clavier. Lorsque vous la relâchez, les lettres apparaissent de nouveau en minuscules, et les chiffres sont remplacés par les lettres accentuées, symboles et autres signes de ponctuation.

Ctrl : La touche Ctrl est également utilisée comme la touche Maj. Dans la plupart des programmes Windows, appuyer sur Ctrl et taper S sauvegardent le document en cours, appuyer sur Ctrl et taper P lancent l'impression, et ainsi de suite, plus ou moins logiquement, pour toutes les lettres de l'alphabet.

Alt : La touche Alt s'utilise comme la touche Maj. Par exemple, si vous pressez la touche Alt en même temps que la touche de fonction F4 (on parle alors de la combinaison de touches Alt+F4), vous fermez une fenêtre du bureau. Vous devez en fait appuyer sur la touche Alt, la maintenir enfoncée, puis appuyer sur la touche F4, et enfin relâcher les deux touches.

Comme la touche Majuscule, les touches Alt et Ctrl ne sont, en principe, jamais utilisées seules, leur vocation étant de changer la fonction de la touche avec laquelle on les utilise.

C'est quoi ces touches Windows ?

Les claviers des PC les plus récents ont trois touches nouvelles : la touche Windows, la touche Menu contextuel et une autre touche Windows. Elles se trouvent entre les touches Alt et Ctrl, de chaque côté de la barre d'espacement (voir Figure 14.1).

La touche Windows fait la même chose que la combinaison Ctrl+Echap : elle appelle le menu Démarrer.

La touche Menu contextuel affiche le menu contextuel de l'objet sélectionné à l'écran. C'est comme lorsque vous cliquez sur un objet avec le bouton droit de la souris.

La barre oblique (slash)

Le clavier comporte deux barres obliques faciles à confondre.

La barre oblique (/) ou *slash* est avant tout une barre de fraction, comme dans 52/13 (52 divisé par 13). Elle est utilisée dans les chemins d'accès.

La touche "panique"

La seule touche qui sert à dire "arrêtez tout !" est la touche Echap.

Appuyer sur Echap revient à cliquer sur Annuler dans une boîte de dialogue.

  ✔ La touche Echap est presque toujours une bonne solution pour se sortir d'une opération qui va de travers.

  ✔ Pour fermer n'importe quelle fenêtre ou quitter n'importe quel programme, utilisez la mystérieuse combinaison de touches Alt+F4.

Oubliez ces touches

Certaines touches sont devenues inutiles avec la disparition d'anciens programmes. Leur raison d'être est historique et les concepteurs de claviers génériques les ont laissées en place malgré leur inutilité ou leur obsolescence.

Pause : Sous Windows, la touche Pause n'a aucun effet. Sous DOS, appuyer sur cette touche "gelait" l'ordinateur, stoppant toutes les opérations en cours. Par exemple, lorsque vous faisiez défiler un long fichier, la touche Pause vous permettait de bloquer l'écran pour le consulter. Après avoir lu quelques lignes, vous pouviez appuyer de nouveau sur cette touche et reprendre vos activités. Ce procédé n'est plus nécessaire sous Windows.

Syst ou **SystRq :** Ces deux touches devaient servir de futurs systèmes d'exploitation qui n'ont jamais vu le jour.

Arrêt défil : Elle ne sert à rien ! Qu'est-ce ? Pourquoi ? Comment ? Maisoùetdoncornicar ?

Touches spéciales de claviers spéciaux

Si les 104 touches d'un clavier ne vous suffisent pas, achetez un clavier disposant de touches spéciales. Mais peut-être que l'ordinateur que vous venez d'acquérir est livré avec un tel clavier ? Généralement, ces touches se trouvent au-dessus des touches de fonction. Elles exécutent des tâches particulières qui permettent, par exemple, de se connecter à l'Internet ou de régler le volume sonore de votre PC.

Ces boutons ne sont pas standards. Cela signifie qu'on ne les trouve pas sur tous les claviers et qu'ils diffèrent d'un clavier spécial à un autre. Les boutons sont programmables pour lancer les applications que vous utilisez régulièrement.

Utiliser un clavier sous Windows

Windows n'est pas limité à l'utilisation d'une souris. De nombreuses combinaisons de touches se substituent à la souris, comme le montrent les sections qui suivent.

Des combinaisons de touches très utiles sous Windows

Le Tableau 14.1 liste des raccourcis qui exécutent directement des commandes.

Tableau 14.1 : Les combinaisons de touches.

Combinaison	Commande
Alt+Tab	Permet de basculer vers la fenêtre du programme suivant.
Alt+Maj+Tab	Permet de basculer vers la fenêtre du programme précédent.
Alt+Echap	Affiche tour à tour les programmes ouverts.
Ctrl+Echap	Ouvre le contenu du bouton Démarrer.
Alt+F4	Ferme la fenêtre en cours et permet aussi de quitter Windows.
Alt+↓	Ouvre une liste déroulante.
F10	Active la barre des menus.
Alt+Barre d'espace	Ouvre le menu système (ou menu de contrôle) de la fenêtre active.

Ne mémorisez pas cette liste. Placez un marque-page ici, et revenez-y lorsque vous en avez besoin. Rapidement, ces raccourcis deviendront des automatismes.

Des combinaisons communes

Voici quelques raccourcis clavier communs aux applications fonctionnant sous Windows XP. Ils exécutent des commandes comme couper, copier et coller. Consultez le Tableau 14.2.

Tableau 14.2 : Commandes communes aux applications Windows.

Combinaison de touches	Fonction
Ctrl+A	Sélectionne tout le contenu d'un document.
Ctrl+G	Met le texte en gras.
Ctrl+C	Copie l'élément sélectionné.
Ctrl+F	Ouvre la boîte de dialogue Rechercher/Remplacer.
Ctrl+I	Met le texte en italique.
Ctrl+N	Crée un nouveau document vierge.
Ctrl+O	Invoque la boîte de dialogue Ouvrir.
Ctrl+P	Imprime ou ouvre la boîte de dialogue Imprimer.
Ctrl+S	Enregistre un document.

Combinaison de touches	Fonction
Ctrl+U	Souligne du texte.
Ctrl+V	Colle le contenu du Presse-papiers.
Ctrl+W	Ferme la fenêtre active.
Ctrl+X	Coupe un élément sélectionné.
Ctrl+Y	Répète une action (une commande).
Ctrl+Z	Annule la dernière action.

Utiliser les touches Windows

Les touches Windows gèrent certaines fonctions du système d'exploitation, mais peuvent aussi être utilisées conjointement avec d'autres touches pour des actions bien spécifiques. Consultez le Tableau 14.3.

Tableau 14.3 : Combinaisons de touches Windows.

Combinaison de touches	Fonction
Win+D	Affiche le bureau (réduit toutes les fenêtres).
Win+E	Démarre l'Explorateur Windows.
Win+F	Affiche la boîte de dialogue Rechercher.
Win+L	Verrouille Windows ou affiche l'écran d'accueil. Cela permet de basculer vers un autre compte d'utilisateur.
Win+M	Réduit les fenêtres ouvertes.
Win+Maj+M	Restaure les fenêtres réduites.
Win+R	Affiche la fenêtre Exécuter.
Win+Pause	Affiche la boîte de dialogue Propriétés système.

Les touches d'édition du texte

Tout texte d'une boîte de dialogue, d'une fenêtre, d'un champ de saisie ou tapé dans le Bloc-notes peut être modifié en utilisant ces quelques touches du clavier listées Tableau 14.4.

Tableau 14.4 : Raccourcis d'édition du texte sous Windows.

Combinaison de touches	Fonction
Touches du pavé directionnel	Déplacent le point d'insertion vers le haut, le bas, la gauche ou la droite.
Fin (End)	Place le point d'insertion en fin de ligne.
Origine (Home)	Place le point d'insertion en début de ligne.
Ctrl+←, Ctrl+→	Placent le point d'insertion à gauche ou à droite d'un mot.
Suppr	Supprime le caractère situé à droite du point d'insertion.
Retour arrière	Supprime le caractère situé à gauche du point d'insertion.
Inser	Bascule en mode insertion et en mode refrappe.
Maj+[touches du pavé directionnel]	Sélectionne le texte dans la direction indiquée par la touche.

Chapitre 15
I pour Imprimante

*L*es imprimantes sont injustement oubliées dans l'assemblage d'appareils qui constituent votre bel ordinateur fourni en paquet-cadeau. On y pense seulement après coup. Pourtant, les imprimantes sont aussi nécessaires au PC que le moniteur ou le clavier. Aujourd'hui, elles sont à la fois bon marché et très performantes. Elles fixent pour la postérité le fruit de votre dur labeur. Alors, ne vous en privez pas !

Bonjour, je suis l'imprimante, ton amie !

Il existe deux grandes catégories d'imprimantes, les *imprimantes à jets d'encre* et les *imprimantes laser*. Les sections suivantes font la liste de leurs mérites respectifs et expliquent quelques fonctionnements de base.

La "jets d'encre" et la laser

Les "jets d'encre" sont les imprimantes les plus vendues. Elles ont été dès l'origine destinées à produire des documents en couleurs de grande qualité sur tout type de papier. Certains modèles actuels donnent des impressions de qualité photographique.

La Figure 15.1 montre un modèle très répandu d'imprimante.

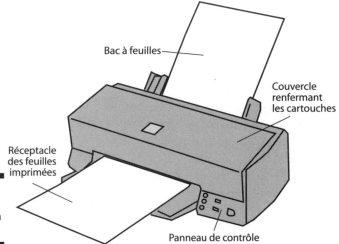

Bac à feuilles

Couvercle renfermant les cartouches

Réceptacle des feuilles imprimées

Figure 15.1 : Une imprimante à jets d'encre.

Panneau de contrôle

L'imprimante à jets d'encre travaille en éjectant des bulles d'encre microscopiques sur du papier, d'où son nom. La plupart des imprimantes à jets d'encre utilisent à la fois des encres de couleurs et de l'encre noire. L'encre est contenue dans de petites cartouches.

Ces imprimantes sont bon marché. Leurs prix varient de 45 à 460 euros environ. La qualité de l'impression fluctue selon le prix. Vous trouverez certainement l'imprimante qui convient à la fois à votre PC et à votre budget.

Si les imprimantes à jets d'encre sont le plus souvent des objets de loisir, les imprimantes laser sont toujours des imprimantes à usage professionnel. Elles ont leur place au bureau où elles produisent d'excellents textes et graphismes en noir et blanc. Les lasers couleurs sont d'un prix exorbitant, et la plupart du temps une imprimante à jets d'encre pourra avantageusement faire l'affaire.

Comme le montre la Figure 15.2, une imprimante laser ressemble furieusement à une photocopieuse.

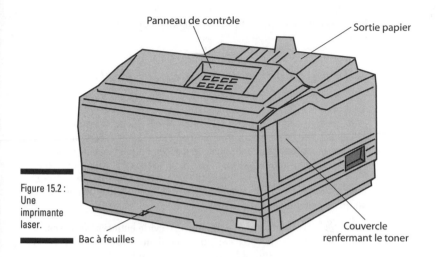

Panneau de contrôle

Sortie papier

Figure 15.2 :
Une
imprimante
laser.

Bac à feuilles

Couvercle
renfermant le toner

Les imprimantes laser fonctionnent comme des photocopieuses. Sauf que l'image est créée par l'ordinateur et non par un cliché.

Les imprimantes laser sont plus onéreuses que les imprimantes à jets d'encre, mais offrent une qualité d'impression supérieure des textes et des images. En plus, elles travaillent bien plus vite.

Examiner les boutons de contrôle de votre imprimante

Autrefois surchargées de boutons, les imprimantes sont aujourd'hui plus raisonnables. Un même bouton remplit souvent deux fonctions selon que l'on maintient ou non son doigt appuyé dessus pendant quelques secondes.

Vous devez localiser deux boutons :

- ✔ Mise sous tension.
- ✔ Alimentation des feuilles.

Le premier bouton permet d'*activer* l'imprimante. En effet, tant qu'elle n'est pas en marche, aucune application ne peut imprimer. Vous remédiez à ce problème en mettant l'imprimante sous tension.

Le second bouton est principalement utilisé pour éjecter une feuille qui reste dans l'imprimante pour des raisons obscures. Par exemple, l'impression commence et s'arrête au milieu de la page sans éjecter la feuille.

Alimenter votre imprimante, Partie I : L'encre

Pour quelques centaines d'euros, vous pouvez avoir une imprimante qui produit de très bons documents en couleurs. Il y a quelques années, ce n'était encore qu'un rêve pour la plupart des utilisateurs de PC. Alors, aujourd'hui tout va bien ? Non, le hic c'est que les cartouches d'encre sont extrêmement chères. Si vous imprimez beaucoup, vous aurez tôt fait de dépenser en cartouches une somme supérieure au prix d'achat de l'imprimante.

Autre hic, si l'impression d'un poster bleu vide entièrement le réservoir d'encre bleue de votre cartouche couleur, il vous faudra remplacer la cartouche, même si les réservoirs de jaune et de rouge sont pleins. Lorsque l'on produit de nombreux documents en couleurs, il est préférable d'acheter un modèle à cartouches séparées. Ainsi, quand la cartouche bleue est vide, vous ne remplacez que celle-ci.

Les imprimantes laser utilisent un système à toner. Le toner est facile à mettre en place. Gardez-vous simplement de souffler dedans.

Alimenter votre imprimante, Partie II : Le papier

Ne vous laissez pas abuser par les papiers spéciaux. Votre imprimante à jets d'encre peut imprimer sur n'importe quel papier. Mais il est vrai qu'un papier adapté améliore sensiblement la qualité de l'impression.

Essayez par exemple le papier de qualité *laser*. Il a un aspect satiné et est agréable au toucher, les couleurs ressortent mieux, et les textes en noir sont plus nets que sur du papier à photocopie de qualité standard.

Pour obtenir des images de qualité photographique, le papier glacé est indispensable. Ce type de papier coûte moins de 0,46 euro la feuille en format 10 x 15 cm.

L'insertion du papier dépend du type d'imprimante. Les icônes suivantes permettent de comprendre quelle face va être imprimée :

✔ Le papier se charge face imprimable retournée, le haut de la feuille placé vers le haut.

✔ Le papier se charge face imprimable retournée, le haut de la feuille placé vers le bas.

✔ Le papier se charge face imprimable visible, le haut de la feuille placé vers le haut.

✔ Le papier se charge face imprimable visible, le haut de la feuille placé vers le bas.

Installer l'imprimante (phase matérielle)

Les imprimantes font aujourd'hui partie des périphériques les plus faciles à installer.

1. **Eteignez tout : ordinateur, imprimante, tout !**

2. **Insérez l'imprimante dans la console du PC.**

   Commencez par le câble de l'imprimante. Comment ? Votre imprimante est livrée sans câble ! Vous devez en acheter un.

   Insérez une extrémité du câble dans l'imprimante et l'autre dans le *port imprimante* du PC. Si vous disposez d'une imprimante USB, insérez le câble dans le port USB de votre tour.

3. **Connectez l'imprimante à la prise d'alimentation appropriée.**

   Ne connectez pas l'imprimante à un onduleur (UPS). Vous devez insérer la prise d'alimentation d'une imprimante laser directement dans la prise d'alimentation murale.

Vous en avez fini avec l'installation matérielle de l'imprimante. Elle ne fonctionnera correctement que si vous installez le pilote approprié, c'est-à-dire livré sur CD-ROM et dont vous trouverez généralement la dernière version sur le site web du constructeur.

Aujourd'hui, la majorité des imprimantes peuvent rester allumer. Elles disposent d'un mode de mise en veille qui entre en action quand vous ne l'utilisez pas pendant un certain temps.

✔ Placez votre imprimante à portée de main.

✔ Le port imprimante est aussi appelé *port parallèle*.

✔ Si vous avez plus d'une prise, branchez votre imprimante sur la prise LPT1.

✔ Certaines imprimantes USB doivent être directement connectées au port USB de l'ordinateur et pas dans un concentrateur (hub) USB.

✔ Un ordinateur est capable de gérer plusieurs imprimantes.

Windows et votre imprimante

L'impression sous Windows se déroule dans la fenêtre Imprimantes et télécopieurs. Pour y accéder, cliquez sur Démarrer/Imprimantes et télécopieurs. Vous accédez à la boîte de dialogue représentée Figure 15.3.

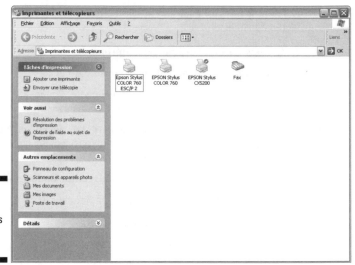

Figure 15.3 :
La fenêtre
Imprimantes
et téléco-
pieurs.

Il n'y a aucun doute que votre fenêtre différera de celle-ci, et sera peut-être vide.

Imprimante par défaut : En langage informatique, *par défaut* identifie une fonction ou un périphérique qui prime sur les autres. Donc, l'imprimante par défaut est celle qui sera systématiquement sélectionnée quand vous exécuterez la commande Imprimer d'un programme. Ne vous inquiétez pas ! Il est possible de sélectionner, le cas échéant, une autre imprimante.

Télécopieur : Cette icône représente le modem fax du PC. Envoyer une télécopie fonctionne comme l'impression d'un document.

Imprimante partagée : Les imprimantes portées par une main sont connectées à votre PC et peuvent être utilisées par tous les autres ordinateurs connectés au réseau.

Imprimante réseau : Les imprimantes raccordées à une sorte de tuyau appartiennent à un réseau. Vous pouvez les utiliser comme n'importe quelle autre imprimante. Généralement, l'imprimante du réseau se trouve dans un local loin de votre bureau. Imprimer devient alors un exercice physique, car vous devez courir jusqu'à l'imprimante pour récupérer vos pages.

L'icône de l'imprimante est générique. Seul le nom ajouté à l'icône permet d'identifier l'imprimante que vous utilisez.

Installer l'imprimante (phase logicielle)

Lorsque vous voulez installer votre imprimante, la première question que pose Windows est : quel est son modèle ? Après quoi il vous suffit de suivre quelques étapes indiquées par Windows.

Branchez votre imprimante au PC (si ce n'est pas déjà fait). Assurez-vous qu'elle est allumée, chargée en papier et prête à imprimer.

Si vous connectez une imprimante USB, elle va être automatiquement détectée. Dans ce cas, Windows cherche à installer le pilote de l'imprimante. Comme il n'en trouve pas, il installe un pilote générique qui risque de complexifier la phase d'installation logicielle de l'imprimante.

Le conseil de votre traducteur adoré : Quand vous envisagez d'installer une imprimante USB, il est souvent judicieux d'installer d'abord le pilote. Il suffit pour cela d'insérer le CD-ROM fourni avec l'imprimante et d'exécuter le fichier `Setup.exe` ou `Install.exe`. Ensuite, connectez l'imprimante au port USB. Cette fois, comme Windows XP a déjà le pilote dans sa base de données, il l'installe. Votre périphérique est prêt à l'action.

Vous êtes maintenant paré pour la phase logicielle de l'installation dont voici les étapes :

1. **Allez dans le menu Démarrer/Imprimantes et télécopieurs.**

   Vous pouvez également passer par le Panneau de configuration.

2. **Cliquez sur le lien Ajouter une imprimante ou choisissez Fichier/Ajouter une imprimante.**

Vous êtes entre les mains de l'Assistant Ajout d'imprimante. Ouf !

3. **Cliquez sur le bouton Suivant.**

Les étapes suivantes dépendent de la version de Windows que vous utilisez. Voici mes conseils :

- Ne sélectionnez l'option réseau que si vous travaillez en réseau. Dans ce cas, il est nécessaire de demander l'intervention de l'administrateur réseau.

- Windows est capable de détecter automatiquement votre imprimante, surtout si vous la connectez à un port USB. Sinon, vous devez connaître le constructeur de l'imprimante et le modèle, pour renseigner l'assistant d'installation.

- Vous devez également savoir comment votre imprimante se connecte à l'ordinateur. Comme cela est dit plus haut dans ce chapitre, le port imprimante est généralement libellé LPT1, c'est-à-dire *port parallèle*.

- Windows cherche les fichiers d'installation sur le CD fourni avec l'imprimante. Ces fichiers sont copiés dans `C:\Windows\Options\CABS`. Lors d'une nouvelle installation de l'imprimante, Windows ira chercher ces fichiers sans rien vous demander.

- Si votre version de Windows est très récente, les pilotes nécessaires à votre imprimante sont déjà stockés dans votre ordinateur. Vous n'avez pas grand-chose à faire.

4. **L'étape finale exige l'impression d'une page test.**

Si vous pouvez y lire des informations incompréhensibles, cela témoigne d'une installation correcte de votre imprimante.

Ouvrir la fenêtre de votre imprimante

Une fois l'installation terminée, une icône symbolisant votre imprimante apparaît dans la fenêtre Imprimantes et télécopieurs. Double-cliquez dessus pour ouvrir la fenêtre de votre imprimante. La Figure 15.4 représente celle de mon périphérique.

Figure 15.4 :
Une fenêtre
d'imprimante.

Tous les documents en attente d'impression apparaissent dans cette
fenêtre. Pour supprimer un document, c'est-à-dire renoncer à l'imprimer, cliquez sur Document/Annuler.

Quand la fenêtre de l'imprimante contient des documents en attente,
une icône apparaît dans la zone de notification de Windows. Double-
cliquez dessus pour ouvrir la fenêtre de votre imprimante, illustrée
Figure 15.4.

Imprimer ? Rien de plus simple !

Sous Windows, toutes les applications lancent l'impression sur le
même principe : cliquez sur Fichier/Imprimer. Dans la boîte de
dialogue Imprimer, représentée Figure 15.5, commencez par choisir
l'imprimante à utiliser. Le contenu de la boîte varie en fonction du
programme dans lequel vous travaillez.

Figure 15.5 :
Une boîte de
dialogue
d'impression
type.

Vous pouvez indiquer le nombre de pages à imprimer, le nombre de copies et quelques options propres au logiciel.

Pour accéder aux paramètres de votre imprimante, cliquez sur le bouton Propriétés. Dans certains programmes, il se nomme Options ou Paramètres. Vous accédez ainsi aux fonctions avancées du pilote d'impression. Il s'agit d'un petit programme qui va indiquer à l'imprimante le type de papier à utiliser, si vous imprimez en couleurs ou en noir et blanc, et la qualité d'impression. En effet, cette dernière n'est pas la même quand vous imprimez du texte ou une photo.

- ✔ Le raccourci universel de la commande Impression sous Windows est Ctrl+P.

- ✔ La majorité des applications ont une barre d'outils standard contenant l'icône d'une imprimante. Cliquez dessus pour ouvrir la boîte de dialogue Imprimer ou lancer directement l'impression. Dans ce dernier cas, si vous souhaitez accéder aux options du pilote d'impression, cliquez non pas sur l'icône mais sur Fichier/Imprimer.

Les options de mise en page

Ces options ne sont pas dans la boîte de dialogue Imprimer, mais dans la boîte de dialogue Mise en page (Figure 15.6). Là aussi, les options varient en fonction de l'application utilisée. Pour l'ouvrir, cliquez sur Fichier/Mise en page.

Cette boîte de dialogue permet, par exemple, d'imprimer en Paysage ou en Portrait. Une zone d'aperçu montre la mise en page du document.

C'est ici que vous indiquez le format du papier utilisé comme A4, Lettre, etc. Bien évidemment, sélectionnez un format de papier qui correspond à celui que vous avez chargé dans votre imprimante. Windows ne sait pas encore faire ça à votre place.

Enfin, la boîte de dialogue Mise en page permet de saisir des informations sur les marges. Ces valeurs doivent être utilisées avec beaucoup de précaution pour ne pas totalement déstabiliser la mise en page de votre document.

Figure 15.6 :
La boîte de
dialogue
Mise en
page.

Chapitre 16

Modem mania

- -

Dans ce chapitre :

▶ Qu'est-ce qu'un modem ?

▶ Utiliser des modems traditionnels.

▶ Les joies du haut débit.

▶ Apprécier la vitesse des modems.

▶ Installer un modem.

▶ Remèdes aux problèmes.

- -

C e chapitre est consacré au modem vu du côté matériel, alors que la quatrième partie de ce livre traite de l'Internet. J'ai essayé, dans la mesure du possible, de vous épargner le jargon confus qui brouille si souvent les communications par ordinateur.

Qu'est-ce qu'un modem ?

Un *modem* fait office de traducteur entre deux ordinateurs. Cet acronyme vient de MOdulateur-DEModulateur, équipement capable d'effectuer l'émission et la réception de données numériques sur lignes téléphoniques ou sur liaisons spécialisées. A l'émission, les signaux numériques émis par un ordinateur sont traduits en sons pouvant être transmis sur une ligne téléphonique. A la réception, un modem récepteur reconvertit ces sons en signaux numériques compréhensibles par l'ordinateur de réception.

Aujourd'hui, le modem sert principalement à se connecter à Internet et à envoyer et recevoir des e-mails. Peu de gens savent que ce périphérique permet aussi de communiquer directement entre deux ordinateurs, sans passer par Internet, en utilisant un programme de téléphonie classique.

Les fonctions du modem

Il existe toutes sortes de modems : des modems internes et externes, des modèles avec des fonctions et des vitesses différentes, des noms de marques différents, à des prix pouvant aller du très bon marché jusqu'à l'hypothèque de votre maison (enfin, en exagérant un peu...).

Le modem traditionnel d'accès à distance

Le modem préinstallé dans un ordinateur est dit RTC ou d'accès à distance. RTC correspond au raccordement à une ligne téléphonique classique. Ce type de modem permet de surfer à un débit maximal de 56 Kbps, une vitesse honorable mais sans commune mesure avec le haut débit ADSL ou câble (et bientôt le satellite).

Même si vous évoluez vers un modem haut débit, vous pourrez conserver le modèle RTC comme télécopieur. En effet, cette fonction n'est pas prise en charge par les modems ADSL ou câble.

Toujours plus rapide : le haut débit.

Les modems haut débit font partie d'une famille dite à *large bande*. Ils permettent de se connecter à l'Internet à grande vitesse sans pour autant atteindre des sommets (mais c'est toujours mieux qu'une connexion RTC classique). Le revers de cette vitesse est que vous devez souscrire un abonnement haut débit auprès d'un fournisseur d'accès dont les prix sont très variables. Toutefois, au moment où j'écris ces lignes, il est difficile de trouver un abonnement à moins de 29,90 euros par mois.

Les modems et services haut débit sont de trois types :

Câble. Si la télévision par câble passe par chez vous, c'est aujourd'hui la solution la plus rapide (si l'ADSL n'est pas encore disponible dans votre région). Ce modem est vendu ou loué en même temps que votre abonnement au câble.

ADSL. Après un aménagement de votre ligne téléphonique (totalement transparent puisque France Télécom ne vient même pas chez vous), vous pouvez surfer à une vitesse allant de 128 à 1 024 kilobits par seconde, en passant par 512 (la vitesse la plus couramment utilisée). Vous connectez un filtre ADSL sur votre prise téléphonique, y raccordez votre modem lui-même connecté au PC par un port USB, et à vous l'Internet à haut débit !

Satellite. C'est une technologie qui commence à émerger en France. Elle permet de recevoir et d'envoyer des données via une parabole et un modem spécifique. Ce type d'installation est indispensable à tous ceux qui habitent dans des villes et des villages non desservis par le câble ou l'ADSL. On annonce des formules qui permettent de surfer aussi vite qu'en ADSL !

En France, vous payez un abonnement auprès d'un FAI (fournisseur d'accès Internet) en fonction de la vitesse de connexion. En général, vous n'êtes pas limité par le temps passé sur le Net. Moi qui vous parle, je reste connecté toute la journée, ne fermant ma connexion que lorsque j'éteins mon PC. Cela me permet de prendre instantanément connaissance de mes nouveaux mails et d'aller sur Internet dès que mon travail l'exige.

✓ Large bande ou bande passante élevée signifient accès Internet haut débit.

✓ ADSL est l'acronyme de Asynchronious Digital Susbcriber Line.

Limites de vitesse

Certains modems fonctionnent plus vite que d'autres, tout comme les ordinateurs. Mais tous les modems sont à peu près compatibles : les modems plus rapides peuvent toujours parler aux plus lents.

La vitesse des modems se mesure en bits par seconde (nombre de bits pouvant être transmis par la ligne téléphonique en une seconde). Votre vitesse de lecture équivaut à peu près à 300 bps. A cette vitesse, le chargement d'une page web demanderait plusieurs minutes.

Votre modem fonctionne certainement à une vitesse de 56 000 bps, c'est-à-dire 56K. Ce type de modem peut transmettre environ 14 pages d'informations imprimées par seconde.

✓ La vitesse des modems s'exprime en kilobits par seconde. La plupart des utilisateurs parlent de "K" pour évoquer la vitesse d'un modem. Ainsi, on dit : "Mon modem est un 56K."

✓ Ce "K" n'a rien à voir avec la mesure de la mémoire RAM ou la taille des disques. Un fichier de 100 Ko pèse 100 kilo-octets, c'est-à-dire approximativement 100 000 octets.

✓ Windows vous indique la vitesse de connexion de votre modem chaque fois que vous l'utilisez. Vous noterez qu'elle est souvent inférieure à celle affichée par le modem. Cette différence est due à la vitesse de transmission des données par le biais des lignes téléphoniques. En fonction de l'encombrement desdites lignes, la vitesse de connexion peut être considérablement réduite.

Connecter un modem

Connecter un modem est d'une simplicité enfantine. Les sections suivantes vous expliquent comment procéder.

Raccorder un modem classique (RTC)

La meilleure façon d'utiliser un modem consiste à lui octroyer sa propre ligne. Tous les logements peuvent être équipés d'une seconde prise téléphonique sans avoir à payer un supplément. Réservez une prise pour votre téléphone et l'autre pour votre modem.

La Figure 16.1 montre le panneau arrière d'un modem interne. Deux connecteurs téléphoniques permettent de partager la même ligne avec le téléphone et le modem, sachant que lorsque vous êtes sur Internet vous ne pouvez ni donner ni recevoir des appels. C'est le gros inconvénient du modem d'accès à distance basé sur le RTC.

Figure 16.1 :
Les prises
visibles à
l'arrière d'un
modem
interne.

Connexion à la prise téléphonique murale

Connexion du téléphone

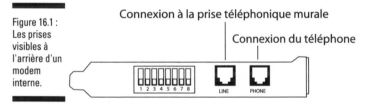

Lorsque vous enfoncez un connecteur téléphonique dans une prise, un petit clic doit vous informer qu'il est bien enclenché.

Peu importe le sens dans lequel vous branchez les câbles ; leurs petits connecteurs sont absolument identiques aux deux extrémités. Si un téléphone est déjà branché, débranchez-le ; ensuite, enfoncez son petit connecteur dans le trou marqué Phone à l'arrière de votre modem.

Comment savoir que le modem est bien installé ? Essayez-le ! Si le modem ne compose pas automatiquement un numéro de téléphone, inversez les cordons.

Connecter un modem haut débit

Les modems câble, ADSL et satellite sont externes.

La connexion varie en fonction du type de modem. Le plus répandu, ADSL, consiste en un modem qui se connecte en général à un port USB. Via ce port, il transmet et reçoit des informations de et vers l'ordinateur. Une autre prise doit se connecter au filtre ADSL, lui-même enfiché dans la prise téléphonique murale. C'est la connexion Internet haut débit. Pour le modem câble, vous utilisez un des deux connecteurs de la prise du câble. L'une est destinée à la réception TV, l'autre à l'Internet.

✔ Vérifiez toujours qu'un filtre ADSL est inséré dans toutes les prises téléphoniques de votre appartement. Sinon, vous risquez une connexion lente, des déconnexions fréquentes, voire un système haut débit qui ne fonctionne pas du tout.

✔ En général, les modems haut débit sont toujours sous tension. Il n'y a pas d'interrupteur marche/arrêt.

Donner des informations à Windows sur votre modem standard

Après avoir configuré votre modem, vous devez indiquer sa présence à Windows. Bien souvent, Windows détecte la présence du modem, installe les pilotes automatiquement ou demande de les installer avec les disques fournis par le constructeur.

Si la détection automatique n'opère pas, ouvrez ensuite le Panneau de configuration et double-cliquez sur l'icône Modems. La boîte de dialogue Options de modems et téléphonie apparaît, comme sur la Figure 16.2.

Cliquez sur le bouton Ajouter et suivez les instructions de l'assistant qui se met en route. Même quand Windows détecte automatiquement votre modem, je vous conseille de suivre cette procédure pour assurer une installation complète du périphérique.

✔ Le meilleur moyen d'utiliser un modem est de lui octroyer sa propre ligne téléphonique. Je sais, ça coûte cher, car il faut un second abonnement. Si vous ajoutez l'abonnement au FAI à celui de France Télécom, il est certainement plus intéressant de passer au haut débit.

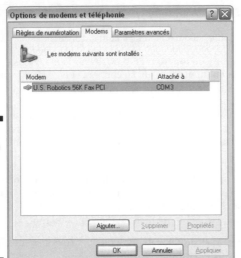

Figure 16.2 :
Dans la boîte
de dialogue
Options de
modems et
téléphonie,
indiquez à
Windows le
modem que
vous utilisez.

✔ Vous ne pouvez pas utiliser votre téléphone quand vous utilisez votre modem. Si quelqu'un décroche et tente d'appeler, il risque de couper votre connexion.

✔ Si Windows n'a aucune trace de votre modem, redémarrez le PC. Cette action permet souvent à Windows de repérer la présence du modem. Si vous utilisez un modèle externe, allumez-le. Miraculeusement, Windows le détecte !

Donner des informations à Windows sur votre modem haut débit

Tout se passe dans la fenêtre Connexion réseau du Panneau de configuration. En général, il suffit d'installer les pilotes du PC, et la connexion s'établit d'elle-même.

Le modem étant généralement de type USB, Windows le reconnaît immédiatement. Toutefois, la procédure nécessite souvent d'installer les pilotes avant toute connexion du modem. Des messages vous indiquent le moment où vous devez raccorder le modem au port USB. A partir de cet instant, un redémarrage valide et le modem et la connexion. C'est magique !

Règles de numérotation

Les modems haut débit ne savent pas voyager. En effet, c'est votre ligne téléphonique spécifique qui est raccordée au réseau DSL. Donc, si vous voyagez, emmenez un portable équipé d'un modem classique.

Dans ce cas de figure spécifique, Windows a besoin de savoir d'où vous téléphonez pour appliquer les règles de numérotation en vigueur dans le pays où vous êtes.

Changer la localité pour un portable

Si vous utilisez un PC portable dans vos voyages, vous devez indiquer votre nouvelle localité à Windows pour qu'il compose le code correct depuis votre modem.

1. **Ouvrez le Panneau de configuration et double-cliquez sur l'icône Options de modems et téléphonie.**

2a. **Si aucun site d'appel n'est configuré, cliquez sur le bouton Nouveau.**

2b. **Si des sites d'appel sont configurés, sélectionnez-en un et cliquez sur le bouton Modifier.**

3. **Saisissez un nom dans le champ Nom du site.**

   Par exemple, si vous appelez de chez vous, saisissez **Domicile**. Si l'ordinateur est au bureau, saisissez **Bureau**.

Une fois le site d'appel créé, vous définirez les options d'appel ou créerez un nouveau site comme à la Figure 16.3.

Gérer les appels en attente

L'appel en attente est une fonction pratique qui peut cependant perturber, car la tonalité déconnecte le modem.

Pour désactiver cette fonction, utilisez la boîte de dialogue Nouveau site, illustrée Figure 16.3. Cochez la case Désactiver un appel en attente en composant le. Ensuite, choisissez les bons numéros à composer, comme *70, ou saisissez les numéros utilisés par votre société.

Une autre manière de gérer les appels en attente consiste à utiliser un programme qui permet de savoir qui appelle alors que vous êtes en ligne.

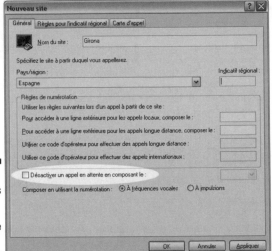

Figure 16.3 :
Définissez les
règles
d'appel dans
cette boîte de
dialogue.

Gérer les appels longue distance

La gestion des appels longue distance se fait dans l'onglet Règles pour
l'indicatif régional de la boîte de dialogue Modifier le site illustrée à la
Figure 16.3. Cliquez sur le bouton Nouveau. Dans la boîte de dialogue
Nouvelle règle d'indicatif régional, remplissez les champs nécessaires
à l'appel depuis le pays où vous êtes.

Chapitre 17
En avant la musique !

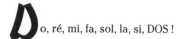o, ré, mi, fa, sol, la, si, DOS !

Le premier PC avait bien un haut-parleur, mais seul un *bip* aigu en sortait. Les jeux étaient accompagnés de sons synthétiques peu harmonieux. Heureusement sont apparues les cartes son, et les joueurs ont pu entendre de la vraie musique et de vrais bruits. En ajoutant une paire d'enceintes stéréo, vous obtenez le PC musical d'aujourd'hui.

Un PC peut faire du bruit

Aujourd'hui, presque tous les PC ont une carte son intégrée à la carte mère. Cette carte est d'une qualité supérieure au matériel haut de gamme en vogue il y a dix ans.

Un grand nombre de lecteurs me demandent comment ils peuvent savoir si leur ordinateur est équipé d'une carte son. C'est facile, il suffit de jeter un coup d'œil à l'arrière de l'unité centrale.

Si votre PC est muni de ces connecteurs, c'est qu'il est prévu pour produire des sons. Les entendre, c'est une affaire de logiciel.

La carte son

Lorsque votre PC est doté d'une carte son, carte d'extension ou intégrée à la carte mère, il ne se contente pas d'émettre quelques *bips* à travers le haut-parleur.

La première fonction de la carte son est de jouer des fichiers *wave*. Ce sont ces fichiers que vous entendez lorsque vous lancez Windows ; on en trouve dans la plupart des programmes. Le bruit du réacteur d'un F16 ou celui du club de golf sur la balle, ce sont également des fichiers wave. Les fichiers de ce type sont identifiés par leur extension .wav.

La deuxième fonction est de jouer de la musique. La carte son possède toutes les caractéristiques d'un synthétiseur. Vous pouvez jouer et créer des fichiers MIDI, qui reproduisent fidèlement le son des véritables instruments de musique.

Enfin, la carte son vous permet d'écouter musique et ambiance sonore en provenance des CD audio et des DVD vidéo.

Les haut-parleurs

Sans haut-parleurs, les sons restent enclos dans le PC. Multimédia oblige, la plupart des PC sont vendus avec haut-parleurs. Pour profiter de toute l'étendue sonore des programmes actuels, des jeux surtout, procurez-vous des enceintes de bonne qualité et un caisson de basses.

> ✔ Dans l'utilisation quotidienne d'un PC, la qualité des haut-parleurs n'est pas d'une grande importance. Inutile de dépenser beaucoup d'argent pour en acquérir. En revanche, la note sera plus salée si vous investissez dans un système audio pour votre lecteur de DVD ou dans une carte son professionnelle (on parle de cartes professionnelles à partir de 900 euros) permettant de créer votre propre musique dans des logiciels de gestion multipistes. En toute circonstance, je vous conseille l'achat de haut-parleurs externes dont la qualité est bien meilleure que tout haut-parleur intégré dans un moniteur, voire un clavier.

Les options du micro

Tous les types de micros fonctionnent sur un PC. Si la qualité est importante, notamment quand votre ordinateur sert de studio audio numérique, investissez dans un micro à la hauteur de votre carte son.

Si vous envisagez de parler sur Internet ou de dicter à un logiciel, achetez un micro-casque. Vous pouvez parler sans tenir de micro-phone.

Amusez-vous avec les sons de Windows

Si vous avez du temps à perdre, vous pouvez convertir votre ordina-teur professionnel très strict en un ordinateur tout aussi professionnel mais rigolo. Il suffit de remplacer les sons habituels de Windows ou d'en ajouter.

Les types de fichier qui font du bruit

Les sons enregistrés sur un ordinateur sont dits *bruts*, c'est-à-dire qu'il s'agit de données numériques stockées sur un disque dur. C'est l'opposé des informations analogiques que l'on trouve sur une cassette audio. Comme toutes les autres données, le son est conservé dans un fichier. Les fichiers audio sont de trois types principaux : WAV, MP3 et MIDI.

WAV : Il s'agit d'une *onde* sonore, d'audio, c'est-à-dire d'un fichier qui contient des échantillons audionumériques. La majorité des sons que vous entendez sous Windows, ou des sons que vous enregistrez vous-même, sont au format WAV.

MP3 : Le format MP3 est un fichier musical de qualité comparable au format WAV, mais occupant moins d'espace disque. Ce format est très en vogue et on en parle beaucoup en ce moment, car il soulève de nombreuses polémiques. En fonction de l'encodage MP3, le fichier est de plus ou moins bonne qualité. Toutefois, sachez qu'un fichier MP3 de qualité quasi équivalente à un WAV prend dix fois moins d'espace disque.

MIDI : Il s'agit d'un format de fichier qui ne contient pas de son, mais simplement des instructions qui permettent à un instrument externe, comme un synthétiseur, de reproduire la mélodie programmée.

✔ Windows centralise les fichiers audio dans le dossier Ma musique qui lui-même se trouve dans le dossier Mes documents. Les fichiers musicaux que vous téléchargez de l'Internet sont stockés dans ce dossier. Je vous invite à créer d'autres dossiers dans ce dossier pour organiser vos musiques par genre ou albums.

✔ MIDI signifie Musical Instrument Digital Interface. C'est le standard de l'enregistrement musical électronique. Des logiciels appelés *séquenceurs* pilotent des instruments MIDI. Leur configuration sous forme de canaux MIDI permet à une seule personne de mettre en place un véritable orchestre symphonique. Les fichiers MIDI sont peu volumineux, car ils ne contiennent que des instructions stockées sous forme de texte.

✔ Des logiciels permettent d'enregistrer des sons et de les convertir d'un format en un autre.

✔ Les fichiers sonores, en particulier les fichiers WAV, occupent énormément d'espace disque.

Le Lecteur Windows Media

Il est très facile de lire des fichiers son sous Windows, qu'ils soient au format WAV, MIDI ou MP3. Double-cliquez sur le nom du fichier : sa lecture commence.

Le programme qui joue les sons sous Windows se nomme Lecteur Windows Media. Mais vous pouvez utiliser tout autre programme livré avec votre carte son.

✔ Le Lecteur Windows Media est très complet et complexe. Consultez son aide en ligne ou un ouvrage spécialisé dans son utilisation. Partez à sa découverte ! La seule chose que vous risquez est de passer à côté de fonctions étonnantes.

✔ Pour créer une liste de lecture (Playlist), cliquez sur le bouton Bibliothèque multimédia, puis sur les boutons permettant de définir le contenu d'une nouvelle sélection ou de modifier une sélection existante.

✔ Une excellente alternative au Lecteur Windows Media est le programme libre de droit MUSICMATCH Jukebox. Visitez le site www.musicmatch.com et cliquez sur le lien Français.

L'assignation des sons

La centrale audio de Windows se situe dans la boîte de dialogue Propriétés de Sons et périphériques audio. Voici ce que vous pouvez y faire :

1. **Dans le Panneau de configuration, double-cliquez sur l'icône Sons et périphériques audio.**

2. **Cliquez sur l'onglet Sons.**

   La liste Evénements énumère plusieurs opérations majeures qui peuvent avoir lieu sous Windows ou certaines de vos autres applications. Vous pouvez attribuer à chacune de ces opérations un son particulier. Pour assigner un nouveau son, sélectionnez l'élément concerné dans la liste Evénements sonores, puis cliquez sur un son dans la liste Noms. Vous pouvez assigner tout autre son en cliquant sur le bouton Parcourir. Sélectionnez alors un fichier WAV de votre composition ou un son téléchargé sur l'Internet.

3. **Sélectionnez un événement auquel vous voulez assigner un son.**

   Par exemple, l'ouverture d'une fenêtre sous Windows peut être annoncée par le zip d'une fermeture Eclair.

   Pour qu'un événement ne produise pas de son, sélectionnez-le puis cliquez sur Aucun dans la liste Nom.

4. **Testez le son sélectionné.**

   Pour cela, cliquez sur le bouton Emettre un son.

5. **Assignez un nouveau son.**

   Pour assigner un nouveau son à un événement, cliquez sur le bouton Parcourir. Dans vos différents lecteurs, choisissez le fichier WAV qui s'exécutera quand l'événement sélectionné se produira.

   La Figure 17.1 montre la sélection du fichier Windows XP arrêt critique.wav assigné à l'événement Arrêt critique.

6. **Cliquez sur le bouton OK pour valider vos choix.**

Windows est livré avec une grande quantité de modèles de sons prédéfinis. Choisissez-en un dans la liste Modèles. Vous pouvez sauvegarder votre propre modèle de sons en cliquant sur le bouton Enregistrer sous de la boîte de dialogue Propriétés de Sons et périphériques audio.

▶ Pour supprimer un son assigné à un événement, choisissez Aucun dans la liste Sons.

▶ Sans événement, vous ne pouvez pas assigner de sons.

▶ La boîte de dialogue Propriétés de Sons et périphériques audio permet d'assigner des sons à des événements. Windows n'est pas équipé pour lire directement des fichiers MIDI et MP3

Figure 17.1 :
Assigner des
sons à des
événements.

assignés à des événements. L'astuce consiste alors à convertir un format MP3 en fichier WAV. Cela n'est pas possible avec le format MIDI, qui n'est qu'un format de lecture d'informations devant être jouées par la table d'ondes d'une carte son, un synthétiseur, un échantillonneur ou un expandeur. La musique d'un fichier MIDI doit préalablement être enregistrée sous forme d'onde sonore au format WAV avant d'être utilisée comme son d'un événement (je sais, c'est difficile à comprendre, mais c'est comme ça).

✔ Les meilleures sources sonores se trouvent sur l'Internet. Consultez les pages web adéquates pour télécharger des milliers de sons libres de droits.

✔ Pour plus d'informations sur l'enregistrement des sons, consultez la section "Enregistrer vos propres sons", plus loin dans ce chapitre.

Régler le volume

Le volume peut se régler à deux endroits différents. Le premier se trouve sur le matériel lui-même : généralement les haut-parleurs disposent d'un potentiomètre (bouton) qui permet de régler le volume de sortie des enceintes.

Le second se trouve sur le logiciel de contrôle des diverses sources, sorties et volume livré avec votre carte son, ou implémenté par Windows quand il détecte la présence de ce périphérique. Il suffit de cliquer sur l'icône du haut-parleur située à proximité de l'horloge.

Pour régler le volume, cliquez une fois sur Volume. Utilisez le curseur pour augmenter ou diminuer l'intensité sonore.

Pour ne plus entendre de son, cochez l'option Muet.

Cliquez n'importe où sur le bureau pour fermer ce contrôle.

Si l'icône du Volume n'apparaît pas dans la zone de notification, ouvrez le Panneau de configuration. Double-cliquez sur l'icône Sons et périphériques audio. Dans l'onglet Volume, activez l'option Placer l'icône de volume dans la Barre des tâches.

Utiliser le contrôle général du volume

Le Volume est un contrôle général. Pour contrôler spécifiquement le volume ou des périphériques individuels de production de son, double-cliquez sur Volume. Vous affichez une fenêtre regroupant toutes les possibilités audio de votre système. Chacune dispose d'un potentiomètre et d'une option Muet, comme le montre la Figure 17.2.

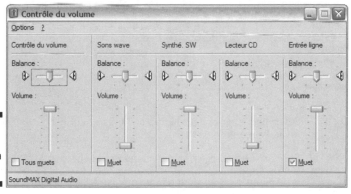

Figure 17.2 :
Des contrôles à la folie !

Par exemple, si vous détestez les fichiers MIDI de l'Internet (ou d'ailleurs), rendez muet cet élément. Tous les autres sons de votre système seront normalement lus, mais le MIDI sera ignoré.

(Utilisez Options/Propriétés pour déterminer le périphérique qui reproduira le son pour chacun de ces contrôles.)

Enregistrer vos propres sons

Si vous branchez un micro à votre PC, vous pouvez enregistrer votre propre voix. En plus du micro, il faut un logiciel. Un logiciel d'enregistrement vous a probablement été fourni avec la carte son du PC, sinon vous pouvez vous servir du logiciel Magnétophone de Windows.

 ✔ Pour enregistrer votre voix, connectez un micro à l'entrée Mic in de la carte son.

 ✔ Pour enregistrer à partir d'autres périphériques, insérez-les dans Line In. Attention ! une platine disque vinyle n'ayant pas la même impédance, vous devrez brancher préalablement un préampli.

Pour enregistrer avec l'utilitaire de Windows, ouvrez le menu Démarrer et choisissez Tous les programmes/Accessoires/Divertissement/ Magnétophone. La fenêtre Son-Magnétophone apparaît, comme dans la Figure 17.3.

Figure 17.3 :
La fenêtre
Son-
Magnéto-
phone.

Soyez prêt à parler dans le micro et cliquez sur le bouton Enregistrement. La parole est à vous.

Pour arrêter l'enregistrement, cliquez sur le bouton Arrêter.

Pour écouter ce qui vient d'être enregistré, cliquez sur le bouton Lecture.

Pour sauvegarder l'enregistrement, sélectionnez la commande Fichier/ Enregistrer sous, comme pour n'importe quel type de fichier.

✔ Il existe de nombreux programmes d'enregistrement de sons dont les possibilités de création et de transformation sont bien plus étendues que celles de Magnétophone.

✔ Pour des enregistrements sophistiqués et des manipulations audio avancées, utilisez une carte son haut de gamme livrée avec un logiciel d'édition audionumérique performant.

✔ Attention ! les fichiers son occupent énormément de place sur votre disque.

Chapitre 18

La vie en réseau

I l y a bien longtemps, l'informatique se basait sur un système de terminaux reliés à un ordinateur central peu puissant qui gérait toutes les informations. Bien qu'aujourd'hui l'ordinateur domestique puisse vivre en parfaite autonomie et en bonne intelligence, il reste encore quelques raisons de mettre en place un réseau, c'est-à-dire d'établir une interconnexion entre plusieurs PC. Cela est d'autant plus vrai que, si l'ordinateur reste un produit encore marginal, on constate que ses utilisateurs en possèdent souvent plusieurs. Dans ce genre de configuration, le réseau prend tout son sens. Grâce à un aménagement matériel peu onéreux, une mise en œuvre relativement simple, la connexion réseau est à la portée du plus grand nombre.

Le grand principe du réseau

Oubliez le matériel et le logiciel. Le réseau informatique se cantonne à une chose : le partage des ressources.

Un système informatique a de nombreuses ressources. Kezako ? La *ressource* est un élément qui permet de faire fonctionner les PC : la mémoire, les périphériques de stockage comme les disques durs, les systèmes vidéo, etc. Les réseaux permettent de partager des ressources communes aux ordinateurs comme les disques durs et les imprimantes.

Le plus grand avantage du réseau est, bien sûr, la communication. Celle-ci envisage Internet, c'est-à-dire que vous pouvez partager une connexion Internet, donc un modem, comme vous partagez un disque dur et des imprimantes.

L'aspect matériel du réseau

Pour créer un réseau, il faut au moins deux ordinateurs. Chaque PC doit être équipé d'une carte réseau spécifique. En plus, d'autres éléments sont nécessaires pour connecter les ordinateurs et assurer leur bonne communication.

Si vous aimez les schémas, jetez un œil sur la Figure 18.1.

Les connexions réseau

Pour tout connecter, vous pouvez utiliser des fils et des câbles. Leur fonction est de transporter le signal entre les ordinateurs et un emplacement central.

Officiellement, les connexions s'établissent avec des câbles de type téléphonique se terminant chacun par une prise RJ-45 qui les rend plus faciles à brancher et à débrancher.

- Vous pouvez, grâce aux câbles du réseau, connecter votre maison ou votre bureau.

- Par souci esthétique, il est recommandé de faire passer vos câbles dans les conduits d'aération.

- Je sais, ces conduits sont sales.

- Si le câblage vous rend fou, gardez votre santé mentale en installant un réseau sans fil, comme cela est décrit un peu plus loin dans ce chapitre.

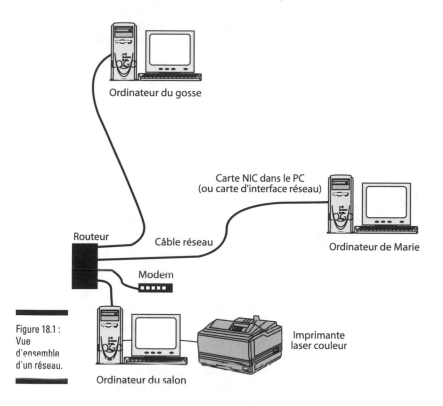

Figure 18.1 :
Vue
d'ensemble
d'un réseau.

Hubs, switchs et routeurs

Tous les câbles qui partent des PC et de leur carte d'interface réseau se retrouvent connectés à un *central*, plus connu sous le nom de *hub* ou *concentrateur*. Il s'agit d'une boîte avec des prises. Chaque prise est destinée à recevoir le câble d'un ordinateur. Cet emplacement privilégié est l'*échangeur informatique* qui permet à tous les ordinateurs de communiquer entre eux (comme les échangeurs des autoroutes).

Plus rapide et plus intelligent que le hub : le *switch*.

Plus rapide et plus intelligent que le switch : le *routeur*.

Un *routeur* est un périphérique de connexion réseau très sophistiqué. Son intelligence de fonctionnement lui permet de répondre efficacement à des questions aussi importantes que "qui est qui ?" et "Où diable vais-je ?". Si vous avez une connexion Internet haut débit et plusieurs ordinateurs en réseau, le routeur est indispensable.

Réseau sans fil

Les câbles ne sont pas obligatoires. Il est possible d'équiper vos PC d'un système sans fil. Vous avez le même type de connexion que sur la Figure 18.1, mais effacez-y les câbles.

Si l'idée même de tirer des câbles vous affole, optez pour un réseau sans fil.

Si vos PC possèdent déjà une carte d'interface réseau, vous pouvez acheter des points d'accès pour les y connecter. Cela revient moins cher que de refaire entièrement votre réseau sans fil.

Vous avez besoin d'un hub ou d'un switch pour recevoir les signaux de tous les PC. Vérifiez que le hub a au moins un connecteur RJ-45 pour le modem haut débit, ou pour accueillir un autre hub ou un switch câblé.

✔ Vérifiez que votre connexion sans fil a un encryptage WEP d'au moins 128 bits pour assurer la sécurité du réseau.

✔ Optez pour une connexion réseau répondant au standard 802.11b.

Contrôle du réseau sous Windows

Côté logiciel, Windows permet d'installer, de surveiller, de contrôler et de gérer le réseau.

La fenêtre Connexions réseau

Avant que votre ordinateur puisse accéder aux ressources des autres PC, il doit être connecté à un réseau – soit local, soit Internet. Ces connexions sont affichées dans la fenêtre Connexions réseau, illustrée Figure 18.2. Cette fenêtre affiche les diverses connexions réseau disponibles sur une machine. La première concerne les connexions Internet, soit par accès à distance, soit par modem USB haut débit (ou autre). La seconde montre une connexion réseau LAN, c'est-à-dire locale, qui permet à l'ordinateur de communiquer avec les autres machines du réseau.

Figure 18.2 :
La fenêtre
Connexions
réseau.

- ✔ Vous pouvez avoir plusieurs connexions Internet (accès à distance).

- ✔ Le volet d'exploration de la fenêtre Connexions réseau propose deux tâches : créer une nouvelle connexion et créer un réseau domestique ou un réseau léger d'entreprise.

- ✔ Notez l'icône rassurante : Dépannage réseau.

Une boîte de dialogue des propriétés de connexion réseau

Pour afficher cette boîte de dialogue, cliquez sur une connexion avec le bouton droit de la souris. Dans le menu contextuel, choisissez Propriétés. L'onglet Général (Figure 18.3) apparaît. Vous y définissez et y contrôlez les options du réseau.

Favoris réseau

L'icône Favoris réseau permet d'ouvrir une fenêtre et d'afficher les dossiers partagés sur le réseau. Le contenu de ce dossier n'est accessible qu'une fois le réseau entièrement configuré. Windows XP analyse le réseau puis identifie les dossiers partagés. Ensuite, il en dresse la liste dans la fenêtre Favoris réseau (Figure 18.4).

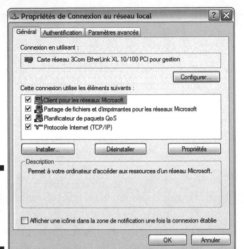

Figure 18.3 :
Une boîte de dialogue des propriétés d'un réseau.

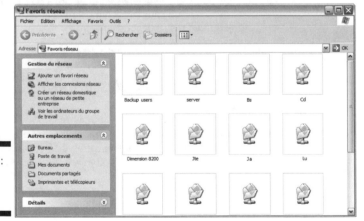

Figure 18.4 :
La fenêtre Favoris réseau.

Consulter votre groupe de travail

La fenêtre Favoris réseau n'affiche que les dossiers partagés sur le réseau. Pour voir tous les ordinateurs du réseau, vous devez ouvrir la fenêtre du groupe en suivant cette procédure :

1. **Ouvrez l'icône Favoris réseau.**

2. **Dans le volet d'exploration, cliquez sur Voir les ordinateurs du groupe de travail.**

Le groupe de travail apparaît dans la fenêtre (Figure 18.5).

Figure 18.5 :
Les
ordinateurs
d'un groupe
de travail.

Si vous ouvrez une des icônes d'un ordinateur, vous voyez une liste de dossiers et d'imprimantes connectés à ce PC particulier, ainsi que les ressources partagées.

L'ouverture d'un des ordinateurs affiche un contenu représenté à la Figure 18.6.

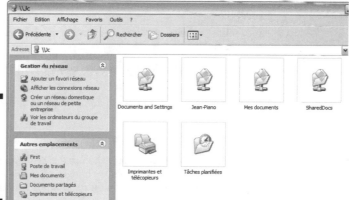

Figure 18.6 :
Les dossiers
et les
imprimantes
partagés sur
un réseau
informatique.

  ✔ Pour plus d'informations sur la dénomination d'un ordinateur du réseau, consultez la prochaine section.

✔ Un *groupe de travail* est un ensemble d'ordinateurs. Les réseaux disposant d'une multitude d'ordinateurs peuvent se diviser en groupes de travail pour mieux s'organiser. Cette organisation n'est pas nécessaire aux petits bureaux et aux réseaux domestiques. Un seul groupe de travail suffit.

Le nom de votre ordinateur et du groupe de travail

Pour voir, configurer ou modifier le nom de votre ordinateur et le groupe auquel il appartient, vous devez visiter un autre lieu de Windows. Ouvrez la boîte de dialogue Propriétés système. Suivez ces étapes :

1. **Avec le bouton droit de la souris, cliquez sur l'icône Poste de travail.**

2. **Dans le menu contextuel, choisissez Propriétés.**

   Vous affichez la boîte de dialogue Propriétés système.

3. **Cliquez sur l'onglet Nom de l'ordinateur.**

   Ici, vous définissez trois noms : celui de l'ordinateur, une description et le nom du groupe de travail.

4. **Dans le champ Description de l'ordinateur, saisissez une... description.**

   Par exemple, appelez-le "Ordinateur principal du réseau" (si c'est le cas).

5. **Pour changer le nom de l'ordinateur, cliquez sur le bouton Modifier.**

   La boîte de dialogue Modification du nom de l'ordinateur apparaît.

6. **Donnez un nouveau nom à votre PC.**

   Modifier le nom du PC altère son chemin d'accès et sa connexion sur le réseau. Dès que vous changez ce nom, indiquez-le aux autres ordinateurs du réseau ou réinitialisez les connexions.

7. **Saisissez un nouveau nom pour le groupe de travail.**

   J'utilise des noms à un seul mot, sans majuscules. Le nom doit être le même pour tous les ordinateurs du groupe de travail.

Cette modification affecte les autres ordinateurs qui sont connectés au réseau.

8. **Cliquez sur OK pour valider les nouveaux noms.**

9. **Cliquez sur OK pour fermer la boîte de dialogue Propriétés système.**

Pour un petit réseau, les noms ne servent qu'à identifier les PC et le groupe de travail. Cela permet de savoir sur quel ordinateur vous allez chercher des fichiers ou utiliser l'imprimante, voire la connexion Internet. Pour cette raison, donnez des noms simples.

   ✔ Les noms des ordinateurs du réseau ne peuvent être identiques.

   ✔ Ne vous embêtez pas à définir plusieurs noms de groupes de travail si vous configurez un réseau chez vous ou dans une petite entreprise.

Utiliser le réseau

Voici une liste de ce que vous pouvez faire sur un réseau. N'oubliez pas qu'un réseau sert un objectif unique : le partage des ressources.

Se connecter au réseau

Windows XP vous oblige à vous connecter. De ce fait, vous n'avez rien d'autre à faire pour vous identifier sur le réseau et en profiter. Vous êtes connecté au réseau dès que vous ouvrez une session Windows.

Toutefois, quand vous travaillez en réseau, je vous conseille de protéger votre accès à Windows par un mot de passe, et ce même si vous êtes le seul utilisateur de l'ordinateur. Un réseau représente une ouverture sur bien des malveillances.

Partager un dossier sur le réseau

Pour que d'autres utilisateurs du réseau puissent accéder à un dossier de votre ordinateur, vous devez le *partager*. Dès cet instant, le dossier et son contenu (c'est-à-dire les sous-dossiers et les fichiers) sont utilisables par les membres du réseau.

Voici comment partager un dossier :

1. **Sélectionnez le dossier à partager.**

Cliquez une fois sur le dossier pour le sélectionner.

2. **Choisissez Fichier/Partage et sécurité.**

Vous accédez à la boîte de dialogue Propriétés <nom du dossier>, identique à celle représentée Figure 18.7.

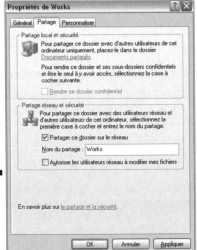

Figure 18.7 :
La boîte de
dialogue des
propriétés
d'un dossier.

3. **Cochez l'option Partager ce dossier sur le réseau.**

4. **Vous pouvez cocher Autoriser les utilisateurs réseau à modifier mes fichiers.**

Dans ce cas, tous les utilisateurs du réseau peuvent manipuler dossiers et fichiers comme ils le veulent. Si vous n'activez pas cette option, dossiers et fichiers ne sont qu'en lecture seule.

5. **Vous pouvez également modifier le nom du partage.**

Par défaut, le nom est celui du dossier. Mais ce nom peut être très vague. Il est judicieux de donner un nom plus évocateur pour les utilisateurs du réseau.

6. **Cliquez sur OK.**

Le dossier est maintenant partagé.

Les dossiers partagés sont identifiés par l'icône ci-contre. Pour les autres utilisateurs, le dossier s'affiche dans les Favoris réseau.

- ✔ Ne partagez pas la totalité d'un disque dur. Windows vous avertit du danger !

- ✔ Les dossiers protégés ne peuvent être partagés. Vous devez décocher l'option Rendre ce dossier confidentiel dans la boîte de dialogue Propriétés du dossier.

- ✔ On ne peut désactiver l'option de confidentialité que sur le dossier *racine* d'une arborescence de dossiers.

- ✔ Windows XP utilise le dossier Documents partagés pour tout ce qui a besoin d'être partagé sur le réseau. Mon conseil est de partager ce dossier et d'y copier les éléments que vous souhaitez partager sur le réseau. Pour partager ce dossier, cliquez dessus avec le bouton droit de la souris dans le Poste de travail. Choisissez l'option Partage et sécurité, et activez le partage comme pour n'importe quel autre dossier.

Partager une imprimante

Pour partager l'imprimante connectée à votre PC :

1. **Ouvrez le dossier Imprimantes et télécopieurs.**

2. **Sélectionnez l'imprimante à partager.**

3. **Dans le volet d'exploration, cliquez sur Partager cette imprimante.**

   Une boîte de dialogue apparaît, affichant l'onglet Partage.

4. **Activez l'option Partager cette imprimante.**

5. **Vous pouvez donner un nom à l'imprimante.**

   Par exemple, nommez-la Laser Couleur. Chacun saura à quel type d'imprimante il a affaire. (Il faut bien sûr que l'imprimante soit réellement une laser couleur.)

6. **Cliquez sur le bouton OK.**

L'imprimante partagée est identifiée par l'icône ci-contre. Les *imprimantes réseau* ou les imprimantes qui ont leur propre carte réseau n'ont pas besoin d'être directement connectées à un PC. Pour accéder à l'imprimante réseau, vous devez installer le programme livré avec l'imprimante. Contrairement aux imprimantes directement connectées à un ordinateur fonctionnant sous Windows XP, les imprimantes réseau n'ont pas l'intelligence d'annoncer leur présence et de partager leurs pilotes d'impression.

Accéder à un dossier du réseau

Vous accédez à un dossier du réseau comme s'il s'agissait d'un dossier de votre disque dur. La différence est que vous devez naviguer dans l'arborescence du réseau pour atteindre le dossier, ce qui représente quelques étapes supplémentaires.

La clé d'une bonne déambulation sur le réseau est Favoris réseau. Soit vous ouvrez cette icône depuis le bureau, soit depuis le menu du bouton Démarrer, soit encore depuis n'importe quelle boîte de dialogue Ouvrir comme à la Figure 18.8.

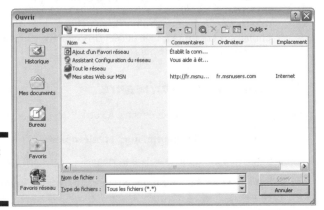

Figure 18.8 :
Trouver un
dossier
partager.

Connecter un lecteur du réseau

Lorsque vous accédez régulièrement à un dossier d'un autre ordina-teur, il est préférable de le *connecter* à votre système de lecteurs local. Cela permet un accès simple, rapide et constant au dossier. C'est comme s'il faisait partie de votre ordinateur.

Pour connecter un dossier :

1. **Ouvrez le Poste de travail.**

2. **Choisissez Outils/Connecter un lecteur réseau.**

   La boîte de dialogue du même nom apparaît (Figure 18.9).

3. **Choisissez une lettre qui va identifier le lecteur réseau.**

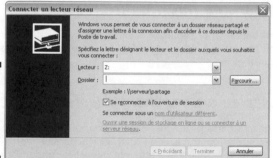

Figure 18.9 :
La boîte de
dialogue
Connecter un
lecteur
réseau.

Assignez n'importe quelle lettre non utilisée par vos propres
lecteurs. Faites preuve d'intelligence. Par exemple, si vous
connectez un dossier rempli de fichiers MP3, assignez-lui la
lettre M.

La lettre que vous assignez est propre à votre ordinateur. Elle
n'affecte aucunement les autres PC du réseau.

4. Sélectionnez le dossier du réseau à connecter à cette lettre.

Si vous y avez récemment accédé, choisissez-le dans la liste
Dossier, sinon cliquez sur le bouton Parcourir. Vous ouvrez une
boîte de dialogue qui affiche le contenu de Favoris réseau.
Sélectionnez-y un dossier du réseau.

Vous pouvez également saisir un chemin d'accès au réseau.

5. Voulez-vous systématiquement utiliser le lecteur réseau ?

Si oui, cochez la case Se connecter à l'ouverture d'une session.
Ainsi, Windows réalise la connexion au dossier et lui assigne la
lettre spécifiée chaque fois que vous démarrez l'ordinateur. Si
vous n'activez pas cette option, la connexion est perdue chaque
fois que vous vous déconnectez du réseau.

6. Cliquez sur le bouton Terminer.

Windows ouvre le dossier et son contenu.

 Dans le Poste de travail, le dossier connecté est identifié par l'icône ci-
contre. Il est accessible comme s'il faisait partie intégrante de votre
système informatique.

Utiliser une imprimante réseau

Comme Windows XP espionne et charge les imprimantes réseau, sélectionnez celle à utiliser dans la liste des imprimantes des boîtes de dialogue Imprimer.

Cesser de partager un dossier

Pour ne plus partager un dossier (pas prêteur, hein, l'utilisateur !) répétez les étapes de la section "Partager un dossier sur le réseau", plus haut dans ce chapitre. Cette fois, décochez l'option Partager ce dossier sur le réseau. Validez par un clic sur OK.

Déconnecter un lecteur réseau

Pour déconnecter un lecteur réseau, ouvrez le Poste de travail. Sélectionnez le lecteur et choisissez Outils/Déconnecter un lecteur réseau.

Cesser de partager une imprimante

La procédure est très simple : répétez les étapes décrites à la section "Partager une imprimante", un peu plus haut dans ce chapitre. Cette fois, dans le volet d'exploration, cliquez sur Partager cette imprimante (eh oui !). Dans la boîte de dialogue qui apparaît, activez l'option Ne pas partager cette imprimante.

Partager la connexion Internet

Il n'y a pas de raison qu'une seule personne ait le privilège de se connecter à l'Internet, surtout si elle utilise le seul modem haut débit présent dans la maison ou au bureau.

Partager la connexion haut débit

Les modems haut débit peuvent être directement branchés sur un hub réseau, un switch ou un routeur. De ce fait, le modem est accessible à tous les ordinateurs du réseau. Il suffit ensuite de lancer un assistant nouvelle connexion auquel vous indiquez simplement que la connexion se fait désormais par un réseau local (LAN).

Partager une connexion classique

Même avec une connexion d'accès à distance classique, vous pouvez partager les joies de l'Internet. Si la connexion Internet est déjà établie, la seconde personne qui veut surfer sur le Net n'a donc pas à établir cette connexion. Elle accède à Internet, modem prêt à l'emploi.

Pour partager une connexion d'accès à distance :

1. **Ouvrez les Connexions réseau.**

2. **Sélectionnez la connexion à partager.**

3. **Cliquez sur Fichier/Propriétés.**

4. **Ouvrez l'onglet Avancé.**

5. **Cochez l'option permettant à d'autres utilisateurs de se connecter à l'Internet à partir de votre ordinateur.**

6. **Cochez les deux options situées juste en dessous.**

   Elles permettent à d'autres ordinateurs du réseau d'accéder à la connexion Internet et de la contrôler.

7. **Cliquez sur OK. La connexion est partagée !**

Les ordinateurs fonctionnant sous Windows XP savent qu'une connexion Internet est partagée

Pour interrompre le partage de connexion Internet, il suffit d'effectuer les opérations inverses et de décocher toutes les options que vous avez activées. Pour une déconnexion temporaire, débranchez le modem du routeur ou de la ligne téléphonique.

Chapitre 19

Les scanneurs et les appareils photo numériques

*B*ienvenue dans le chapitre de l'imagerie numérique.

Le matériel des images numériques

Le matériel doit permettre de transférer la réalité dans votre ordinateur sous forme de fichiers graphiques numériques. Cette copie du monde réel se fait par l'intermédiaire d'un *scanneur*.

Les scanneurs sont de deux types. Le premier prend la forme d'une machine qui ressemble à une télécopieuse domestique. Le second est un appareil photo numérique, sorte de scanneur à main.

Scannez !

Les scanneurs sont de chouettes appareils qui transforment une image réelle, comme une photographie sur papier, en une image numérique que vous pouvez modifier à loisir, enregistrer sur disque ou encore envoyer par e-mail.

Les scanneurs actuels sont appelés *scanneurs à plat* et fonctionnent comme des photocopieurs. On place l'image sur la vitre du scanneur, on referme le couvercle et on appuie sur un bouton. L'image apparaît sur l'écran, prête à être récupérée par le logiciel de scan. La Figure 19.1 montre un scanneur type.

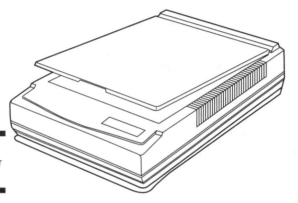

Figure 19.1 :
Un scanneur
traditionnel.

Voici quelques réflexions sur les scanneurs :

- ✔ La connexion d'un scanneur à un PC se fait par le biais d'un port USB, Parallèle, Série, SCSI ou encore Firewire. Aujourd'hui, la majorité des scanneurs se connectent sur un port USB. La numérisation est plus rapide en USB 2.0.

- ✔ Les scanneurs sont jugés sur leur résolution. Elle mesure le nombre de points par pouce (ppp) qu'un scanneur est capable de lire. Plus la résolution est grande, meilleure est la numérisation des images.

- ✔ Les scanneurs sont généralement livrés avec un logiciel de retouche d'images comme Photoshop Elements, Corel Print House, etc. Vous pouvez également utiliser un scanneur pour lire un document et le modifier. Cette opération nécessite un logiciel de reconnaissance de caractères (OCR ou Optical

Character Recognition). Après conversion, le texte du document peut être édité dans votre traitement de texte.

Souriez, vous êtes numérisé !

L'appareil photo numérique n'a pas (pas encore) remplacé l'appareil photo traditionnel, mais la chute des prix et l'accroissement de la qualité en font un sérieux rival. Actuellement, un bon appareil photo numérique coûte environ 300 euros. Mais la tendance est à la baisse.

Au moment de choisir votre appareil photo numérique, vous devez considérer deux caractéristiques essentielles : la *résolution* et la *capacité.*

Résolution. La *résolution* se mesure en nombre de pixels horizontaux et verticaux. La résolution moyenne est de 1 280 x 1 024 pixels. Les bons appareils actuels atteignent 2 400 x 1 600 pixels. Plus la résolution est grande, plus votre image est finement restituée. A l'heure où j'écris ces lignes, les appareils les plus performants affichent plus de 6 millions de pixels dans une résolution dépassant 3 000 x 2 008 pixels. Cela permet d'obtenir des images très nettes, respectant une vaste gamme de couleurs pour des photographies proches de l'argentique (les appareils photo traditionnels).

Stockage des images. Le nombre d'images stockées varie d'un appareil à l'autre et dépend de la résolution choisie pour vos clichés. Si vous prenez des photos destinées au Web, une faible résolution s'impose et vous pouvez stocker plus de 100 images dans votre appareil. Mais si vous augmentez la résolution pour obtenir des photos de qualité destinées à l'impression, les capacités de stockage de votre appareil seront rapidement dépassées. Tous les appareils disposent d'un espace de stockage interne que l'on assimile à une "pellicule numérique". Certains appareils utilisent de simples disquettes comme unité de stockage des photos. Sony a même développé un appareil qui stocke les photos sur un CD-RW spécifique, propriété de Sony Inc. Les appareils photo numériques sont livrés avec des cartes mémoire de type SmartMedia, CompactFlash, MemoryStick, IBM Microdrive ou encore SD (Secure Digital).

Transférer les images dans l'ordinateur. Dernière chose à considérer : le mode de transfert des images de votre appareil photo numérique à votre PC. Si votre appareil utilise des disquettes, l'opération est simple. Il suffit de les insérer dans le lecteur de disquettes de l'ordinateur. Dans les autres cas, un câble, généralement USB, permet de télécharger les images depuis votre appareil photo. Si vous utilisez des cartes mémoire, un adaptateur permet de les lire puis de les envoyer au PC.

Voici quelques autres points à considérer en matière de photo numérique :

- ✔ Les appareils photo numériques ont un viseur LCD dans lequel vous pouvez voir l'image telle qu'elle sera enregistrée. Exactement comme les caméscopes.

- ✔ La capacité de l'appareil dépend aussi de vous. Si vous choisissez une haute résolution, vous stockerez moins d'images.

- ✔ Il n'y a pas de pellicule, c'est la mémoire de l'appareil qui stocke les clichés.

- ✔ Certains appareils sont dotés de cartes mémoire amovibles. Vous pouvez donc avoir plusieurs cartes mémoire en poche. C'est très utile si vous voyagez loin de votre ordinateur.

- ✔ La méthode la plus simple pour transférer vos images dans un ordinateur consiste à acheter un lecteur de carte qui reste connecté en permanence au PC. Il suffit ensuite d'y insérer votre carte pour récupérer vos photos.

Placer une image dans votre PC

Les scanneurs et les appareils photo numériques sont deux méthodes de collecte des images. Ces deux périphériques ont pour objectif ultime de transférer une image dans votre ordinateur. A partir de cet instant, il est possible de manipuler les images, de les enregistrer sur disques et de les imprimer.

Exemple rapide de numérisation d'une image

Un scanneur convertit un objet plat en une image numérique. Je suppose que cet objet est une photographie argentique traditionnelle, ou un élément tiré d'un magazine ou de tout autre livre.

Windows ne propose pas de programme de numérisation. Vous devez donc utiliser l'application livrée avec votre scanneur. Le problème pour moi est que chaque marque a son pilote de numérisation, et que chaque modèle d'une même marque propose un pilote aux fonctionnalités différentes. La numérisation peut se faire aussi de deux manières :

soit directement avec le logiciel de numérisation, soit depuis un programme graphique comme Photoshop, Paint Shop Pro et bien d'autres.

Voici une procédure quasi universelle pour numériser une image depuis un scanneur à plat :

1. **Allumez votre scanneur.**

   Cette étape est parfois automatique. La plupart des scanneurs USB s'initialisent en même temps que l'ordinateur. Vous n'avez rien à faire de spécial.

2. **Lancez votre logiciel de retouche d'images.**

   La plupart des scanneurs sont livrés avec un programme de retouche d'images comme Adobe Photoshop Elements, Corel Photo Print et Corel Photo House, Photo Express, etc.

3. **Placez votre image contre la surface vitrée du scanneur.**

   Vous devez généralement la caler dans le coin supérieur droit de l'appareil.

4. **Dans votre logiciel, choisissez la commande qui permet de numériser l'image.**

   Ici, il n'y a pas de règle. Chaque programme donne une dénomination particulière à cette commande. La plus répandue est Acquérir, mais vous pouvez trouver Numériser, Importer, etc. Cette commande se trouve dans le menu Fichier de votre application graphique. Dès qu'elle est exécutée, le *pilote* de numérisation du scanneur entre en action. Il s'agit d'une fenêtre disposant d'options plus ou moins élaborées, comme le montre la Figure 19.2.

5. **Prévisualisez l'image.**

   Utilisez la commande adéquate du pilote livré avec votre scanneur. Il s'agit souvent d'un bouton Aperçu, Cadrage ou Prévisualisation. Ne cliquez surtout pas sur un bouton Numériser ou Numérisation.

6. **Sélectionnez la partie de l'image que vous souhaitez numériser.**

7. **Choisissez le type de numérisation.**

   En fonction du pilote de numérisation, vous pouvez digitaliser l'image en RVB, CMJN, Niveaux de gris, et bien d'autres choses

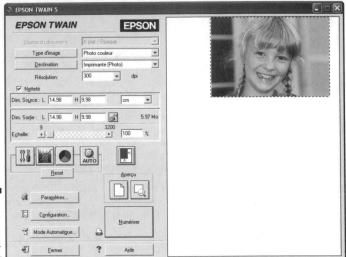

Figure 19.2 :
Un utilitaire
de
numérisation.

encore. Vous devez également sélectionner la résolution, c'est-à-dire le nombre de points par pouce qui seront numérisés.

Certains utilitaires de numérisation permettent d'automatiser les réglages. Utilisez cette possibilité quand vous n'êtes pas du tout sûr de vous.

8. Numérisez l'image.

Cliquez sur le bouton Scanner, Numériser, Importer, et toute autre dénomination que l'on rencontre dans ces utilitaires.

Le scanneur met quelques minutes à numériser votre image en fonction des options définies.

9. L'image apparaît dans votre application graphique.

Dans bien des cas, vous devrez fermer l'application de numérisation pour modifier l'image ainsi numérisée. La première chose à faire est d'enregistrer l'image sous un nom.

10. Amusez-vous avec votre image.

Vous êtes capable de la modifier, de l'imprimer ou de l'enregistrer.

En fin de chapitre, vous trouverez plus d'informations sur la modification des images dans un logiciel graphique.

> ✔ Il est possible de numériser plusieurs images à la fois. Placez plusieurs photos sur la face vitrée de votre scanneur. Vous les individualiserez dans votre logiciel de retouche d'images.

> ✔ Des dispositifs spéciaux permettent de numériser des diapositives.

Récupérer les images d'un appareil photo numérique

Il s'agit d'une autre manière d'obtenir une image dans votre PC à partir d'une source externe. Ici, la procédure dépend entièrement de votre appareil photo. Toutefois, une tendance générale se dégage. En voici les différentes étapes :

1. **Connectez le câble au PC et à l'appareil photo numérique.**

2. **Paramétrez l'appareil en mode transmission.**

   L'appareil doit envoyer les images de telle façon que le programme installé sur votre PC les identifie.

3. **Exécutez l'utilitaire de lecture des images installées sur votre ordinateur.**

   Il s'agit d'un programme autonome qui récupère les photos ou d'une commande d'un programme d'édition graphique. Par exemple, dans Photoshop, vous récupérez les images d'un appareil photo numérique en cliquant sur Fichier/Importation/ <commande de votre appareil photo numérique>.

4. **Sélectionnez les images à récupérer.**

   Il est possible de rapatrier toutes les images dans votre PC ou uniquement celles que vous souhaitez réellement conserver.

5. **Sélectionnez un dossier de stockage des images.**

   Cette étape est fondamentale ! Organisez vos photos ! Personnellement, je crée un dossier dont le nom correspond à la date du jour comme 9 novembre 2003. En revanche, si les photos illustrent un événement précis, j'assigne au dossier son nom et sa date comme Futuroscope 2004.

6. **Envoyez ces images dans le dossier.**

La prochaine étape consiste à exécuter un programme de retouche d'images pour améliorer vos photos. Vous les ferez pivoter, les recadrerez, les enregistrerez sous un format de fichier spécifique pour les envoyer par e-mail (par exemple). Nous verrons cela un peu plus loin dans ce chapitre.

- ✔ Le dossier Mes images est idéal pour sauvegarder vos photos numériques.

- ✔ Les appareils photo numériques disposant d'un système de stockage amovible, comme une disquette, s'insèrent dans le périphérique approprié du PC. Vous accédez alors aux images depuis le périphérique en question et via l'Explorateur Windows.

- ✔ Une fois les images transférées dans l'ordinateur, effacez-les de la mémoire de l'appareil photo numérique.

- ✔ Il est recommandé de disposer d'une sauvegarde de vos images que vous stockerez alors sur une cartouche Zip ou Jaz, des disquettes, et mieux encore un CD-R (CD-RW). Personne n'est à l'abri d'un problème de lecture d'une image pour des raisons qui n'intéressent pas, techniquement, les *nuls*.

Imprimer vos images avec l'Assistant Impression de photographies.

Tant que vous enregistrez vos images dans le dossier Mes images, vous pouvez profiter de l'Assistant Impression de photographies de Windows XP.

1. **Allumez votre imprimante.**

   Il n'est pas nécessaire d'utiliser systématiquement un papier de haute qualité. Pour vous entraîner, optez pour un papier standard. Nous imprimons une sorte de brouillon de vos photos.

2. **Ouvrez le dossier contenant les images numériques.**

3. **Dans le volet d'exploration, cliquez sur Imprimer cette image.**

   Cette action lance l'Assistant Impression de photographies.

4. **Cliquez sur le bouton Suivant.**

5. **Cochez les photos à imprimer, puis cliquez sur Suivant.**

6. **Sélectionnez l'imprimante à utiliser. Si besoin, cliquez sur Options d'impression pour sélectionner un type de papier et une résolution d'impression de l'imprimante (comme 720 dpi ou 1440, etc.). Ensuite, cliquez sur Suivant.**

7. Sélectionnez une configuration de photos.

La Figure 19.3 montre un tirage 13 x 18 de deux photos réunies sur la même feuille. Vous pouvez mettre plusieurs fois une même photo sur la page en saisissant un chiffre dans le champ Nombre d'utilisations de chaque image.

Figure 19.3 : Mise en page des photos à imprimer, on reconnaît Véro à la montagne.

8. Cliquez sur le bouton Suivant.

L'impression démarre.

9. Cliquez sur Terminer.

La *feuille-contact* est une de mes dispositions préférées, car elle fait office de planche-contact comme chez le photographe. J'ai alors une idée assez précise des photos qui valent la peine d'être imprimées. Les meilleures le seront sur un papier de haute qualité.

Utiliser un programme de retouche d'images

La plupart des scanneurs et des appareils photo numériques sont livrés avec un logiciel de retouche. Il permet de modifier l'image importée.

De nombreux livres sont consacrés à la retouche d'images, étudiant en profondeur des applications aussi puissantes que Photoshop, Photoshop Elements, Paint Shop Pro, Fireworks, Corel PhotoPaint, et j'en passe. Ne comptez pas sur le présent ouvrage pour découvrir des secrets distillés dans des livres plus spécialisés. Je vais simplement décrire les procédures les plus utiles aux photographes numériques en herbe que vous êtes.

Recadrer l'image

Recadrer est synonyme de *découper*. Cette technique permet de supprimer des éléments qui ont été photographiés par erreur en focalisant notre attention sur le personnage ou l'objet principal du cliché.

 L'outil Recadrage ressemble à l'illustration ci-contre. Une fois l'outil sélectionné, tracez un cadre entourant la zone de l'image à conserver. Double-cliquez à l'intérieur de cette zone. Bingo ! Le recadrage est effectué.

- ✔ Vous ne pouvez recadrer qu'en traçant des carrés ou des rectangles.

- ✔ Dans certains programmes, cette commande s'appelle *Rogner*.

Modifier les dimensions de l'image

Si vous êtes nouveau venu dans le monde de l'édition graphique, vous penserez que la numérisation des images est affaire de professionnels. Ce n'est pas aussi réducteur que cela. Il suffit de connaître quelques principes pour numériser les images comme il se doit. La taille d'une image est mesurée en fonction de sa résolution horizontale et verticale, admettons 1 024 x 768 pixels. Ce type d'image peut remplir tout votre écran pour peu que votre résolution d'affichage soit 1 024 x 768. Mais lorsque l'on envisage de numériser une image en vue de l'imprimer, il faut prendre en compte une autre résolution, celle d'impression qui s'exprime en dpi ou ppp (points par pouce). Ici, il n'est pas raisonnable de numériser en dessous de 300 ppp (dpi). De fait, l'image 1 024 x 768 en 300 ppp paraîtra plus grande à l'écran qu'une image 1 024 x 768 en 72 ppp. Il y a 4 fois plus de pixels dans le premier cas que dans le second.

Heureusement, la plupart des programmes d'édition graphique disposent d'outils qui calculent exactement la surface imprimable de l'image. C'est le cas de la boîte de dialogue Taille de l'image, représentée Figure 19.4, que l'on rencontre sous une forme identique dans la plupart des programmes graphiques. Vous y définissez la taille et la résolution d'impression.

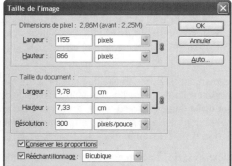

Figure 19.4 :
Une boîte de
dialogue
Taille de
l'image
traditionnelle.

Pour modifier la taille de l'image, saisissez de nouvelles valeurs dans les champs Largeur et Hauteur de la boîte de dialogue. La valeur peut être exprimée en pouces (inches), centimètres ou pixels. Lorsque l'image est destinée à un affichage écran, limitez la résolution à 72 ppp. Quand elle est destinée à l'impression, optez pour 300 ppp.

Imprimer une grande image

Il y a une différence entre la taille d'affichage écran et la taille d'impression. Lorsque vous travaillez sur une image dans un programme de retouche, utilisez la commande Zoom pour ajuster sa taille écran. Cette commande se trouve généralement dans le menu Affichage.

Enregistrer l'image dans un format spécifique

Il faut toujours enregistrer une image, qu'elle soit ou non modifiée. C'est même la première chose à faire avant d'effectuer quoi que ce soit dessus.

Si vous choisissez la commande Enregistrer du menu Fichier de votre application graphique, vous constaterez qu'un format de fichier vous est proposé par défaut. Il s'agit toujours du format propriétaire de votre application, c'est-à-dire un format qui reconnaît diverses caractéristiques des manipulations propres au logiciel. Par exemple, dans Photoshop Elements, le format d'enregistrement par défaut est .psd. Voici quelques raisons de choisir un autre format.

✔ Le meilleur format pour envoyer des photographies par e-mail, ou enregistrer des images pour le Web, est JPEG.

✔ Si l'image contient des illustrations, comme des dessins classiques affichant un nombre limité de couleurs, utilisez le format GIF. Ce format peut également être e-mailé ou publié sur le Web.

✔ Si vous pensez utiliser une image dans un programme de PAO (publication assistée par ordinateur), choisissez le format TIFF. Ce format utilise une grande quantité d'espace disque. Il n'est donc pas recommandé pour le Web ou pour un envoi par e-mail. C'est le format professionnel par excellence.

✔ Pour utiliser une image comme papier peint de Windows, sélectionnez le format BMP. C'est le format par défaut des images bitmap sous Windows.

Pour enregistrer dans l'un de ces formats, utilisez la commande Enregistrer sous ou Exporter (en fonction du programme utilisé).

Si vous utilisez la commande Enregistrer sous, sélectionnez le format approprié dans la liste Type. La commande Exporter se nomme *Envoyer vers* dans certains logiciels.

Si vous quittez le programme après sa numérisation, un message vous prévient que l'image n'a pas été enregistrée. Procédez à l'enregistrement en sélectionnant le format adéquat.

Chapitre 20

Le tour
des périphériques

*L*es composants d'un ordinateur n'ont rien de bien excitant : un moniteur, un boîtier et un clavier. En revanche, les gadgets que l'on peut y adjoindre rendent le tout nettement plus amusant ou plus utile, et plus cher. Dans ce chapitre, nous verrons quelques-uns des périphériques les plus répandus.

Qu'est-ce qu'un périphérique ?

Le terme *périphérique* signifie "qui est en dehors du centre". Pour mémoriser cette appellation, pensez au boulevard périphérique d'une ville. En ce qui concerne les ordinateurs, un périphérique est un équipement accessoire ou auxiliaire que vous pouvez acheter et brancher sur votre ordinateur.

Il existe une profusion de périphériques prêts à équiper votre ordinateur. Les plus courants : scanneurs, graveurs, appareils photo numériques, lecteurs de sauvegarde.

Installer un périphérique

Le côté matériel de l'installation n'est vraiment pas compliqué. La plupart des périphériques prennent place à l'extérieur du PC. Il suffit de les brancher sur le bon connecteur.

Bien sûr, d'autres instructions vont suivre, mais l'essentiel est fait.

Certains périphériques doivent s'installer à l'intérieur de l'unité centrale (graveur, lecteur DVD). Il n'y a pas à rougir si vous demandez l'aide d'un professionnel.

✔ La plupart des périphériques se branchent sur les connecteurs standards de votre unité centrale.

✔ De manière générale, vous devez éteindre votre PC avant d'installer un nouveau matériel.

✔ Les périphériques USB sont les plus faciles à installer. Il n'est même pas nécessaire d'éteindre le PC. Branchez le câble, et voilà !

✔ Parfois, vous devez installer le logiciel du périphérique *avant* d'installer le matériel lui-même. Par exemple, les lecteurs Zip et les modems nécessitent l'installation préalable de leurs logiciels. Ensuite, il suffit de connecter le matériel au PC. Dans d'autres circonstances, vous devez installer le matériel puis le logiciel. Reportez-vous au manuel de l'utilisateur livré avec le périphérique.

C'est branché, ça marche !

L'ordinateur se compose de deux parties : la partie matérielle et la partie logicielle. L'installation matérielle est très simple. Pour l'installation logicielle, il faut en référer à Windows. Windows doit détecter et agréer le nouvel arrivant.

Heureusement, beaucoup de nouveaux périphériques sont du type *plug and play*, c'est-à-dire "branchez et utilisez". Lorsque vous relancez Windows après l'installation, il reconnaît le nouveau matériel. Si c'est du matériel USB, il n'est même pas nécessaire de relancer Windows.

Quand Windows a détecté le nouveau matériel, il doit installer un logiciel particulier appelé *pilote* ou *driver*. Ce logiciel peut se trouver sur le CD de Windows, sur une disquette ou sur le CD qui accompagne le périphérique. Au cours de l'installation, il se peut que Windows vous demande d'insérer le disque et de suivre les instructions.

✔ Aujourd'hui les périphériques sont dits *plug and play*. Vous branchez le matériel, démarrez Windows, et celui-ci l'identifie. Il demande alors d'insérer le CD contenant tous les pilotes du périphérique.

✓ Si votre PC est doté d'un port USB, achetez bien la version USB du périphérique dont vous avez besoin. C'est tellement plus simple à installer.

✓ Un pilote n'est ni plus ni moins qu'un programme destiné à contrôler le fonctionnement d'un matériel particulier.

✓ Le *plug and play* n'est pas à l'abri d'imperfections ou d'erreurs. C'est pour cela que nos amis américains y font souvent référence par les termes *plug and pray* (branchez et priez).

"Windows est idiot, il ne reconnaît pas mon nouveau périphérique !"

Dans certains cas, assez rares, Windows ne reconnaît pas le nouveau matériel. Par exemple lorsque le périphérique n'est pas plug and play ou bien lorsque vous installez un modem externe.

Quand Windows ne détecte pas le nouveau périphérique, vous pouvez lancer l'Assistant d'installation. Vous devez exécuter la commande Panneau de configuration du menu Démarrer, puis double-cliquer sur l'icône Ajout de matériel. En quelques minutes, votre nouveau périphérique est reconnu et installé confortablement auprès de ses nouveaux amis.

Suivez les étapes pour installer le pilote correct. Cliquez sur le bouton Suivant chaque fois que vous renseignez une fenêtre de l'assistant.

Quelques périphériques courants

Ce chapitre est de plus en plus court au fil des ans. En 1992, les lecteurs de CD-ROM étaient considérés comme des périphériques. La liste des appareils en option se réduit de plus en plus. Actuellement le périphérique le plus répandu est le *scanneur*, dont le prix a vertigineusement chuté en quelques années. L'unité de sauvegarde, la caméra vidéo et l'appareil photo numérique remportent un franc succès. Quel sera le prochain appareil indispensable ? L'ordinateur est vraiment une machine étonnante.

Lecteurs externes

Il est facile d'augmenter votre système de stockage ; connectez un nouveau lecteur ! Ajoutez un CD-R, CD-RW, disque dur, DVD, Zip ou de multiples combinaisons de ces périphériques.

Le meilleur moyen d'ajouter une unité de stockage externe consiste à passer via le port USB. (Si votre PC n'en dispose pas, ajoutez une carte d'extension qui mettra ce port au service de votre ordinateur.) Avec le port USB, vous pouvez ajouter autant de lecteurs que le permet votre compte bancaire.

La seconde méthode, relativement simple, consiste à utiliser le port imprimante ou port parallèle. Malheureusement, vous ne pouvez ajouter qu'un seul périphérique par ce biais. Si le port parallèle est déjà occupé par un scanneur, vous ne pourrez pas le chaîner à un autre périphérique. Des scanneurs disposent d'une seconde prise parallèle où connecter une imprimante. Mais cette cohabitation sur ce même port entraîne souvent des dysfonctionnements.

- ✔ Les lecteurs externes fonctionnent mieux quand ils sont au standard USB 2.0.

- ✔ Les périphériques Firewire sont bien meilleurs que les USB. Tous les périphériques n'ont pas de version Firewire.

- ✔ Si vous disposez de ports Firewire, achetez des périphériques Firewire !

- ✔ L'intérêt des périphériques de stockage externes est qu'ils ne nécessitent pas une reconfiguration de votre ordinateur. Par exemple, mon disque dur Firewire externe a été connecté à mon ordinateur sans configuration spécifique.

Souriez, vous êtes filmé !

Voici un jouet intéressant pour votre PC : une caméra vidéo ou *webcam*. Cet œil informatique que l'on place généralement au-dessus du moniteur peut enregistrer des films ou des images fixes, et les communiquer via l'Internet.

- ✔ L'une des applications de la webcam est la vidéoconférence.

- ✔ Le logiciel livré avec la caméra est important. Pour effectuer une liaison en vidéoconférence, il faut un logiciel particulier.

Mettre à jour son matériel

La plupart des gens ne changent pas de voiture tous les ans. Les téléviseurs, magnétoscopes et réfrigérateurs sont conservés jusqu'à ce qu'ils tombent définitivement en panne. Alors, pourquoi vouloir changer un appareil qui fonctionne très bien ?

Le monde des ordinateurs, comme nous le savons, est un monde à part, avec des bizarreries comme l'actualisation (*upgrade*) mensuelle ou même hebdomadaire. Vive la technologie ! Quelque chose de nouveau est sorti, c'est donc mieux ! Attention, surveillez le compte de votre carte de crédit !

Que faut-il acheter en priorité ?

Il est plus facile d'augmenter la puissance de votre vieil ordinateur (*upgrading*) que d'en changer. Mais par quoi commencer ? Différents éléments peuvent être changés ou ajoutés et différentes considérations peuvent vous barrer la route d'une saine décision. Laissez-moi vous aider :

Mémoire : Votre première priorité dans ce domaine devrait être la mémoire. Elle reste le composant le plus abordable. Pratiquement tous vos logiciels seront heureux de disposer d'une plus grande quantité de mémoire.

✔ Une augmentation de la mémoire peut accélérer ces programmes et leur faire manipuler des données plus importantes. Cela permet aussi à l'ordinateur de manipuler plus d'images et de sons.

✔ Offrir de la mémoire supplémentaire à un ordinateur est le plus beau cadeau que vous puissiez lui faire.

Disque dur : Achetez un second disque dur. Un plus gros de préférence. La plupart des PC peuvent contenir deux disques durs. Un second disque dur vous permettra de stocker un plus grand nombre de programmes et de données, facilitant ainsi l'utilisation de votre ordinateur et accélérant ses capacités.

✔ Si vous n'avez plus de place pour accueillir un autre disque dur, vous pouvez toujours remplacer un de vos disques actuels. La procédure est assez complexe, car il vous faudra sauvegarder tous les programmes et autres données de l'ancien disque sur disquettes et les recopier sur le nouveau disque.

✔ Connectez l'alimentation de vos disques externes dans un onduleur. Dans le cas contraire, votre ordinateur ne pourra pas enregistrer vos documents s'il y a une coupure d'électricité.

✔ Un disque dur de grande capacité ne prend pas plus de place qu'un autre dans votre ordinateur.

Microprocesseur : Il existe des moyens pour augmenter la puissance du processeur, je vous les déconseille. Il vaut mieux acheter un ordinateur neuf dont *tous* les composants seront au goût du jour. Cela reviendra moins cher que de rénover votre PC morceau par morceau.

La meilleure opération consiste à ajouter de la mémoire ou à installer un disque dur de plus grande capacité. Vous en constatez immédiatement les bénéfices. Alors que l'actualisation d'un microprocesseur donne souvent des résultats peu probants.

Quand faut-il changer d'ordinateur ?

Au bout de quatre ou cinq ans. A ce moment-là, le coût d'un nouveau système sera moins élevé que la somme de tous les ajouts que vous pourriez effectuer.

Il faut savoir qu'un ordinateur est obsolète le jour où vous l'achetez. Au moment même où un ordinateur quitte le stock de son fabricant, les ingénieurs en terminent une nouvelle version plus puissante et moins chère, que vous ne trouverez sur le marché, c'est vrai, que trois mois après votre achat.

Mais avez-vous réellement besoin d'un nouvel ordinateur plus puissant ? Peut-être pas. Examinez les raisons qui vous ont fait acheter le PC dont vous voulez tant vous débarrasser. Répond-il toujours à vos besoins ? Si oui, résistez à la tentation.

✔ La rapidité est l'un des facteurs qui poussent les utilisateurs à acheter de nouveaux ordinateurs plus puissants. Mais rapidité ne veut pas toujours dire productivité. Par exemple, lorsque vous travaillez avec un logiciel de traitement de texte, votre préoccupation n'est pas la rapidité de votre ordinateur, mais votre rapidité propre à trouver le mot juste. En revanche, dans un environnement graphique utilisant des programmes de dessin, d'animation, de montage vidéo ou de PAO, c'est un vrai critère de sélection.

✔ Comparer le prix d'un nouvel ordinateur par rapport au temps qu'il vous fait gagner. Souvent, passer à la cadence supérieure quand votre carte mère le permet est la meilleure solution.

✔ Evitez de vous laisser séduire par ces magazines informatiques qui vous pressent d'acheter le tout dernier PC. N'oubliez pas *qui* sont leurs principaux annonceurs.

Quatrième partie
Visite guidée d'Internet

Dans cette partie...

*L'*Internet est devenu un phénomène si envahissant qu'il pourrait bien nous étouffer. Un jour, la Terre sera tellement entourée de fils de téléphone que les extraterrestres feront un détour pour voir cette boule de câbles suspendue dans l'espace. Peut-être que je m'inquiète à tort, mais quand autour de vous, au bureau, chez des amis, tout le monde raconte une histoire drôle pêchée sur l'Internet, vous vous rendez compte que l'Internet s'est installé dans la vie quotidienne de tout un chacun.

Cette partie du livre traite de l'Internet. L'Internet c'est le Web, c'est le courrier électronique, c'est la photo du chien que vous envoyez à tous vos amis et aux autres. Et c'est plein d'autres choses encore. Allez, c'est parti pour un tour !

Chapitre 21

Surfer sur l'Internet

*V*ous voulez impressionner vos amis ? Alors, offrez-vous une île privée. Vous voulez participer au dernier truc branché dans le domaine de l'informatique ? Alors, connectez-vous à l'Internet. L'Internet, tout le monde en parle. Mais qui sait vraiment ce que c'est ? C'est en fait un réseau planétaire d'ordinateurs. Vous y trouverez des millions de choses à faire, à lire, à voir, à écouter, à apprendre, à acheter. Vous pourrez communiquer, bavarder, écrire. Branchez-vous, vous ne le regretterez pas.

Comment être un utilisateur d'Internet ?

Etablir une connexion Internet n'est pas un défi lancé à votre intelligence. C'est comme tout, il faut se lancer, et après tout n'est qu'un jeu d'enfant.

Les cinq éléments indispensables pour visiter l'Internet

Pour accéder à l'Internet depuis votre ordinateur, vous avez besoin de cinq choses. Il est probable que vous en ayez déjà quatre.

- ✔ **Un ordinateur.**

- ✔ **Un modem.**

- ✔ **Un logiciel Internet.**

- ✔ **De l'argent.**

- ✔ **Un fournisseur d'accès (Internet Service Provider).**

Parfois, vous n'avez pas besoin de toutes ces choses. Par exemple, si vous travaillez dans une grande entreprise, vous accédez à Internet via le réseau du bureau. Les universités et les administrations fonctionnent sur ce principe.

Le fournisseur d'accès

Le meilleur moyen pour aller sur l'Internet consiste à passer par un prestataire. Il fournit une connexion directe à l'Internet et parfois une assistance téléphonique pour vous aider à démarrer.

Le fournisseur vous offre un accès téléphonique à l'Internet, des petits accessoires et, puisque c'est un prestataire de *services*, l'assistance dont vous avez besoin.

Les formules d'abonnement sont variées : connexion illimitée, consommation téléphonique forfaitaire, accès gratuit avec facturation téléphonique uniquement, etc. La guerre des tarifs fait rage. Vous pouvez vous procurer un "kit de connexion" dans les magazines, dans les kiosques à journaux ; vous le trouvez dans l'emballage du modem ou vous pouvez le réclamer par téléphone au fournisseur de votre choix.

Votre prestataire devrait vous fournir la plupart des éléments suivants, sinon tous :

- ✔ Un temps de connexion à l'essai de 1 à 3 mois, parfois 6. Cela vous permet de tester la qualité de la connexion et les services offerts.

- ✔ Un numéro de téléphone local à appeler.

- ✔ Des informations sur comment se connecter à l'Internet : des trucs techniques comme le numéro du serveur DNS, le nom du serveur de messagerie, le nom du serveur de news et d'autres noms et numéros.

- ✔ Un nom et un mot de passe de connexion (*login*). Il vous faut un compte SLIP ou PPP (ou le nouveau PPTP).

AOL est-il un FAI ?

AOL a ses fans dont je ne fais pas partie. Je trouve d'abord qu'AOL est cher, et qu'il ne remplit pas le vrai rôle du FAI. Voici une comparaison entre AOL que l'on assimile à un service en ligne et un FAI, véritable fournisseur d'accès.

Pour AOL : AOL est idéal pour un débutant. Le programme est gratuit et facile à configurer. Vous y accédez de partout, ce qui signifie que vous récupérez vos courriers électroniques où que vous soyez dans le monde.

Contre AOL : AOL est plus lent qu'une connexion directe à un FAI. En effet, vous êtes limité par le programme d'AOL. C'est lui qui affiche les pages web et non un accès direct à l'Internet. Les e-mails AOL ne sont pas standards. Cela signifie que certaines pièces jointes ne peuvent être reçues. AOL est sujet à des coupures, et son système d'assistance est impersonnel et très mauvais.

Je préfère les FAI, car ils sont multiples et vous pouvez en trouver un spécifique à votre région. La connexion Internet est plus rapide et tous les programmes Internet de Windows fonctionnent sans problème.

✔ Un compte de courrier électronique ou une boîte aux lettres. C'est le nom que vous utiliserez pour envoyer et recevoir du courrier sur l'Internet. Si vous pouvez choisir le nom sous lequel on vous enverra du courrier, c'est mieux.

✔ Un accès aux groupes de news. Evitez les fournisseurs qui censurent les groupes, vous êtes votre propre censeur.

✔ De l'espace pour votre page personnelle. Cet espace se mesure en dizaines de Mo. Plus vous avez d'espace, plus votre page pourra contenir d'informations, de sons et d'images.

✔ Une assistance par téléphone et via e-mail. L'assistance peut être gratuite, mais elle ne l'est pas toujours.

En France, vous avez le choix entre plusieurs fournisseurs nationaux et locaux. Comparez-les et n'hésitez pas à changer si votre fournisseur ne vous donne pas entière satisfaction ; cela ne pose aucun problème.

✔ Votre numéro et votre mot de passe de connexion à l'Internet seront différents de ceux que vous utilisez pour vous connecter à Windows. Il vous faut un numéro et un mot de passe différents pour chaque système.

✔ Votre fournisseur peut vous donner deux numéros et deux mots de passe : les premiers vous permettront de vous connecter au service, les autres d'accéder à votre courrier électronique. Notez-les tous les deux et gardez le papier soigneusement.

✔ Si vous utilisez un kit de connexion, assurez-vous que vous effectuez l'installation prévue pour votre version de Windows.

✔ Comparez les différentes formules d'abonnement. Evaluez-les en fonction du temps que vous pensez consacrer à l'Internet. Renseignez-vous auprès de vos collègues et amis, ils vous feront part de leur opinion sur leurs fournisseurs d'accès.

✔ Utilisez les périodes de gratuité offertes par les fournisseurs d'accès. Attention ! un numéro de carte de crédit vous est demandé, et à la fin de la période d'essai votre compte est automatiquement débité, sauf si vous signalez à temps votre intention de ne pas vous abonner.

Configurer Windows pour l'Internet

Configurer votre PC pour qu'il accède à l'Internet n'est pas si compliqué, si vous avez les trois éléments suivants :

✔ Une coupe à offrandes en argent.

✔ Un couteau de cérémonie, de préférence incrusté de pierreries.

✔ Une chèvre immaculée.

Non, attendez ! Ça, c'est ce qu'il vous fallait *jadis*, avant que Windows n'arrive avec son Assistant Connexion Internet. Maintenant, tout ce qu'il vous faut, ce sont des informations que votre fournisseur détient :

✔ Le numéro de téléphone à appeler.

✔ Pour les accès haut débit, l'adresse IP du modem, l'adresse DNS et celle de la passerelle. (En général, tout est transparent pour l'utilisateur.)

✔ Le numéro du DNS (Domain Name Server) de votre fournisseur. C'est un numéro en quatre parties séparées par des points, comme ça : 123.456.789.0.

✔ Vos numéro et mot de passe de connexion à l'Internet.

✔ Le nom du serveur de courrier électronique de votre fournisseur, qui comprend les abréviations POP3 ou SMTP.

✔ Le nom, l'adresse et le mot de passe de votre courrier électronique Internet.

▮ ✔ Le nom du serveur de news (NNTP) de votre fournisseur.

Votre fournisseur vous a heureusement procuré *toutes* ces informations. Tout ce qu'il vous reste à faire, c'est donner tous les numéros à l'Assistant Nouvelle connexion. Il s'occupe du reste.

Exécuter l'Assistant Nouvelle connexion

Il suffit de cliquer sur le raccourci Assistant Connexion Internet du bureau. Vous pouvez choisir Tous les programmes/Accessoires/ Communication/Assistant de connexion.

Exécuter l'Assistant Nouvelle connexion impose de donner des réponses aux questions qui vous sont posées. Donnez donc les renseignements adéquats concernant le FAI. Lisez les instructions à l'écran, puis cliquez sur Suivant pour avancer d'une étape.

D'écran en écran, de réponse en réponse et d'information en information, vous arrivez à un écran où se trouve le bouton Terminer. Cliquez dessus. La configuration de votre connexion à l'Internet est enregistrée dans un dossier spécial. Ce dossier contient l'icône représentant les paramètres définis tout au long des étapes de l'Assistant.

✔ Vous ne devez exécuter l'Assistant Nouvelle connexion qu'une seule fois. Ne recommencez que si vous changez de FAI.

✔ Ne perdez jamais les instructions d'installation et toutes les informations de connexion transmises par votre FAI. Vous risquez d'en avoir besoin un de ces jours.

✔ Votre nom d'utilisateur (login de connexion) et votre mot de passe qui permettent la connexion à votre FAI pour surfer sur le Web sont différents de ceux que vous définissez pour vos sessions Windows.

✔ 111,111,111 x 111,111,111 = 12,345,678,987,654,321.

Se connecter à l'Internet

Se connecter à l'Internet pour visiter des pages web ou envoyer des courriers électroniques est très simple. Windows est suffisamment intelligent pour établir automatiquement une connexion. Voici comment les choses se passent :

1. **Lancez votre navigateur.**

Dans Windows, le navigateur par défaut est Internet Explorer. Double-cliquez sur l'icône qui figure sur le bureau ou choisissez Tous les programmes/Internet Explorer depuis le menu Démarrer.

Pour les connexions haut débit, type ADSL ou câble, voire les réseaux locaux (LAN), vous êtes toujours connecté. Il suffit de lancer Internet Explorer pour naviguer, mais, dans l'esprit, votre PC est systématiquement connecté au réseau.

Pour les connexions RTC, c'est-à-dire les modems classiques, il y a d'autres petites choses à faire.

2. **Complétez la boîte de dialogue Connexion à (si elle apparaît).**

Lorsque le logiciel est lancé (ici, le navigateur), la boîte de dialogue Connexion à distance peut s'afficher, comme dans la Figure 21.1.

Figure 21.1 :
La boîte de dialogue de connexion.

3. **Cliquez sur le bouton Numéroter.**

4. **Vous êtes connecté !**

Après avoir fermé la boîte de dialogue Connexion établie, et même lorsque vous ne passez pas par cette boîte, une nouvelle icône apparaît dans la zone de notification à droite de la barre des tâches. Tant que cette icône est présente, c'est que vous êtes connecté et que vous pouvez utiliser vos logiciels pour l'Internet.

✔ Pour des raisons que ma raison ignore et malgré votre configuration précise, vous êtes parfois obligé de saisir votre mot de passe à chaque connexion. Vous pouvez également y procéder à des fins sécuritaires pour empêcher n'importe qui de faire n'importe quoi sur Internet en votre absence.

✔ Si Windows établit automatiquement la connexion à Internet, le mot de passe n'est plus requis. Il est saisi une fois pour toutes.

✔ Gardez un œil sur la barre des tâches pour voir si l'icône de connexion est là ou pas. Votre facture de téléphone en dépend.

Personnaliser la connexion

De nombreuses options Internet se configurent dans la boîte de dialogue Connexions réseau. C'est ici que Windows centralise des informations sur vos connexions et les comptes Internet. Pour modifier des informations ou en saisir de nouvelles :

1. **Ouvrez le Panneau de configuration.**

2. **Ouvrez l'icône Connexions réseau.**

3. **Cliquez sur la connexion correspondant à votre FAI ou sur l'icône de votre connexion d'accès à distance.**

4. **Cliquez sur Fichier/Propriétés.**

5. **Ouvrez l'onglet Options.**

   Son contenu apparaît (Figure 21.2).

   Pour que la boîte de dialogue Connexion s'affiche chaque fois que vous allez sur Internet, cochez la case Demander un nom, un mot de passe, un certificat, etc. Cela prévient toute connexion automatique.

6. **Définissez les options nécessaires.**

   Ne négligez pas l'option de rappel en cas de déconnexion (en bas de la boîte de dialogue).

   Vous pouvez indiquer un délai d'inactivité au-delà duquel Windows raccroche quand le serveur ne répond pas. Si Windows raccroche trop rapidement, fixez une valeur élevée, ou encore sélectionnez le paramètre Jamais.

7. **Cliquez sur OK pour enregistrer vos paramètres et fermer la boîte de dialogue.**

Figure 21.2 :
Les
paramètres
et options de
numérota-
tion.

8. **Fermez la fenêtre Connexions réseau.**

L'importance d'un pare-feu

Un *pare-feu* est un programme qui surveille votre connexion Internet pour éviter que quelqu'un pénètre dans votre système informatique. Les connexions haut débit sont sensibles, car votre ordinateur est enregistré sur le réseau avec une adresse IP. Les ports de communication de votre PC sont ouverts tous azimuts, ce qui vous expose au plus grand danger : l'intrusion !

✔ Au début de l'Internet, personne n'a pensé à l'aspect sécuritaire. Aujourd'hui, c'est une donnée essentielle de la quiétude sur Internet.

✔ L'Internet est un vaste bazar où tout le monde peut faire tout et n'importe quoi. Cela va de l'envoi d'éléments pornographiques aux publicités par e-mail, en passant par le piratage des données contenues dans les ordinateurs. Un pare-feu limite ces risques.

✔ Les connexions haut débit sont plus exposées aux attaques externes que les autres. Vous devez installer un pare-feu.

Installer le pare-feu de Windows XP

Windows XP propose un pare-feu limité, mais qui a le mérite d'exister.
Voici comment le mettre en œuvre :

1. **Ouvrez la fenêtre Connexions réseau.**

2. **Avec le bouton droit de la souris, cliquez sur l'icône de connexion Internet. Dans le menu contextuel, choisissez Propriétés.**

3. **Cliquez sur l'onglet Avancé.**

4. **Cochez l'option Protéger mon ordinateur et le réseau, de la section Pare-feu de connexion Internet.**

5. **Cliquez sur OK. Le pare-feu est actif.**

Les pare-feu tiers

Je le redis, le pare-feu de Windows XP est rudimentaire. Pour cette raison, je vous conseille d'acquérir un pare-feu développé par des sociétés tierces. Certains sont payants, d'autres sont gratuits et très efficaces. Je vous conseille donc de télécharger soit Zone Alarm, soit Kerio Firewall que vous trouverez tous deux à l'adresse : `http://telecharger.01net.com/`.

Votre FAI peut recommander un pare-feu ou vous guider dans votre choix.

Vous voilà sur l'Internet !

Une fois la connexion établie avec votre fournisseur, vous êtes prêt à lancer vos logiciels Internet. Démarrez votre navigateur, votre gestionnaire de courrier électronique, votre logiciel de communication, Telnet ou toute autre application propre à vous faire goûter les délices de l'Internet.

- ✔ Tant que vous êtes connecté, vous pouvez lancer n'importe quel programme qui permet d'accéder aux informations de l'Internet.

- ✔ Les programmes Internet fonctionnent comme tous les autres programmes de votre PC ; la seule différence est que vous devez être connecté à Internet avant de les lancer. (Néanmoins, le navigateur et le gestionnaire de courrier peuvent s'utiliser hors connexion.)

🖝 Oui, vous pouvez lancer plusieurs programmes Internet en même temps. J'en lance toujours trois ou quatre. (Comme Internet est lent, je peux lire une fenêtre en attendant que quelque chose apparaisse dans une autre.)

🖝 Lancer des logiciels Internet ne vous coûtera rien de plus que la connexion à Internet. Une fois en ligne, vous lancez, utilisez et fermez les applications Internet comme toutes les autres applications de votre PC.

🖝 Fermez vos programmes Internet lorsque vous avez terminé.

Goodbye, Internet !

Pour quitter l'Internet, suivez ces recommandations :

1. **Fermez tous les logiciels Internet.**

   Il n'est pas indispensable de le faire. Vous pouvez garder le navigateur ouvert pour lire une page web hors connexion. Dans ce cas, ne fermez pas cette fenêtre et passez à l'étape suivante.

2. **Demandez à Windows de raccrocher.**

   Il se peut que Windows veuille raccrocher automatiquement quand vous quittez un programme Internet. Cliquez sur le bouton Se déconnecter maintenant. Vous êtes déconnecté.

Chapitre 22

Promenade sur le Web

Ce chapitre traite du Web et du courrier électronique. Je pense que vous ne perdrez jamais autant de temps que sur l'Internet, mais vous adorerez cela.

Dites bonjour à votre navigateur

Le programme utilisé pour accéder aux informations de l'Internet s'appelle *navigateur*. Heureusement pour l'humanité, Microsoft a décidé que Windows serait investi du rôle de navigateur. Ce qui signifie qu'il est inutile d'acheter un logiciel supplémentaire pour visiter l'Internet. Elle est pas belle, la vie ?

Lancer Internet Explorer

Vous pouvez lancer Internet Explorer en double-cliquant sur son icône dans le bureau de Windows. La fenêtre de la Figure 22.1 apparaît.

Figure 22.1 :
Le
programme
navigateur
d'Internet
Explorer.

La page que l'on découvre s'appelle la *page d'accueil* (le terme anglais *home page* est aussi employé chez nous). Vous pouvez changer de page d'accueil si celle-ci ne vous convient pas ; reportez-vous à la section "Ramène-moi à la maison !" plus loin dans ce chapitre.

Découvrir la fenêtre d'Internet Explorer

Vous remarquerez quelques petites choses :

Barre d'outils. Sous la barre de menus, vous trouverez une série de boutons. Ils servent à visiter différents coins du Web et à effectuer des opérations de base avec le navigateur.

Truc qui tourne. Ce que j'appelle *truc qui tourne* se trouve dans le coin droit de la barre de menus. Il se met à tourner quand le navigateur est actif, ce qui veut généralement dire qu'il attend des informations de l'autre bout d'Internet. Dans ce cas, attendez et soyez patient ; le Web travaille.

Barre d'adresse. Comme du temps du DOS, vous pouvez entrer diverses commandes pour demander au navigateur d'aller visiter certains coins du Web. Officiellement, on les appelle *URL* ; moi, je les appelle *adresses de pages web*. Dans tous les cas, vous devez taper des lignes bizarres, mais on s'y fait. Si elle n'est pas visible, cliquez sur Affichage/Barres d'outils/Barre d'adresse.

Page web. Le contenu du navigateur (ce qu'il affiche) est une page d'informations sur le Web. Sur la Figure 22.1, vous voyez la page d'accueil du site portail Free.

Le navigateur vous montre qu'il est très facile de voir des informations sur Internet. Vous voyez des images et du texte, presque comme dans un magazine. En plus, certaines pages Web ont des images animées. De nombreuses pages jouent aussi de la musique quand vous les parcourez (ce qui peut être très agaçant). Et la plupart des actions se font à l'aide de la souris. Il est rare que vous ayez à taper quelque chose.

Visiter le Web ou saisir l'adresse d'une page

On estime qu'il y a 300 000 000 de pages d'informations sur le World Wide Web. Pourquoi ne pas toutes les visiter ?

Pour visiter une page web, vous avez le choix entre deux méthodes. D'abord, vous pouvez entrer manuellement l'adresse d'une page quelque part sur la planète - vous savez, les trucs du genre `http://www-barre-oblique-point-com-point-barre-oblique-tiret` que vous voyez partout. Ensuite, beaucoup plus facilement, vous pouvez cliquer avec la souris sur un lien, qui est une partie de texte ou une image sur une page web qui vous envoie à une autre page web.

Pour visiter n'importe quelle page web, vous pouvez entrer son adresse. C'est souvent nécessaire lorsque vous visitez un nouveau site. Saisissez l'adresse exacte.

Utilisez la touche Retour arrière ou Suppr pour effacer ou modifier le texte présent dans la barre d'adresse.

Saisissez ensuite l'adresse de la page à visiter et appuyez sur Entrée. Par exemple, pour visiter la page web du grand éditeur graphique Adobe, saisissez **http**, un point, deux barres obliques, **www**, un point, **adobe**, un autre point, **fr**. (Dans certains cas, il faut saisir **com** à la place de **fr**.) Appuyez sur la touche Entrée.

> ✔ Si la page web n'apparaît pas, vous verrez peut-être un message d'erreur. En premier lieu, recommencez ! Le Web est peut-être saturé ; si c'est le cas, vous aurez de nouveau un message d'erreur.

✔ Si ce message dit *404 error*, c'est que vous avez probablement saisi une adresse erronée. Recommencez !

✔ Le raccourci clavier pour accéder à la boîte d'adresse est Ctrl+L. Lorsque vous appuyez sur cette combinaison de touches, une boîte de dialogue apparaît, dans laquelle vous pouvez entrer l'adresse d'une page web.

✔ D'un autre côté, si l'adresse d'une page web commence par ftp://ou gopher://, vous devez obligatoirement taper ces commandes.

Cliquer sur le lien d'une page web

La manière la plus rapide de visiter le Web est de cliquer sur des liens qui renvoient à d'autres sites ou d'autres pages d'un même site. Les liens peuvent également être graphiques ; certaines images sont des liens. La seule manière de le vérifier est de placer la souris sur le lien. Si le curseur se change en une petite main, c'est qu'il s'agit d'un lien et vous pouvez cliquer dessus.

✔ Le Web s'appelle *Web* (toile d'araignée) parce que presque chaque page a un lien vers d'autres pages. Par exemple, une page web de discussion sur les films de science-fiction peut avoir des liens vers des pages sur *La Guerre des étoiles* ou *Star Trek*. Cliquez sur le lien pour en savoir plus.

✔ La plupart des liens sont du texte. Ce texte est souligné et généralement d'une couleur différente du reste du texte.

✔ Les liens vous emmènent à une autre page web, comme si vous tapiez une autre adresse.

✔ Les liens affichent des informations en relation avec la page web courante.

✔ De nombreuses pages web ne sont que des listes de liens.

✔ Une bonne page web aura des liens vers des sujets apparentés. Les liens se trouvent généralement en bas de la page, mais certains peuvent être au milieu du texte.

En arrière, encore, en avant, stop !

Suivre des liens est une activité très amusante. C'est de cette manière que la plupart des gens perdent un temps fou sur le Web. Vous pouvez vous retrouver sur une page intéressante après avoir cliqué sur deux douzaines de liens, et vous ne savez plus comment vous êtes arrivé là. Heureusement, le navigateur garde une trace de tous vos parcours.

 Pour retourner à votre page web d'origine, utilisez les boutons de navigation de votre navigateur : cliquez sur le bouton Précédente. Vous pouvez continuer à cliquer pour revisiter toutes les pages que vous venez de voir, jusqu'à la page d'origine où vous étiez 18 heures plus tôt.

Si vous voulez vraiment tout revoir, utilisez l'Historique. Cliquez sur la flèche descendante à droite de la boîte d'adresse. Cela affiche la liste des dernières pages web que vous avez visitées.

 Si, après votre marche en arrière, vous devez repartir en sens inverse, cliquez sur le bouton Suivante. C'est comme apprendre à conduire, mais sans les démarrages en côte.

 Enfin, si vous activez un lien par erreur, cliquez sur le bouton Arrêter. Le navigateur arrête ses recherches. (Vous devrez peut-être cliquer sur Précédente pour repartir.)

Actualiser

 Le bouton Actualiser a une grande utilité dans un monde où l'information change sans arrêt. Actualiser demande simplement à l'Internet de mettre à jour l'information affichée par la page web.

Les raisons pour cliquer sur Actualiser :

La page n'est pas trouvée. N'abandonnez pas si vite ! L'Internet peut aussi dormir ! Cliquez sur le bouton Actualiser pour lancer une nouvelle requête d'affichage de la même page.

Mise à jour des informations. De nombreuses pages web contiennent des informations qui varient en permanence. En cliquant sur Actualiser, vous voyez la toute dernière version de la page.

Images manquantes. De temps à autre, une image ne s'affiche pas. Dans ce cas, elle est remplacée par une icône particulière. Le plus souvent un clic sur le bouton Actualiser fait apparaître l'image manquante.

Clic par erreur sur le bouton Arrêter. Un clic sur Actualiser, et ça repart !

Ramène-moi à la maison !

Vous pouvez toujours retourner à la page d'accueil en cliquant sur le bouton Démarrage de la barre d'outils. La page d'accueil est la première page que vous voyez quand vous utilisez le Web.

Rien ne vous empêche de choisir une page d'accueil différente. Par exemple, celle de MSN (MSN est le site portail par défaut d'Internet Explorer). Pour définir la page de démarrage :

1. **Allez sur la page web qui vous servira de page de démarrage.**

2. **Cliquez sur Outils/Options Internet.**

3. **Cliquez sur l'onglet Général dans la boîte de dialogue Options.**

   L'onglet Général apparaît comme sur la Figure 22.2. C'est dans la zone de texte en haut de la boîte que vous inscrivez l'adresse de votre page d'accueil.

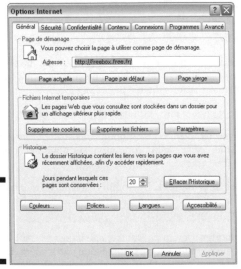

Figure 22.2 :
La boîte de dialogue Options Internet.

4. **Dans la zone Page de démarrage, cliquez sur le bouton Page actuelle.**

5. **Cliquez sur OK.**

La nouvelle page d'accueil est prête à s'afficher au prochain démarrage d'Internet Explorer.

Quitter Internet Explorer

Fatigué d'une navigation joyeuse et périlleuse sur le Web, et vous apercevant qu'il faut se lever dans une heure pour partir au travail, il est temps d'arrêter votre folle exploration. C'est très simple : choisissez Fichier/Fermer.

Quitter Internet Explorer ne vous déconnecte pas automatiquement de l'Internet. Votre ligne téléphonique est occupée. Dans ce cas, soit vous continuez à consommer votre forfait de connexion, soit vous continuez à payer le prix d'une communication locale facturée à la minute. Cependant, lorsque vous fermez Internet Explorer, une boîte de dialogue de déconnexion apparaît. Cliquez sur le bouton Déconnecter maintenant. Par mesure de sécurité, et si votre modem est externe, vérifiez que le voyant de connexion est bien éteint. Vous n'êtes toujours pas convaincu ? Passez un coup de fil à un ami. Il sera ravi d'être réveillé à cinq heures du matin pour contrôler que vous n'êtes plus connecté à l'Internet. Si vous naviguez avec ADSL, restez connecté ! Cela ne vous coûte rien.

Du courrier !

Rien de tel qu'un petit message dans votre boîte aux lettres électronique pour bien commencer une journée sur l'Internet ! Eh oui, quelqu'un pense à vous !

Ce chapitre est également consacré à la messagerie électronique, plus communément appelée *e-mail*. La communication par courrier électronique est l'activité la plus pratiquée sur l'Internet. L'e-mail remplace parfois le fax, parfois le téléphone, et curieusement l'art quelque peu suranné de l'échange épistolaire retrouve une nouvelle jeunesse.

Lancer Outlook Express

Ouvrez Outlook Express en double-cliquant sur son icône dans le bureau (dessin en marge). Cette icône se trouve probablement insérée dans votre barre des tâches.

Le lancement d'Outlook Express ouvre la connexion à l'Internet, si vous ne l'aviez pas effectuée auparavant.

Vous ne pouvez pas envoyer ou recevoir un e-mail tant que vous n'êtes pas connecté à l'Internet.

L'écran principal

La première chose que fait Outlook Express est de vérifier si vous avez du courrier. Allez directement à la section "Lire votre courrier", plus loin dans ce chapitre, si vous êtes vraiment pressé d'utiliser votre messagerie.

La Figure 22.3 montre la fenêtre d'Outlook Express. Elle se divise en trois parties.

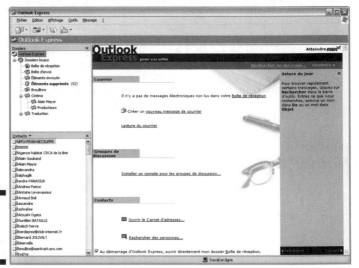

Figure 22.3 :
Outlook
Express en
action.

Les dossiers. En haut à gauche, la liste des dossiers où vont se déposer les messages envoyés, reçus et supprimés.

Les contacts. En bas à gauche, la liste de vos correspondants habituels.

Page d'accueil. A droite, la page d'accueil comporte différentes rubriques concernant le courrier, les forums, les adresses, etc. Vous pouvez configurer Outlook Express de façon à voir directement la boîte de réception plutôt que cette page d'accueil.

La boîte de réception

Dans les options d'Outlook Express, cochez la case Au démarrage aller directement dans la Boîte de réception. La prochaine fois que vous lancerez Outlook Express, vous verrez tout de suite votre boîte de réception, comme sur la Figure 22.4. Vous évitez l'écran d'accueil qui ne sert à rien.

Le côté droit de l'écran montre la boîte de réception. La partie supérieure contient la liste des e-mails. Le texte en gras indique les e-mails non lus, le texte normal les e-mails ouverts (idem pour l'enveloppe fermée ou ouverte).

La partie inférieure montre un aperçu du message, comme sur la Figure 22.4.

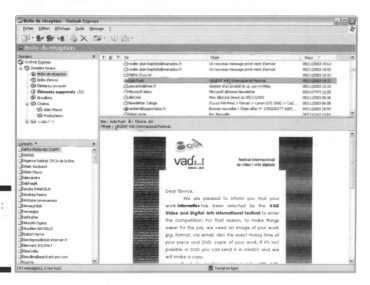

Figure 22.4 : La boîte de réception d'Outlook Express.

Une barre sépare les côtés gauche et droit de la fenêtre. Vous pouvez déplacer cette barre comme bon vous semble, de gauche à droite. Je vous conseille de la déplacer de façon à augmenter l'espace de lecture de l'aperçu.

Voilà pour l'introduction. Si vous avez reçu du courrier, allez directement à la section "Lire votre courrier". Sinon, voyez la section suivante pour savoir comment écrire un message.

Envoyer du courrier

Si vous voulez recevoir du courrier, commencez par en envoyer.

Pour écrire un message avec Outlook Express, cliquez sur l'icône Ecrire un message. La fenêtre Nouveau message apparaît, comme dans la Figure 22.5. A vous de remplir la page blanche.

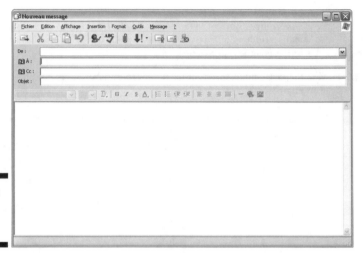

Figure 22.5 :
La fenêtre
Nouveau
message.

A : Ici figure l'emplacement de l'adresse e-mail de votre correspondant.

- ✔ Les adresses e-mail sont toujours rédigées sans espaces.

- ✔ Vous devez écrire l'adresse e-mail en entier : www.blah@wambooli.com. Une seule exception à cette règle : si vous avez accolé un surnom à cette adresse, vous pouvez saisir ce surnom à la place de l'adresse.

- ✔ Vous pouvez saisir plusieurs adresses à la suite, séparées par un point-virgule ; par exemple :

      president@whitehouse.gov ;first.lady@whitehouse.gov

- ✔ Si vous avez saisi une adresse incorrecte, le message vous sera retourné. Il suffit de le réexpédier en corrigeant l'adresse.

Cc. Le champ Cc permet d'envoyer une copie du message à d'autres destinataires.

Objet. Donnez une description du message dans le champ Objet. C'est très utile pour repérer un courrier dans la boîte de réception.

Le texte du message. Il ne reste plus qu'à rédiger le message.

Quand vous avez saisi votre texte, cliquez sur l'icône ABC. Votre message est rapidement analysé, et les éventuelles erreurs sont signalées. C'est la même procédure que dans votre traitement de texte. Cette fonction peut se programmer. Dans ce cas, la procédure de vérification démarre dès que vous cliquez sur le bouton Envoyer.

Relisez bien votre message ! Les fautes d'orthographe sont corrigées, mais pas les fautes grammaticales, ni les maladresses éventuelles. Rappelez-vous que vous ne pouvez pas annuler un message expédié.

Enfin, vous envoyez le message. Cliquez sur le bouton Envoyer et c'est parti ! C'est plus rapide et moins cher que notre bonne vieille poste.

Si vous ne souhaitez pas envoyer le message, fermez la fenêtre Nouveau message. Outlook Express vous demande si vous voulez enregistrer le message. Cliquez sur Oui pour le sauvegarder dans le dossier Brouillons. Si vous cliquez sur Non, le message est détruit.

Lire votre courrier

Dès que vous ouvrez Outlook Express, vous pouvez savoir si vous avez reçu du courrier. Normalement, un petit carillon retentit : *ding-dong*. Après quoi, vous vous précipitez sur votre boîte de réception, impatient de voir qui vous a écrit.

Pour lire un message, sélectionnez-le dans la liste. (Non, vous n'êtes pas obligé de lire les messages dans l'ordre.) En sélectionnant un message, vous affichez son contenu dans la partie inférieure de la fenêtre. Pour mieux lire le message, double-cliquez dessus. Vous l'ouvrez dans sa propre fenêtre, représentée Figure 22.6.

Dans cette fenêtre, vous pouvez consulter les autres messages. Cliquez simplement sur le bouton Précédent ou Suivant pour remonter ou descendre dans la liste des messages reçus.

Si vous avez des problèmes pour lire le texte d'un e-mail, cliquez sur Affichage/Taille du texte. Sélectionnez une option qui agrandit la taille des caractères.

Figure 22.6 :
Message
affiché dans
sa propre
fenêtre.

Après avoir lu un mail

Après la lecture du courrier, vous pouvez l'imprimer, y répondre, le faire suivre, le supprimer ou le classer. Ces différentes options sont détaillées dans les sections suivantes.

Pour imprimer le message, choisissez Fichier/Imprimer ou cliquez sur le bouton Imprimer de la barre d'outils.

Pour répondre à un message, cliquez sur l'icône Répondre. Une fenêtre de rédaction analogue à celle de Nouveau message apparaît.

Remarquez qu'Outlook Express fait automatiquement plusieurs choses :

✔ Le nom de l'expéditeur est automatiquement placé dans le champ A (destinataire). Votre réponse est automatiquement adressée à l'expéditeur sans que vous ayez à saisir l'adresse.

✔ L'objet original est précédé de Re (Référence) dans le champ Objet.

✔ Le message original est différencié de votre réponse. Cela permet de suivre le fil de la correspondance au sein d'un même e-mail.

Rédigez votre texte et cliquez sur le bouton Envoyer pour réexpédier le message contenant votre réponse.

 Cliquez sur l'icône Transférer. Saisissez l'adresse du nouveau destinataire. Contrairement à l'envoi d'une réponse, le transfert nécessite la rédaction de l'adresse du destinataire. Le message transféré apparaît différencié au sein du nouveau message. Vous pouvez rédiger du texte supplémentaire si vous le désirez. Cliquez sur l'icône Envoyer pour l'expédier.

 Pour supprimer le message en cours, cliquez sur l'icône Supprimer. Et voilà ! En réalité, le message est déplacé vers le dossier Eléments supprimés dans la partie gauche de la fenêtre d'Outlook Express.

 Les messages supprimés restent dans le dossier Eléments supprimés jusqu'à ce que vous décidiez de les jeter. Pour vider le dossier de tous ses messages supprimés, choisissez Edition/Vider le dossier Eléments supprimés dans le menu.

✔ Vous pouvez ne rien faire après avoir lu un message.

✔ Si vous le souhaitez, vous pouvez modifier le texte original, le découper, et envoyer une réponse séparée pour chaque partie de texte. Vous pouvez également supprimer certaines parties du texte original.

 ✔ Les messages qui n'ont pas encore été lus apparaissent en caractères gras dans la liste.

✔ Vous pouvez lire les messages dans n'importe quel ordre. La plupart des gens jettent un bref coup d'œil à la liste, et commencent par lire le message qu'ils attendaient.

✔ Utilisez la barre d'ascenseur ou, mieux, la roulette de votre souris.

✔ Les nouveaux messages apparaissent toujours en gras dans la Boîte de réception.

 ✔ Après avoir répondu à un message, l'icône de l'enveloppe affichée dans la Boîte de réception change d'apparence.

 ✔ Pour supprimer radicalement tous les messages effacés, videz le contenu du dossier Eléments supprimés. Il suffit de cliquer sur l'icône Eléments supprimés du volet Dossiers. Sélectionnez ensuite tous les messages dans le volet de droite, et cliquez sur le bouton Supprimer.

Quitter Outlook Express

Pour quitter Outlook Express, fermez sa fenêtre en cliquant sur le bouton de fermeture situé dans le coin supérieur droit de la barre de titre (x). Une autre méthode consiste à choisir Fichier/Quitter.

Cinquième partie

Les dix commandements

"C'est incroyable ! Selon le moteur
de recherche, Mathieu est caché
derrière le séchoir dans la buanderie."

Dans cette partie...

Vous l'avez certainement remarqué, lorsque vous essayez d'établir mentalement une liste de choses, le plus souvent vous comptez sur vos doigts. Vous avez dix doigts (je ne parle pas des habitants de la planète Bromaxom ou du capitaine Crochet), l'idéal est donc d'avoir des listes qui ne dépassent pas le nombre dix ; toutefois, il m'arrive d'en établir des plus longues ou des plus courtes.

Chapitre 23

Dix erreurs de débutant

. . . .

Dans ce chapitre :

▶ Ne pas quitter Windows correctement.

▶ Acheter trop de logiciels.

▶ Acheter des accessoires incompatibles.

▶ Ne pas acheter assez de fournitures.

▶ Ne pas enregistrer votre travail.

▶ Ne pas sauvegarder les fichiers.

▶ Ouvrir ou supprimer des fichiers inconnus.

▶ Démarrer depuis une disquette suspecte.

▶ Répondre à du courrier électronique importun (spam).

▶ Ouvrir un programme joint à un e-mail.

. . . .

*O*n peut faire des millions d'erreurs avec un ordinateur, depuis la suppression inopinée d'un fichier jusqu'au moniteur qui vous tombe sur les pieds. Rassurez-vous, seulement dix d'entre elles ont été sélectionnées pour ce chapitre. Ce sont des erreurs de tous les jours, celles que les gens font régulièrement jusqu'à ce qu'on leur dise de ne plus recommencer.

Ne pas quitter Windows correctement

Quand vous avez terminé votre travail sous Windows, arrêtez. Choisissez Arrêter depuis le menu Démarrer. Sélectionnez l'option Arrêter dans la boîte de dialogue Arrêt de Windows. C'est le seul moyen pour quitter Windows en toute sécurité.

> ✔ Ne vous contentez pas d'éteindre le PC.
>
> ✔ Evitez d'utiliser le bouton Reset, sauf si vous ne pouvez absolument pas faire autrement.

Acheter trop de logiciels

Votre PC est probablement livré avec des dizaines de logiciels préinstallés. (Vous n'êtes pas obligé de les utiliser. Ne vous laissez pas submerger par l'abondance de logiciels.

L'erreur à ne pas faire ici n'est pas tant d'acheter trop de logiciels (je serais hypocrite si je vous le déconseillais, puisque j'en ai moi-même des centaines – mais je suis un accro de la micro, alors c'est normal), mais d'en acheter trop *en même temps*.

L'apprentissage d'un logiciel peut vous prendre plusieurs mois. Un an après avoir acheté un logiciel, vous découvrirez encore de nouvelles fonctions. Même si vous avez lu toute la documentation, vous ne connaîtrez jamais votre logiciel à fond. Les logiciels possèdent toujours des fonctions cachées, non documentées, que les éditeurs ont oublié de mettre dans les manuels ou ne connaissent pas.

Acheter des accessoires incompatibles

Vous n'aviez pas remarqué que le clavier que vous venez d'acheter est un clavier pour Macintosh. Vous avez cru faire une affaire en prenant ce modem USB, mais votre PC n'a pas de port USB. Vous déballez votre carte graphique AGP, et votre PC n'a que des emplacements PCI.

Vérifiez toujours que le matériel que vous voulez acheter est compatible avec le vôtre. Surtout si vous faites vos achats par l'Internet. Si vous n'êtes pas sûr, n'hésitez pas à appeler le service de vente.

Ne pas acheter suffisamment de fournitures

Achetez du papier pour imprimante par paquets de 500 feuilles. De toute façon, vous en viendrez à bout. Ne soyez jamais à court de disquettes, de CD-R/RW ou de n'importe quel type de disque ou de cartouche utilisé par votre PC.

Ne pas enregistrer votre travail

Chaque fois que vous créez un document, utilisez la commande d'enregistrement et copiez votre œuvre sur disque dur. L'objectif que vous devez poursuivre est d'utiliser cette commande dès que vous y pensez et d'y penser le plus souvent possible. La bonne mesure se situe toutes les quatre minutes environ.

Vous ne pouvez pas prévoir le moment où votre ordinateur décidera de vous lâcher, mais c'est généralement au moment où vous approchez de cette conclusion si laborieuse que la mémoire lui fait soudain défaut. Sauvegardez votre travail fréquemment quand vous travaillez et systématiquement quand vous quittez votre siège, même si c'est simplement pour aller chercher une barre chocolatée dans la pièce voisine.

Ne pas sauvegarder les fichiers

Les trois principes de base d'une sauvegarde dans les règles de l'art sont : 1) enregistrer le fichier sur le disque dur en cours de travail ; 2) en fin de journée, sauvegarder les fichiers créés sur disquette ou disquette Zip (si une catastrophe se produisait sur votre disque dur, vous n'auriez perdu, au pire, qu'une journée de travail) ; 3) par sécurité, dupliquer la disquette.

La sauvegarde sur bande peut être une solution simple et pratique. Au bureau, par exemple, tous mes ordinateurs sont configurés pour enregistrer automatiquement leurs fichiers sur bande tous les jours à 2 heures du matin. Si vous ne disposez pas de système de sauvegarde sur bande, utilisez un programme capable d'effectuer ladite sauvegarde sur CD-RW.

Ouvrir ou supprimer des fichiers inconnus

Pour le logiciel et le matériel, il y a des règles concernant l'ouverture et la suppression de certains fichiers ou composants. Pour le logiciel, il y a même une règle d'or :

Si tu n'as pas créé le fichier, ne le supprime pas.

Windows est plein à craquer de fichiers bizarres. Ne vous en occupez pas. Ne les supprimez pas. Ne les déplacez pas. Ne les renommez pas. Et surtout, ne les ouvrez pas pour voir à quoi ils servent. Vous allez peut-être au-devant d'ennuis.

Quant au matériel, n'ouvrez l'unité centrale que si vous savez exactement ce que vous voulez faire. N'oubliez pas de la débrancher ! Vous pouvez ouvrir l'imprimante pour déloger une feuille bloquée ou pour changer les cartouches d'encre. N'ouvrez pas les cartouches d'encre ou de toner. Vous pouvez ouvrir la souris pour la nettoyer.

Certains composants matériels ne doivent jamais être ouverts : le moniteur, le modem et le clavier.

Démarrer avec une disquette inconnue

La meilleure façon de contracter un virus est d'introduire dans le lecteur une disquette non vérifiée. Je ne parle pas de la disquette de démarrage que vous avez créée, ni de celle qui sort tout droit de son emballage. Je fais allusion, suivez mon regard, à cette disquette de jeu que Thierry vous a passée la semaine dernière. Vous savez laquelle.

Répondre aux e-mails importuns (spams)

Ne répondez pas aux e-mails de toute sorte qui vous sont envoyés, messages publicitaires et sollicitations diverses. Les expéditeurs utilisent souvent le truc suivant : ils joignent à leur envoi un message "faites-nous savoir si vous ne voulez plus recevoir ce type de message ultérieurement". N'y répondez pas, ce serait signaler votre adresse e-mail comme destinataire privilégié.

Ouvrir un programme joint à un e-mail

Par courrier électronique, vous pouvez recevoir des photographies. Vous pouvez recevoir des sons. Vous pouvez recevoir des archives ZIP. Jusqu'ici, tout va bien. Mais si vous recevez un fichier programme (.EXE) de provenance inconnue, ne l'ouvrez pas.

La seule façon de contracter un virus par l'Internet est de lancer un programme infecté. Vous pouvez recevoir le programme, pas de problème ; mais si vous l'ouvrez, vous êtes contaminé.

- ✔ Vous pouvez ouvrir une archive ZIP. Regardez ce qu'elle contient. Si elle recèle un ou plusieurs programmes dont vous n'êtes pas sûr, supprimez le tout.

- ✔ Si vous devez envoyer un programme par e-mail, prévenez le destinataire.

- ✔ Au moindre doute, lancez votre logiciel antivirus.

- ✔ Certains types de virus sont véhiculés par les documents de type Microsoft Word. Pas de panique, ces virus sont reconnus par les logiciels antivirus.

Chapitre 24

Dix idées cadeaux
pour votre PC

* *

Dans ce chapitre :

▶ Des logiciels.

▶ Un tapis de souris et un repose-poignets.

▶ Un filtre antireflet pour écran.

▶ Un protège-clavier.

▶ Plus de mémoire.

▶ Un disque dur plus rapide et plus grand.

▶ Un clavier ergonomique.

▶ Un moniteur plus grand ou un second écran.

▶ Une carte d'extension USB.

▶ Un scanneur ou un appareil photo numérique.

* *

*N*ous n'avons aucune intention mercantile en vous suggérant de vous équiper d'un certain nombre de gadgets, mais ils amélioreront votre confort et étendront les possibilités de votre ordinateur.

Des logiciels

Le cerveau de votre ordinateur, c'est le logiciel. Son choix doit être entouré d'une attention toute particulière. Il en existe des quantités phénoménales, chacun répondant à un besoin bien spécifique. Lorsque l'utilisation d'un de vos logiciels n'est plus aussi satisfaisante, il est peut-être temps de le remplacer par un autre plus performant.

Un tapis de souris et un repose-poignets

La souris peut être utilisée sur n'importe quelle surface non encombrée de votre bureau, mais un tapis de souris vous apportera un plus grand confort et assurera une meilleure précision dans le déplacement du curseur. Choisissez-le avec un revêtement rugueux ; les revêtements doux sont peut-être plus agréables au toucher, mais ne permettent pas un déplacement fiable de la souris. En ce qui concerne son graphisme, les imaginations sont fertiles...

Le repose-poignets se positionne sous le clavier et permet d'avoir la position parfaite du dactylo qui maintient ses poignets au-dessus du clavier pour que les doigts percutent les touches avec plus de force. Aucun besoin de force avec le clavier d'un ordinateur, mais le repose-poignets apporte un confort d'utilisation indéniable.

Un filtre antireflet pour écran

Il s'agit d'un simple carré découpé dans une matière synthétique, monté sur un cadre adhésif qui doit s'adapter à la taille de votre écran. Certains fabricants de moniteurs ont la bonne idée d'inclure un filtre antireflet sur leur matériel.

Les réflexions sont la cause principale de la fatigue oculaire. Elles proviennent de différentes sources : les éclairages, les fenêtres, etc. Les filtres réduisent ces réflexions parasites, améliorent la lisibilité de l'écran et diminuent la fatigue oculaire.

Un protège-clavier

L'utilisation d'un protège-clavier est recommandée lorsque vous travaillez dans un milieu où liquides, miettes et cendres de cigarettes peuvent s'infiltrer dans le délicat mécanisme du clavier. Vous avez certainement déjà vu, aux caisses des grands magasins, ces protège-claviers qui enveloppent les touches. Ils vous permettent d'utiliser le clavier tout en le protégeant.

Ne pas confondre *protège-clavier* et *housse*. Avec une housse, on ne peut plus utiliser le clavier. Dans le même ordre d'idées, ne mettez pas de housse sur l'ordinateur, cela n'a d'intérêt que pour protéger son aspect extérieur. Ne mettez jamais de housse sur un ordinateur allumé, il pourrait rapidement succomber à la chaleur.

Plus de mémoire

N'importe quel ordinateur se portera mieux avec plus de mémoire. Inutile d'aller à des extrêmes de 1 Go, mais installer 512 Mo de mémoire RAM est une excellente idée, d'autant que les nouvelles versions de Windows sont de plus en plus exigeantes à ce niveau. Vous verrez immédiatement une nette différence dans la vitesse d'exécution de programmes graphiques comme Windows. Achetez la mémoire et faites-la installer par un initié.

Un disque dur plus rapide et plus grand

Les disques durs ont une fâcheuse tendance à se remplir trop vite. N'hésitez pas à faire du ménage et à effacer tout ce qui peut l'être. Transférez des dossiers sur disquette Zip ou sur CD-RW. Mais arrive le jour où tout ce qui est sur votre disque dur doit y rester.

Vous avez deux solutions : installer un second disque dur si vous le pouvez ou remplacer votre disque actuel par un autre plus rapide et d'une capacité plus grande. Un disque plus rapide améliorera sensiblement les performances de votre vieux PC et repoussera sa date d'expiration.

Un clavier ergonomique

Pour travailler de façon plus confortable, utilisez un clavier ergonomique comme le clavier Natural Keyboard de Microsoft. Les touches de ce clavier sont disposées de telle sorte que vos bras adoptent une position plus reposante.

Ma femme est absolument emballée par son Natural Keyboard. Quant à moi, je continue à utiliser mon vieux clavier IBM, j'adore le bruit qu'il fait.

Un moniteur plus grand ou un écran LCD

Avez-vous déjà vu un moniteur de 19 pouces ? Et un modèle 21 pouces ? Ils sont fantastiques. Le moniteur de 17 pouces était certainement un bon choix quand vous avez acheté votre PC, mais ayez la curiosité de le comparer aux moniteurs de grande taille.

Considérez également que, si vous achetez un nouveau moniteur, vous pouvez garder l'ancien et utiliser les deux écrans en duo. Il vous faut une seconde carte graphique pour le second moniteur, mais cela en vaut la peine. (Cela n'est pas entièrement vrai, car les cartes graphiques supportent de plus en plus deux écrans.)

Une carte d'extension USB

La présence de ports USB est vraiment indispensable à un PC moderne. Si votre ordinateur n'a pas de port USB ou pas assez, achetez une carte d'extension à cette norme.

Mon conseil : Achetez une carte PCI dotée de deux ports USB. Cela est suffisant pour commencer. Ensuite, si vous manquez de ports USB, achetez un hub ou concentrateur USB qui vous proposera au moins quatre ports supplémentaires. Ce concentrateur se connecte à un port USB de votre carte USB. Ainsi, de deux ports disponibles, vous passez au moins à cinq.

Un scanneur ou un appareil photo numérique

Les scanneurs sont indispensables si vous aimez le graphisme et la photographie. Les appareils photo numériques sont des jouets merveilleux, mais ils sont chers, et il faut un peu de pratique avant d'en tirer parti.

Mon conseil : Si vous avez déjà un bon appareil photo et de bonnes photographies, achetez un scanneur. Pour les appareils photo numériques, attendez que les prix baissent.

Chapitre 25

Dix conseils de gourou

- -

Dans ce chapitre :

▶ Qui commande ?

▶ Les accros de la micro sont gentils.

▶ Protéger l'alimentation électrique.

▶ Mettre à jour les logiciels n'est pas une nécessité absolue.

▶ Ne réinstallez pas Windows pour régler tous vos problèmes.

▶ Régler le moniteur.

▶ Débrancher.

▶ Lire des magazines d'informatique.

▶ Attendre que le futur soit là.

▶ Il n'y a pas que l'ordinateur dans la vie.

- -

*J*e ne me considère ni comme un expert en informatique ni comme un gourou, bien que certains m'attribuent ces qualités (merci). J'ai simplement l'habitude de fréquenter les ordinateurs et les informaticiens. Les informaticiens sont parfois de drôles de personnes qui ont du mal à se faire comprendre. J'essaie d'être leur interprète. Dans ce chapitre, vous trouverez dix conseils que les informaticiens vous donnent.

Vous contrôlez l'ordinateur

Vous avez acheté l'ordinateur. Vous réparez ses bêtises. Vous lui donnez sa ration de disquettes chaque fois qu'il la réclame. Bref, l'ordinateur est soumis à votre volonté. Ne le laissez pas vous impressionner avec son étrange langage et ses comportements bizarres. Ce n'est qu'une machine, une vulgaire machine.

Vous devez veiller sur cette machine sans cervelle tout comme vous devez veiller sur un nourrisson. Vous devez la traiter avec attention, sans vous laisser déborder, et sans oublier que le bon fonctionnement du PC dépend de vous.

La plupart des accros de la micro adorent aider les débutants

C'est triste à dire, mais la plupart des experts en micro passent le plus clair de leur temps devant leur écran d'ordinateur. Ils savent qu'il y a probablement mieux à faire, mais ils ne peuvent s'en empêcher.

C'est leur mauvaise conscience qui les incite généralement à aider les débutants. En transmettant un peu de leur savoir, ils peuvent justifier le temps passé loin de leur ordinateur chéri. De plus, cela leur donne l'opportunité de pratiquer une activité sociale en voie de disparition : parler à des êtres humains.

✔ N'oubliez pas de les remercier pour leur aide.

✔ Méfiez-vous des faux accros, ces personnes qui connaissent quelques astuces apprises par cœur, mais n'ont pas la qualité essentielle des accros véritables : l'enthousiasme, et surtout l'expérience (le fameux *background*).

Utilisez un onduleur

Un onduleur est un élément non négligeable pour la protection de vos données. Il est indispensable si votre PC est placé dans un lieu où des coupures de courant peuvent se produire inopinément. Vous n'avez peut-être pas besoin d'un onduleur si vous estimez que votre environnement électrique est suffisamment fiable. Même dans ce cas, je vous conseille l'achat d'un boîtier multiprise régulateur de tension.

✔ Reportez-vous au Chapitre 2 pour plus de détails sur l'utilisation d'un onduleur ou d'un boîtier multiprise.

✔ L'utilisation d'un onduleur n'affecte pas les performances de votre PC.

Mettre à jour vos logiciels n'est pas une nécessité absolue

Les modes passent, les versions de logiciels également. Est-il utile de suivre la mode ?

Pas du tout. Si vous vous sentez à l'aise avec votre logiciel, pourquoi l'abandonner pour une nouvelle version ?

La mise à jour possède sans doute quelques nouvelles fonctions, mais êtes-vous sûr que vous utilisez toutes les fonctions de la version actuelle ? Etes-vous sûr que cette nouvelle version s'accorde avec votre matériel ? Alors lisez bien les indications de l'emballage, renseignez-vous, et ne vous croyez pas obligé d'acheter ce dont vous n'avez pas besoin.

Ne réinstallez pas Windows systématiquement

Il existe un mythe comme dans tout domaine un peu obscur. Ce mythe consiste à clamer bien fort qu'il faut réinstaller Windows au moindre problème. C'est d'ailleurs le conseil qui est donné par la majorité des revendeurs qui, ne l'oublions pas, sont là pour vendre et non pour résoudre les problèmes techniques.

De plus, méfiez-vous, car la réinstallation de Windows XP est bien moins facile à réaliser que celle des anciennes versions de ce système d'exploitation.

Dans l'absolu, vous n'avez *jamais* besoin de réinstaller Windows. Tous les problèmes sont corrigeables avant d'en arriver à cette extrémité.

Ne réinstallez Windows que si ce dernier reste instable après avoir installé un matériel et les pilotes adéquats.

Réglez votre moniteur

Cela va de soi, un moniteur mal réglé entraîne une fatigue oculaire, encore faut-il savoir qu'il est possible d'effectuer des réglages du moniteur.

Pour ajuster le moniteur à votre vue, réglez d'abord la luminosité au maximum, et faites varier le contraste pour obtenir une image qui vous paraît bonne. Ensuite, diminuez la luminosité jusqu'à ce que le halo qui entoure l'image disparaisse.

Débranchez tout !

La sécurité la plus élémentaire commande de débrancher le PC lorsqu'on doit ouvrir l'unité centrale. Pourtant, il arrive qu'on se contente d'utiliser le bouton Marche/Arrêt : attention, danger !

Vous n'avez pas besoin de débrancher votre PC, ni même de l'éteindre, si vous connectez un nouveau périphérique à une prise USB ou Firewire.

Lisez des magazines d'informatique !

Vous avez le choix. En dehors de la presse réservée aux professionnels de l'informatique, il existe une bonne vingtaine de magazines destinés aux gens comme vous et moi. Certains sont de véritables mines de conseils et d'astuces pratiques sur l'utilisation des matériels et des logiciels. Vous trouverez aussi des comparatifs et des adresses si vous envisagez l'achat d'un nouveau matériel.

La plupart de ces magazines incluent un CD-ROM contenant des logiciels gratuits, des sharewares et des mises à jour de programmes. Ces CD-ROM sont une source inépuisable : ils vous éviteront le plus souvent de passer de longues minutes à télécharger les programmes indispensables.

Il est urgent d'attendre

Une nouvelle technologie est apparue, un nouveau matériel est sorti et tout le monde en parle ? Alors, surtout ne vous précipitez pas ! Attendez que cette technologie ait fait ses preuves, que ce nouveau matériel ait pris sa place sur le marché informatique.

- ✔ Dans ce livre, vous ne trouverez pas d'informations sur une technologie hypothétique. Il faudra attendre qu'elle soit devenue une réalité.

- ✔ Quelques exemples de prévisions qui sont devenues des réalités : Firewire, USB, CD-R, DVD, ADSL, e-commerce, photographie numérique.

On n'est pas sérieux quand on a un ordinateur

Du calme ! Les ordinateurs ne font pas partie de la vie réelle. Ils ne sont rien de plus qu'un assemblage de métal et de matière plastique. Fermez les yeux et respirez profondément. Ecoutez le bruit des vagues sur la plage. Ecoutez le gazouillis des oiseaux dans votre jardin.

Imaginez-vous au volant d'une voiture décapotable, la route traverse la pinède qui embaume, le soleil brille. Le vent chaud caresse votre visage et fait danser vos cheveux. Vous roulez vers la plage, vers le sable blond et chaud, vers la mer vert et bleu.

Vous êtes allongé sur le sable. Vous prenez masque et tuba et allez nager dans l'eau transparente. Vous survolez des fleurs de corail et des poissons bigarrés. Dans le ciel, le soleil au zénith est toujours plus chaud.

Maintenant, ouvrez les yeux doucement. Ce que vous voyez devant vous n'est qu'un simple ordinateur. Vous croyez vraiment qu'il faut le prendre au sérieux ?

Glossaire

. . . .

Abonnement Internet par câble Compte qui connecte votre ordinateur à Internet par le câble TV.

Adresse électronique Code au moyen duquel Internet vous identifie et
vous permet de recevoir du courrier électronique. Elle se présente
généralement sous la forme utilisateur@site.pays, "utilisateur"
représentant votre nom d'utilisateur, "site" le nom de la machine sur
laquelle est ouvert votre compte utilisateur et "pays" un code représentant le pays ou le type d'organisation auquel se rattache votre site
("site" peut lui-même être composé de plusieurs noms séparés par des
points).

ADSL (*Asymmetric Digital Subscriber Line*) Technologie permettant
des débits très élevés sur ligne téléphonique (beaucoup plus rapide
qu'un modem traditionnel de type RTC). Chez nous, France Télécom
propose diverses formules qui garantissent un débit de 512 Kbps à
6 Mégabits vers l'utilisateur et de 128 Kbps à 384 Kbps dans l'autre
sens. L'implantation se poursuit régulièrement sur le territoire
national, mais les zones à faible densité démographique ont peu de
chances de pouvoir en bénéficier.

Agrandir Action par laquelle une fenêtre occupe la totalité de l'écran.
Une fenêtre peut être agrandie en double-cliquant sur sa barre de titre,
ou en cliquant sur le bouton qui, à droite de la barre de titre, contient
un rectangle (double-cliquer de nouveau dans la barre de titre ramène
la fenêtre à sa taille précédente).

Antivirus Programme qui intercepte et détruit les virus lorsqu'ils
arrivent sur votre ordinateur.

Application Synonyme de logiciel et de programme.

Appliquer Cliquez sur ce bouton et Windows XP applique et enregistre tous les changements apportés aux options.

Arrière-plan Autrefois appelé "papier peint", l'arrière-plan est une
image qui recouvre le fond du Bureau. Le Panneau de configuration de
Windows XP permet d'en choisir un dans une longue liste. Il est aussi

possible d'utiliser une photographie ou un dessin personnel comme arrière-plan.

Assistant Programme d'aide de Windows qui prend en charge toutes les tâches compliquées ou rébarbatives lors de l'installation d'un programme ou d'un matériel, ou pour configurer un élément de Windows.

Barre des tâches Barre située en bas de l'écran. Elle contient, de gauche à droite le bouton Démarrer, les icônes du Lancement rapide, les boutons des fenêtres réduites et une zone de notification.

Barre d'insertion.

Baud Terme technique (dérivé du nom de l'inventeur du télétype, JME Baudot) caractérisant la vitesse de modulation d'un signal sur une voie de transmission. À ne pas confondre avec **bps** qui caractérise le débit efficace de la voie. Une ligne à 2 400 bauds est capable de procurer un débit de 48 000 bps si elle est de bonne qualité.

Bit (*binary digit*) C'est la plus petite quantité d'information représentable dans un ordinateur. Un chiffre binaire peut prendre la valeur 1 ou 0. On utilise plus couramment des "paquets" de bits appelés "octets" (8 bits).

Bitmap Type de fichier d'image dans lequel l'image est décomposée en points individuels.

Boîte aux lettres (*mailbox*) Fichier placé sur votre serveur de courrier entrant (POP ou IMAP) où vos e-mails sont stockés jusqu'à ce que vous les téléchargiez avec votre programme de courrier. Certains programmes d'e-mail possèdent également une *boîte aux lettres* dans laquelle vous stockez vos messages.

Bordure Bord d'une fenêtre. Les bordures peuvent être déplacées afin de redimensionner la fenêtre.

Bouton de raccourci Bouton qui, dans le menu Aide, mène directement à l'emplacement à configurer.

Bouton Démarrer Bouton situé en bas à gauche de l'écran. Il contient des menus servant à charger des programmes et des options. Cliquer sur le bouton Démarrer affiche le menu Démarrer.

Bribe Lorsque vous sélectionnez du texte ou des images dans un programme et que vous déposez cet élément sur le Bureau, Windows en fait une "bribe", c'est-à-dire un fichier de données contenant des informations. Cette bribe peut être enregistrée ou déposée dans d'autres programmes.

Browser (brouteur, navigateur, explorateur, fureteur, butineur...) Logiciel d'exploration du Web. Ce mot est généralement traduit en français par *navigateur*.

Bureau Zone de l'écran qui héberge les fenêtres et les icônes. La plupart des utilisateurs recouvrent le Bureau d'un *arrière-plan* (une jolie image ou la photo des enfants), appelé aussi *papier peint*.

Byte *Voir* **octet**.

Cache Zone de stockage dans laquelle Windows mémorise temporairement les fichiers récemment utilisés afin d'accélérer leur chargement, au besoin.

Carte PC Principalement utilisée sur les ordinateurs portables, une carte PC peut contenir un modem, de la mémoire, une carte réseau ou tout autre accessoire fort commode. Les cartes PC sont aussi appelées "cartes PCMCIA".

Casse Terme emprunté à l'époque de la typographie au plomb. Il sert en informatique à indiquer la nature d'un caractère : majuscule ou minuscule. Dans un logiciel sensible à la casse, *concombre* et *Concombre* sont deux mots différents.

Chat (bavarder, "tchatcher") Mode d'utilisation *live* d'Internet pratiqué à l'aide d'un programme appelé **IRC.**

Chemin Phrase sibylline pour le novice qui décrit la succession des dossiers et des sous-dossiers qui mène à l'emplacement d'un fichier. Le nom de ce fichier fait partie du chemin.

Classique Style propre aux versions antérieures de Windows XP, notamment Windows 95. En activant le style Classique dans Windows XP, les utilisateurs passéistes ou encroûtés dans leurs habitudes continueront d'apprécier l'interface austère qui fait leur bonheur.

Clic Action consistant à appuyer sur le bouton de la souris et à le relâcher. Cliquer avec le bouton gauche sert à sélectionner un élément. Cliquer avec le bouton droit affiche des informations concernant l'élément.

Codec Petit programme qui prend souvent la forme d'un plug-in installé dans un navigateur Web pour lire des fichiers audio et vidéo. Il permet donc de coder puis de décoder des fichiers répondant à certains critères de compression. Les codecs sont surtout implémentés dans les lecteurs multimédias des ordinateurs comme le Lecteur

Windows Media et RealOne Player pour lire des fichiers MP3, WMA, WMV, DivX, RealMedia, etc.

Compression Opération visant à réduire la taille d'un fichier ou d'un groupe de fichiers (une archive). S'effectue au moyen de logiciels particuliers tels que WinZip, dans le monde PC, ou StuffIt, chez les adeptes du Macintosh.

Connexion à distance Technique de connexion à Internet au moyen d'un modem et d'une ligne téléphonique.

Cookie En américain courant : petit gâteau sec plutôt indigeste. Sur le Web : petit bloc d'informations stocké sur votre disque dur par un site que vous visitez et qui lui sert à mémoriser certaines de vos caractéristiques personnelles qu'il retrouvera lors de votre prochaine visite. Également considéré comme indigeste par beaucoup d'utilisateurs d'Internet.

Curseur Petite ligne clignotante qui indique l'emplacement où un caractère typographique apparaîtra lorsque vous aurez appuyé sur une touche. Synonyme : *barre d'insertion*.

Décompression Opération inverse de la compression, grâce à laquelle on restitue leur forme originale aux fichiers compressés d'une archive. Dans le monde PC, le logiciel le plus utilisé pour cela s'appelle WinZip. Pour les Macintosh, c'est StuffIt.

Défragmentation Réorganisation des fichiers présents sur le disque dur afin d'accélérer leur lecture.

Dégroupage Processus qui permet aux fournisseurs d'accès haut débit d'utiliser les lignes téléphoniques en mettant fin au monopole de l'opérateur historique sur les communications locales et nationales. Ainsi, l'internaute bénéficiant du dégroupage total peut utiliser son boîtier de connexion pour surfer et téléphoner sans être abonné à France Télécom. Cette possibilité n'est offerte qu'à ceux dont la ligne téléphonique est dite éligible, c'est-à-dire faisant partie d'une zone ou le dégroupage total est possible. Quand ce n'est pas possible, l'utilisateur peut bénéficier d'un dégroupage partiel qui l'oblige à conserver son abonnement France Télécom. La téléphonie peut malgré tout être gratuite, tout en continuant à verser tous les deux mois le prix de la location de la ligne téléphonique auprès de France Télécom.

DivX Codec qui encode la vidéo numérique pour en diminuer la taille tout en préservant une bonne qualité d'image. C'est le moyen désormais utilisé pour partager des films sur le Web en téléchargement. Pour être lus, les fichiers AVI DivX nécessitent un lecteur DivX autonome ou implémenté sous forme de plug-in dans un lecteur multimédia informatique. Un long métrage peut tenir sur un CD-R/RW. On dit généralement que le DivX est à la vidéo ce que le MP3 est à l'audio.

Document Fichier contenant une information telle que du texte, un son ou une image. Les documents sont produits et modifiés par les programmes.

DOS Initiales de *Disk Operating System*, système d'exploitation de disque. Système d'exploitation obsolète. Windows XP est cependant capable de faire tourner des programmes écrits pour MS-DOS (*Microsoft-DOS*).

Dossier Organisation thématique des fichiers dans des zones bien définies. Autrefois appelés "répertoires", les dossiers peuvent eux-mêmes contenir des dossiers.

Double-clic Action consistant à appuyer et à relâcher le bouton gauche de la souris deux fois, à intervalle très rapproché (le double-clic avec le bouton droit est sans effet). Les gauchers peuvent permuter les boutons de la souris afin d'améliorer leur confort de travail.

Download Mot n'ayant pas de strict équivalent en français qui signifie "téléchargement *à partir* d'un serveur".

e-commerce (commerce électronique) Acheter et vendre des biens et services via Internet.

Élastique Technique de sélection d'un ensemble d'éléments avec la souris : cliquez à un endroit de l'écran puis, le bouton gauche de la souris enfoncé, tirez un rectangle englobant les éléments à sélectionner. Relâchez le bouton pour sélectionner tous les éléments (ils apparaissent en surbrillance).

e-mail Courrier électronique. Système d'acheminement de messages par Internet.

Ethernet Le plus populaire des types de réseau local. Existe en plusieurs variétés, la plus courante utilisant des câbles à 10 ou 100 Mbits/s.

FAQ (*Frequently Asked Questions*, foire aux questions) Ensemble des questions les plus fréquemment posées. Ces questions sont regroupées avec leurs réponses, postées et mises à jour dans la plupart des listes de diffusion et groupes de news d'Usenet. Avant de poser une question à la cantonade, il faut toujours regarder si la réponse ne se trouve pas dans le forum FAQ. Faute de quoi, on court un grand risque de se faire **flamer**.

FAQ À l'origine, initiales de *Frequently Asked Questions*, questions fréquemment posées. Nos amis Canadiens, plus soucieux que nous de la langue française, ont trouvé une astucieuse traduction qui préserve les initiales FAQ : Foire aux questions. Il s'agit en général d'un fichier de texte ou d'une page Web qui recense les questions des utilisateurs et les réponses qui y ont été apportées.

Favori Terme utilisé par Microsoft pour désigner un **signet**.

Fenêtre Rectangle affiché à l'écran ; il contient les données sur lesquelles vous travaillez. Les programmes s'ouvrent chacun dans une fenêtre.

Fenêtre active La dernière fenêtre dans laquelle vous avez cliqué, reconnaissable à sa barre de titre bleue, est considérée comme active. Toute action sur une touche du clavier la concernera.

Fichier Ensemble de données cohérentes réunies dans un format lisible par les ordinateurs.

Fichier joint ou **pièce jointe** Fichier informatique agrafé de façon électronique à un message électronique et envoyé avec lui.

Firewall Littéralement "mur de feu".

Formatage Opération consistant à préparer un support magnétique (disque ou disquette) de manière qu'il puisse recevoir des données. Un disque doit être organisé en pistes concentriques divisées en secteurs. Le formatage d'un disque efface toutes les données qui s'y trouvent.

Forum Dans le sens le plus général : groupe de news, forums.

Fournisseur d'accès (FAI) Entreprise commerciale disposant d'une connexion directe à Internet par l'intermédiaire de laquelle vous devez passer pour vous raccorder vous-même au Net lorsque vous ne disposez pas de ce type de connexion.

Freeware On dit parfois en français "graticiel". Logiciel disponible gratuitement sur le Net.

FTP (*File Transfer Protocol*) Protocole de transfert de fichiers très largement utilisé entre sites raccordés à Internet.

Giga Préfixe signifiant un milliard (1 000 000 000).

Glisser-déposer Manipulation en quatre phases permettant de déplacer un objet sur le Bureau. La première phase consiste à pointer sur l'objet (une icône, un paragraphe sélectionné...). La deuxième phase consiste à appuyer sur le bouton gauche de la souris et à le maintenir enfoncé. Dans la troisième phase, le pointeur de la souris est déplacé là où l'objet doit être déposé. La quatrième phase consiste à relâcher le bouton de la souris : l'objet se trouve au nouvel emplacement.

Haut débit Connexion rapide et permanente à Internet, via un modem ADSL ou câble.

Hypertexte Système de représentation et de diffusion d'informations par lequel on peut faire apparaître sous forme unitaire des documents éparpillés sur différents sites d'un même réseau.

Icône Petite image représentant un programme ou un fichier dans un système graphique comme Windows ou Mac OS.

Infrarouge Moyen de communication particulier entre des ordinateurs ou avec des périphériques. Il repose sur le transport des données par faisceau de lumière infrarouge. Les *ports infrarouges* (ports IR) équipent souvent les ordinateurs portables, les ordinateurs de poche, les appareils photo numériques et les imprimantes.

Internet Vaste regroupement d'ordinateurs à l'échelle planétaire. Le World Wide Web est, parmi d'autres éléments, la partie grand public d'Internet. La connexion à Internet s'effectue par l'intermédiaire d'un fournisseur d'accès.

Internet Explorer Navigateur édité par Microsoft.

Intranet Application d'Internet transposée sur les réseaux locaux.

IP (adresse) Numéro en quatre parties, comme 208.31.42.252, qui identifie un hôte sur Internet.

IP (*Internet Protocol*) Protocole utilisé sur Internet pour acheminer les informations sur le réseau.

JPEG Format d'image très utilisé sur le Web pour numériser des photos.

kilo Préfixe signifiant 1 000 (ou plus exactement, en informatique, 1 024).

kilo-octet 1 024 octets. S'écrit également Ko ou K tout court. Sert d'unité de mesure pour la mémoire des ordinateurs, l'espace disque et la taille de fichier.

Logiciel Synonyme d'application et de programme.

mail Courrier.

Méga Préfixe signifiant un million (1 000 000).

Mémoire vive Ensemble de composants dans lesquels l'ordinateur stocke les données en cours d'utilisation et/ou de traitement.

Menu Démarrer Menu d'options qui apparaît après avoir cliqué sur le bouton Démarrer. Il permet de charger des programmes ou des fichiers, de modifier la configuration de Windows, de rechercher des programmes, d'obtenir de l'aide ou d'arrêter l'ordinateur.

Modem (modulateur-démodulateur) Dispositif électronique chargé de convertir des signaux électriques entre un ordinateur et une ligne téléphonique ou le câble télévision.

Modem ADSL Boîtier qui connecte votre ordinateur à une ligne ADSL.

Modem câble Boîtier qui connecte votre ordinateur au câble TV.

Mot de passe Suite de caractères tenue secrète par un utilisateur au moyen de laquelle il complète son identification lorsqu'il se connecte sur un ordinateur particulier.

MP3 Format de fichier de musique disponible sur le Net. C'est un format compressé qui permet de délivrer des fichiers audio jusqu'à dix fois moins lourds que leur équivalent WAV de qualité CD.

MPEG Système de compression de fichiers de sons et d'images élaboré par le *Motion Picture Expert Group*. Les fichiers portent l'extension .mpg.

MSN (*Microsoft Network*) Service de contenu en ligne de Microsoft. Propose également MSN Explorer, utilisable pour surfer sur le Web via votre compte MSN, et MSN Messenger, le programme de messagerie instantanée de Microsoft.

Multitâche Capacité pour un système d'exploitation de gérer plusieurs programmes simultanément.

Navigateur Web Logiciel permettant de circuler dans le labyrinthe qu'est le World Wide Web, de visiter des pages Web et d'examiner ce qu'elles contiennent. Windows XP est équipé de son propre navigateur : Internet Explorer.

Net Raccourci familier désignant Internet.

Netscape Navigateur célèbre qui existe en versions Windows, Macintosh et UNIX.

Network Réseau.

News (groupe de) Regroupement de sujets ayant trait à un même thème. Les groupes de news sont articulés selon une arborescence. On les appelle aussi *forums*.

P2P Modèle de communication qui permet à tous les ordinateurs d'un réseau P2P d'échanger des données placées dans un dossier "partagé". Les réseaux P2P, ou peer-to-peer ou encore poste à poste, les plus connus sont eMule, Kazaa, eDonkey, Gnutella, et Grokster. Le P2P est vivement décrié par l'industrie de la musique au point que cela provoque bien des dérives judiciaires. Mais il ne faut pas oublier qu'au-delà de cet aspect purement mercantile, les grandes entreprises étudient le P2P comme une solution devant permettre à leurs employés d'échanger leurs fichiers sans avoir à installer et à maintenir de coûteux serveurs centralisés.

Page d'accueil Page d'entrée, ou page principale, d'un site Web. Une page d'accueil contient habituellement des liens vers d'autres pages Web. En anglais : *home page*.

Page Web Le Web contient des dizaines de millions de pages sur tous les sujets et tous les thèmes. Chacun a la possibilité de créer les siennes et de les "mettre sur le Web".

Paquet Ensemble d'informations envoyées sur un réseau. Chaque paquet contient l'adresse de son destinataire.

Par défaut Le choix d'une option par défaut évite d'avoir à prendre une décision plus compliquée. L'option *par défaut* est celle que vous adopterez quand vous ne saurez pas quelle autre choisir. Il suffit d'appuyer sur Entrée pour la mettre en œuvre.

Pare-feu Matériel ou logiciel spécialisé, installé sur un réseau. Il empêche les intrus provenant notamment d'Internet d'accéder aux fichiers des ordinateurs. Certains pare-feu empêchent les employés d'une société de télécharger du matériel non autorisé. Windows XP est équipé d'un pare-feu qui doit parfois être activé manuellement.

PDA Initiales de *Personal Digital Assistant*, assistant numérique personnel. Un PDA est un tout petit ordinateur équipé d'un carnet d'adresses, d'un logiciel de gestion du temps et, parfois, d'une messagerie.

PDF (fichier) Système de mise en forme de documents créé par Adobe. Le logiciel de lecture est distribué gratuitement par cet éditeur à l'URL www.adobe.fr/acrobat.

Pilote Fichier permettant à Windows de communiquer avec des périphériques tels qu'une carte graphique ou vidéo, un lecteur de CD, etc. Windows XP exige des pilotes programmés pour la version XP de Windows. Autrement, la communication ne s'établit pas.

Plug and Play (PnP) Technologie de reconnaissance automatique par Windows des périphériques nouvellement installés.

Point à point Technique de représentation d'une image par une matrice de points organisés en lignes et en colonnes.

Port (numéro de) Sur un ordinateur connecté à un réseau, c'est un nombre qui identifie chacun des programmes gérant une ressource particulière d'Internet. En général, vous pouvez parfaitement ignorer ces subtilités.

Port série Emplacement à l'arrière de votre ordinateur où vous branchez votre modem. Également appelé *port de communication* ou *port comm.*

Presse-papiers Partie de Windows XP qui conserve les éléments qui ont été coupés ou copiés dans un programme ou dans un fichier. Ces éléments peuvent ensuite être collés dans d'autres programmes.

Programme Synonyme d'application et de logiciel. Fichier ou ensemble de fichiers programmés pour effectuer une tâche spécifique. Un traitement de texte, un tableur ou un jeu vidéo sont des programmes. Les fichiers produits par les programmes (courrier, feuilles de calcul, scores) sont des *fichiers de données.*

Raccourci Icône qui exécute une action externe : chargement d'un fichier, lancement d'un programme ou émission d'un son, par exemple. Un raccourci se reconnaît à la petite flèche en bas à gauche du pictogramme. Elle différencie l'icône d'un raccourci (qui peut être supprimée) de l'icône d'un programme (qui ne doit pas être supprimée).

Raccourci clavier Contrairement au raccourci, un raccourci clavier est une lettre soulignée dans une option de menu ; elle permet d'utiliser le clavier au lieu de la souris. Par exemple, dans le mot Affichage, le "A" souligné signifie que ce menu sera déroulé si vous appuyez sur Alt+A (pour voir ces lettres soulignées, maintenez la touche Alt enfoncée).

RAM Initiales de *Random Access Memory*, mémoire à accès aléatoire. Terme technique pour "mémoire vive".

RealAudio Format de codification de fichier audio permettant une transmission et une audition simultanées.

Réduire Réduction d'une fenêtre à la taille d'une petite icône placée dans la barre des tâches. Pour ce faire, cliquez sur le petit bouton qui, dans la barre de titre de la fenêtre, montre un tiret.

Répertoire Partie d'une structure arborescente gouvernant l'organisation des fichiers d'un ordinateur.

Réseau Connexion entre eux de plusieurs ordinateurs afin que les utilisateurs puissent se partager des données sans avoir à quitter leur poste de travail.

Réseau local (LAN) Ordinateurs situés dans un même bâtiment, connectés par des câbles, qui peuvent partager des fichiers, des imprimantes ou une connexion Internet.

Réseau sans fil Réseau utilisant la radio au lieu de câbles.

Réseau téléphonique commuté : Réseau téléphonique principalement utilisé pour les communications vocales, mais aussi par le Web.

Routeur Ordinateur destiné à assurer l'interconnexion de plusieurs réseaux utilisant éventuellement des standards différents.

RTC Voir **Réseau téléphonique commuté**.

Serveur Ordinateur destiné à fournir un service à d'autres ordinateurs d'un réseau. Un serveur se connecte à un **client**.

Shareware On dit parfois en français "partagiciel". Logiciel que l'on peut essayer avant de l'adopter. Lorsqu'on s'y décide, on est moralement obligé de verser une contribution à l'auteur.

Signet Adresse d'une page Web qui est mémorisée par le navigateur, facilitant ainsi une exploration ultérieure du même site Web. Pour on ne sait quelle raison, en France, Microsoft a choisi de traduire le mot original *bookmark* par "favori".

Smiley (ou émoticon) Petite figure "dessinée" au moyen de divers caractères tels que :-) ou :-(qu'il faut regarder en penchant la tête à gauche. La mimique ainsi esquissée est très utilisée dans le courrier électronique pour ajouter de l'expression à un message. Parfois traduit en français par "souriard" ou "trombine".

SMS (*Short Messaging System*) Format concis utilisé pour envoyer des e-mails et des messages instantanés vers et en provenance de téléphones portables.

Sous-dossier Répertoire en aval d'un autre ou, mieux, un dossier contenu dans un autre. Une bonne organisation d'un disque dur repose sur des dossiers et des sous-dossiers. Par exemple, le dossier Malbouffe contiendra des sous-dossiers Fastfood, Colorants et Hormones. Bon appétit et voyez aussi **Dossier**.

Spam Mot servant à désigner toute tentative de publicité déguisée. Très comparable au flot des prospectus qui encombrent régulièrement votre boîte aux lettres postale.

Surbrillance Néologisme dont le sens équivaut à "surligné". Un élément en surbrillance est un élément sélectionné.

SVGA L'un des standards d'affichage des données sur un moniteur. L'affichage SVGA gère une grande variété de couleurs et de résolutions.

Système d'exploitation Logiciel qui contrôle la manière dont un ordinateur s'acquitte des tâches les plus élémentaires : démarrage des programmes, stockage des fichiers, communication avec l'imprimante, et autres opérations internes propres à la machine. Windows XP est un système d'exploitation.

TCP/IP (*Transmission Control/Internet Protocol*) Protocole de connexion utilisé sur le Net.

Téléchargement Transfert de fichiers depuis Internet vers l'ordinateur et inversement (NdT : les Américains utilisent deux termes distincts selon le sens du transfert : *downloading*, pour le téléchargement vers l'ordinateur, *uploading*, pour le téléchargement vers Internet [ou vers un serveur Internet]).

Terminal Ensemble écran-clavier connecté à un ordinateur. De nos jours, on utilise plutôt un micro-ordinateur sur lequel tourne un émulateur.

UNIX Système d'exploitation soulevant les passions à défaut des montagnes. On peut, en toute objectivité, lui reprocher d'utiliser le langage de commande le plus abscons que l'on puisse imaginer. Difficile, voire impossible, à utiliser par des profanes.

URL (*Uniform Resource Locator*) Façon de désigner une ressource d'Internet au moyen d'une adresse électronique précédée d'un préfixe dépendant du type de la ressource concernée. Les navigateurs en font largement usage.

Ver (worm) Virus qui se diffuse par e-mail.

VGA Initiales de *Video Graphic Array*, matrice graphique vidéo. Standard d'affichage assez ancien. Il a été remplacé par le SVGA et d'autres standards encore plus performants.

Virtuel Un mot très "tendance" recouvrant notamment la simulation informatique. Dans le langage courant, est virtuel ce qui *semble* réel mais ne l'est pas. Par exemple, lorsque Windows utilise de la mémoire virtuelle, il utilise une partie du disque dur pour la simuler, et non des barrettes de mémoire.

Virus Programme autorépliquant, ayant fréquemment des effets destructeurs. Les virus se répandant par e-mail sont également appelés des *vers*.

WAV (fichier) Format utilisé sous Windows pour les fichiers audio.

Web Littéralement "toile d'araignée". En réalité, il s'agit d'un raccourci employé à la place de World Wide Web, système d'informations hypertexte et hypermédia.

Webcam Caméra vidéo numérique branchée à l'ordinateur et qui transmet de la vidéo via Internet. La vidéo peut apparaître sur une page Web ou dans un chat ou une conférence.

Wi-Fi Le plus répandu des types de réseau sans fil. Également connu sous le nom 802.11b, qui est le numéro du standard qui le définit.

WMA Format de fichier audio compressé développé par Microsoft pour concurrencer le MP3.

WMV Format de fichier vidéo compressé développé par Microsoft pour concurrencer le MPEG, et le RealVideo.

World Wide Web *Voir* **Web**.

World Wide Web "La toile d'araignée mondiale". Elle étend ses ramifications (câbles téléphoniques, faisceaux hertziens…) sur l'ensemble du monde. Des myriades de données transitent en permanence d'un bout du monde à l'autre. (NdT : le Web a été inventé au début des années 90 par Tim Berners-Lee, un ingénieur du Centre européen de recherches nucléaires, à Genève).

Worm *Voir* **ver**.

ZIP (fichier) Ensemble de fichiers compressés à l'aide du programme WinZip (peut ne contenir qu'un seul fichier). Le décompactage s'effectue avec le même programme.

Zone de notification Partie de la barre des tâches située à droite. Elle contient l'horloge ainsi que des icônes de programmes.

Index

Titre	ISBN	Code
3DS Max 5 Poche pour les Nuls	2-84427-516-8	65 3689 0
Access 2002 Poche pour les Nuls	2-84427-253-3	65 3297 2
Access 2003 Poche pour les Nuls	2-84427-583-4	65 3781 5
Apprendre à programmer Poche pour les Nuls	2-84427-651-2	65 4084 3
AutoCAD 2005 Poche pour les Nuls	2-84427-689-X	65 0883 2
C# Poche pour les Nuls	2-84427-350-5	65 3410 1
C++ Poche pour les Nuls (2e éd.)	2-84427-649-0	65 4082 7
Combattre les hackers Poche pour les Nuls	2-84427-660-1	65 4093 4
Créez des pages Web Poche pour les Nuls (3e éd.)	2-84427-538-9	65 3760 9
Créer un réseau à domicile Poche pour les Nuls	2-84427-657-1	65 4090 0
Créer un réseau sans fil Poche pour les Nuls	2-84427-533-8	65 3718 7
Créer un site Web Poche pour les Nuls (2e éd.)	2-84427-688-1	65 0882 4
Dépanner et optimiser Windows Poche pour les Nuls	2-84427-519-2	65 3692 4
DivX Poche pour les Nuls	2-84427-462-5	65 3611 4
Dreamweaver MX 2004 Poche pour les Nuls	2-84427-612-1	65 4060 3
Easy Media Creator 7 Poche Pour les Nuls	2-84427-695-4	65 0889 9
Excel 2002 Poche Pour les Nuls	2-84427-255-X	65 3299 8
Excel 2003 Poche Pour les Nuls	2-84427-582-6	65 3780 7
Excel Trucs et astuces Poche pour les Nuls	2-84427-696-2	65 0890 7
Final Cut Express 2 Poche Pour les Nuls	2-84427-647-4	65 4080 1
Flash MX 2004 Poche pour les Nuls	2-84427-613-X	65 4061 1
Gravure des CD et DVD Poche pour les Nuls (4e éd.)	2-84427- 655-5	65 4088 4
HTML 4 Poche pour les Nuls	2-84427-321-1	65 3363 2
iMac Poche pour les Nuls (3e éd.)	2-84427-320-3	65 3362 4
Internet Poche pour les Nuls (5e éd.)	2-84427-724-1	65 0988 9
Java 2 Poche pour les Nuls (2e éd.)	2-84427-687-1	65 0881 6
JavaScript Poche pour les Nuls (2e éd.)	2-84427-716-0	65 0981 4
Linux Poche pour les Nuls (4e éd.)	2-84427-698-9	65 0892 3
Mac Poche pour les Nuls (2e éd.)	2-84427-319-X	65 3361 6
Mac OS X Poche pour les Nuls	2-84427-264-9	65 3308 7
Mac OS X Panther Poche pour les Nuls	2-84427-611-3	65 4059 5
Mac OS X Panther Trucs et Astuces Poche pour les Nuls	2-84427-662-8	65 4095 9
Mac OS X v.10.2 Poche pour les Nuls	2-84427-459-5	65 3608 0
Money 2003 Poche pour les Nuls	2-84427-458-7	65 3607 2

Titre	ISBN	Code
Nero 6 Poche pour les Nuls	2-84427-568-0	65 3773 2
Office 2003 Poche pour les Nuls	2-84427-584-2	65 3782 3
Office 2003 Trucs et Astuces Poche pour les Nuls	2-84427-661-X	65 4094 2
Office 2004 Mac Poche pour les Nuls	2-84427-717-9	65 0982 2
Office XP Poche pour les Nuls	2-84427-266-5	65 3310 3
Outlook 2003 Poche pour les Nuls	2-84427-594-X	65 4051 2
PC Poche pour les Nuls (5e éd.)	2-84427-723-1	65 0987 1
PC Mise à niveau et dépannage Poche pour les Nuls	2-84427-518-4	65 3691 6
Photo numérique Poche pour les Nuls	2-84427-609-1	65 4057 9
Photoshop 7 Poche pour les Nuls	2-84427-394-7	65 3491 1
Photoshop CS Poche pour les Nuls	2-84427-614-8	65 4062 9
Photoshop CS Trucs et Astuces Poche Pour les Nuls	2-84427-648-2	65 4081 9
Photoshop Elements 3 Poche pour les Nuls	2-84427-694-6	65 0888 1
PHP 5 Poche pour les Nuls	2-84427-656-3	65 4089 2
PHP et mySQL Poche pour les Nuls (2e éd.)	2-84427-591-5	65 3788 0
PowerPoint 3003 Poche pour les Nuls	2-84427-593-1	65 4050 4
TCP/IP Poche pour les Nuls	2-84427-367-X	65 3443 2
Registre Windows XP Poche pour les Nuls (le)	2-84427-517-6	65 3690 8
Réseaux Poche pour les Nuls (3è éd.)	2-84427-699-7	65 0893 1
Retouche photo pour les Nuls	2-84427-451-X	65 3577 7
Sécurité Internet Poche pour les Nuls	2-84427-515-X	65 3688 2
SQL Poche pour les nuls (2e éd.)	2-84427-726-8	65 0990 5
Unix Poche pour les Nuls	2-84427-318-1	65 3360 8
Utiliser un scanner Poche pour les Nuls	2-84427-463-3	65 3612 2
VBA Poche pour les Nuls	2-84427-378-5	65 3463 0
VBA pour Access Poche pour les Nuls	2-84427-703-9	65 0897 2
VBA pour Office Poche pour les Nuls	2-84427-592-3	65 3789 8
VBA pour Excel Poche pour les Nuls	2-84427-725-X	65 0989 7
Vidéo numérique Poche pour les nuls (la) (3e éd.)	2-84427-610-5	65 4058 7
Visual Basic .net Poche pour les Nuls	2-84427-336-X	65 3386 3
Visual Basic 6 Poche pour les Nuls	2-84427-256-8	65 3300 4
Windows 98 Poche pour les Nuls	2-84427-460-9	65 3609 8
Windows Me Poche pour les Nuls	2-84427-937-6	65 3199 0
Windows XP Poche pour les Nuls (4è éd.)	2-84427-697-0	65 0891 5
Windows XP Trucs et Astuces Poche Pour les Nuls	2-84427-585-0	65 3783 1
Word 2000 Poche pour les Nuls	2-84427-965-1	65 3230 3

Titre	ISBN	Code
Word 2000 Poche pour les Nuls	2-84427-965-1	65 3230 3
Word 2002 Poche Pour les Nuls	2-84427-257-6	65 3301 2
Word 2003 Poche Pour les Nuls	2-84427-581-8	65 3779 9

Achevé d'imprimer par Corlet, Imprimeur, S.A. - 14110 Condé-sur-Noireau
N° d'Imprimeur : 86198 - Dépôt légal : août 2005 - *Imprimé en France*